U0113210

上海市高水平高校（学科）建设项目
上海高水平地方高校创新团队"'一带一路'建设的法律保障机制研究"项目

"一带一路"
商事争端解决共生机制研究

张 虎／著

北京大学出版社
PEKING UNIVERSITY PRESS

图书在版编目（CIP）数据

"一带一路"商事争端解决共生机制研究/张虎著. —北京：北京大学出版社，2022.5
ISBN 978-7-301-33116-3

Ⅰ. ①一… Ⅱ. ①张… Ⅲ. ①国际商事仲裁—研究 Ⅳ. ①D997.4

中国版本图书馆 CIP 数据核字（2022）第 106619 号

书　　　　名	"一带一路"商事争端解决共生机制研究
	"YI DAI YI LU" SHANGSHI ZHENGDUAN JIEJUE GONGSHENG JIZHI YANJIU
著作责任者	张　虎　著
责 任 编 辑	姚文海　吕　正
标 准 书 号	ISBN 978-7-301-33116-3
出 版 发 行	北京大学出版社
地　　　　址	北京市海淀区成府路 205 号　100871
网　　　　址	http://www.pup.cn　　新浪微博：@北京大学出版社
电 子 信 箱	sdyy_2005@126.com
电　　　　话	邮购部 010 – 62752015　发行部 010 – 62750672　编辑部 021 – 62071998
印 　刷 　者	天津和萱印刷有限公司
经 销 者	新华书店
	730 毫米×1020 毫米　16 开本　18.75 印张　307 千字
	2022 年 5 月第 1 版　2022 年 5 月第 1 次印刷
定　　　　价	78.00 元

内 容 简 介

伴随"一带一路"倡议的纵深推进,参与者之间的争议会日益增多。现阶段,"一带一路"沿线国家和地区间民商事争端的解决主要依靠国内、双边和多边协定规定的机制进行,途径主要是诉讼和仲裁。基于交易习惯、制度差异及追求自利等诱因,导致我国和"一带一路"沿线国家和地区间现有争议解决机制还存在许多不足,使得"一带一路"倡议的参与者之间的争议可否得到公正、有效解决存疑。鉴于此,在"一带一路"倡议实施过程中,亟待探索创建一个行之有效的争端解决机制。

本书分为两部分。第一部分为理论篇,从"不同争议解决机制如何得以并存,并适度融合、发挥最大法律效力"这一问题出发,从合理的横向规制及适时的纵向监督两个方面予以论证,为构建具有便利性、公正性、高效性的"一带一路"争议解决共生机制提供理论支撑与经验证立。该篇共五章:第一章介绍国际商事争议解决的主要方式和争端解决共生机制的基本知识。第二章梳理多元争端解决机制的融合演进,以英国和我国相关实践为依据予以介绍。第三章从多元争端解决机制的优劣比较、仲裁与调解衔接机制的国际、国内实践出发论证多元争议解决机制的横向共生,从而达到横向积极共生、融合发展的新范式。第四章从仲裁协议对未签字人的效力、可仲裁性的扩张与边界、临时措施的可执行性、外国仲裁裁决的承认与执行以及国际和解协议的跨境执行方面论证多元争端解决机制纵向合理监督的新模式。最后一章从指导思想和路径两方面对多元争端解决共生机制的具体构建提出建议,在论述构建原则、构建内容和构建体系的基础上提出多元争端解决共生机制的构建畅想。

第二部分为实践篇，首先解读《联合国关于调解所产生的国际和解协议公约》（以下简称《新加坡调解公约》）生效后，我国"调解"制度的因应之策；其次总结最高人民法院对涉外仲裁及外国仲裁裁决的司法审查的要旨，并对案例进行了编撰。

前　言

　　"一带一路"合作倡议贯穿亚欧大陆，"一带一路"沿线国家和地区的经济、文化、政治、法律体系、商事习惯等各不相同，商事纠纷呈现多样化、复杂化、纠纷内容集中化等特征。因此传统单一的纠纷解决方法已经难以满足多元需求。所以在2018年，我国公布了《关于建立"一带一路"国际商事争端解决机制和机构的意见》，提出"一带一路"争端解决机制应当是一套集诉讼、仲裁、调解为一体的多元化争端解决机制。文件主要涉及三种应用最普遍、最广泛的纠纷解决方式，而且强调三者的有效衔接。有学者认为三种争端解决方式的有机衔接应当以仲裁为中心、调解为优先、司法为保障，形成三位一体、优势互补的模式。[①] 而且，仲、调结合的模式为国内学者所倡导，认为其更能满足"一带一路"商事纠纷对解纷机制的需求。[②]

　　国际商事仲裁是目前商业实践中使用率最高的争端解决方式，也是目前最兼具公正和效率的争端解决方式之一。比起司法诉讼程序，商事仲裁的优势在于高效和节约资源。一方面，"一带一路"争端解决机制构建的首要目标和价值在于满足具有多元法律文化背景的"一带一路"沿线国家和地区当事人对公平、高效的争端解决机制的紧迫需求；另一方面，绝大多数"一带一路"沿线国家和地区都是《承认及执行外国仲裁裁决公约》（以下简称《纽约公约》)[③] 的成员，有效保障了外国仲裁裁决的可执行性。因此，仲裁必然

[①] 参见初北平：《"一带一路"多元争端解决中心构建的当下与未来》，载《中国法学》2017年第6期，第73页。

[②] 参见胡军辉、赵毅宇：《论仲调结合在"一带一路"商事纠纷解决中的运用》，载《南华大学学报（社会科学版）》2018年第4期，第35—41页。

[③] 本书以《纽约公约》中文官方版为准。

成为"一带一路"倡议下商事主体选择最为普遍的争端解决方式。国际商事仲裁将成为"一带一路"争端解决机制的重心。目前，我国国际商事仲裁还无法满足"一带一路"建设对争端解决的需求。所以需要继续加强同"一带一路"沿线国家和地区的合作，充分运用双边、多边机制，构建多层次、立体化、相互配合、良性互动的跨境争端仲裁解决格局，推动国际秩序和全球治理体系朝着更加公正合理的方向发展。① 首先，"一带一路"（中国）仲裁院已经于 2016 年成立，这是多元化纠纷解决机制下的重要组成部分，旨在建立"一带一路"国际商贸投资争端仲裁中心，使中国成为世界国际商事仲裁的中心。其次，国际商事仲裁电子化与国际化是大势所趋，无论是与互联网结合而兴起的在线仲裁还是与国际接轨开拓临时仲裁，都将是我国国际商事仲裁进一步深化改革的方向。最重要的是，"最终能不能打造成为国际商事仲裁中心还是要看仲裁的质量，看仲裁裁决的公正性能不能在国际上产生广泛的影响和认可"②。

由于调解在国际商事争端解决程序中所具有的特性，让其颇受业界青睐。我国已于 2019 年 8 月 7 日签署加入《联合国关于调解所产生的国际和解协议公约》（以下简称《新加坡调解公约》)③，国内理论与实务界亦对《新加坡调解公约》在我国的落地实施高度关注并予以积极评价。《中共中央关于全面推进依法治国若干重大问题的决定》提出，要完善多元化纠纷解决机制，国务院办公厅和最高人民法院下发政策性文件和司法解释，均强调完善包括调解制度在内的多元争议纠纷解决机制。同时，以"一带一路"为依托，国际商事法庭和多个商事调解组织先后设立并将调解融入国际商事纠纷解决机制之中，为我国商事调解国际化做出努力。

"一带一路"建设所覆盖的沿线国家和地区在政治、经济、法律、文化和宗教信仰方面存在巨大差异。④ "一带一路"倡议不同于其他国际合作，其实

---

① 参见石春雷：《国际商事仲裁在"一带一路"争端解决机制中的定位与发展》，载《法学杂志》2018 年第 8 期，第 31 页。

② 王利明：《中国商事仲裁国际化水平亟待提升》，载《中国对外贸易》2016 年第 10 期，第 15 页。

③ 本书以《新加坡调解公约》中文官方版为准。

④ 参见袁发强：《"一带一路"背景下国际民商事争议解决机制之建构》，载《求是学刊》2018 年第 5 期，第 82 页。

施过程出现的争议必然有其个性。① 国际上现在已有多种解决争议的机制、机构和方式，但这些机制、机构是否适合于解决"一带一路"建设参与者之间的争议值得探讨。笔者在分析不同争端解决机制积极共存、发生功效的基础上，以凝聚法治共识，探索建立一套契合当前"一带一路"倡议实施的争端解决制度，构建适合"一带一路"倡议的商事争端解决共生机制。

---

① 参见王贵国：《"一带一路"争端解决制度研究》，载《中国法学》2017 年第 6 期，第 57 页。

目　　录

理　论　篇

第一章　争端解决共生机制概述 ····················· （3）

　第一节　国际商事争端解决的方式 ·················· （3）

　第二节　争端解决共生机制的概念 ·················· （11）

第二章　多元争端解决机制的融合演进 ··············· （18）

　第一节　英国多元争端解决机制的融合演进 ·········· （18）

　第二节　我国多元争端解决机制的融合演进 ·········· （24）

第三章　争端解决机制的横向共生：多元融合新范式 ····· （45）

　第一节　多元争端解决机制的比较 ·················· （45）

　第二节　仲调衔接机制的各国国内实践 ·············· （48）

　第三节　仲调衔接机制的国际机构实践 ·············· （61）

　第四节　仲裁与调解融合新范式 ···················· （66）

第四章　争端解决机制的纵向共生：合理监督新常态 ····· （72）

　第一节　多元争端解决机制的监督机制 ·············· （72）

　第二节　仲裁协议对未签字人的效力 ················ （75）

　第三节　可仲裁性的扩张与边界 ···················· （95）

　第四节　临时措施的可执行性 ······················ （117）

　第五节　外国仲裁裁决的承认与执行 ················ （140）

　第六节　国际和解协议的跨境执行 ·················· （159）

第五章 "一带一路"争端解决共生机制的构建设想及路径 ………… (167)

　　第一节 构建"一带一路"争端解决共生机制的指导思想 ………… (169)

　　第二节 构建"一带一路"争端解决共生机制的价值取向 ………… (171)

　　第三节 "一带一路"争端解决共生机制的构建内容及实践路径 … (177)

实　践　篇

第六章 《新加坡调解公约》及其签订后的调解制度 …………… (185)

　　第一节 《新加坡调解公约》的适用范围 …………………… (186)

　　第二节 我国商事调解制度现状 ………………………… (192)

　　第三节 《新加坡调解公约》在我国的适用分析 ……………… (198)

　　第四节 我国商事调解与《新加坡调解公约》的衔接 …………… (203)

第七章 涉外仲裁条款效力案例编撰 …………………………… (220)

第八章 外国仲裁裁决承认与执行案例编撰 …………………… (268)

理 论 篇

第一章

争端解决共生机制概述

"一带一路"倡议实施过程中的商事纠纷呈现个性化、多样化、复杂化的特征，这也呼求有与之相适应的争端解决方式，方能公平、公正、有效地解决"一带一路"倡议参与者之间产生的争议。国际商事众多的争端解决方式，如何予以融合并产生积极的效果是现实的难题，借助生物学上的"共生"理论，有利于达到多元争端解决机制融合共生的目的。

第一节　国际商事争端解决的方式

《中华人民共和国涉外民事关系法律适用法》（以下简称《涉外民事关系法律适用法》）、《最高人民法院关于适用〈中华人民共和国涉外民事关系法律适用法〉若干问题的解释（一）》（以下简称《涉外民事关系法律适用法司法解释》）① 以及《最高人民法院关于设立国际商事法庭若干问题的规定》（以下简称《设立国际商事法庭的规定》）② 规定了涉外民商事关系的四个标准。据此，国际商事争端是指当事人（商事主体）、当事人经常居所地、标的物或商事法律事实四者中至少有一项具有涉外因素的违约或财产性侵权纠纷。国家间的贸易和投资争端以及东道国和投资者之间的投资争端不在国际商事

---

① 《最高人民法院关于适用〈中华人民共和国涉外民事关系法律适用法〉若干问题的解释（一）》（法释〔2012〕24号）第1条。

② 《最高人民法院关于设立国际商事法庭若干问题的规定》（法释〔2018〕11号）第3条。

争端解决机制的调整范围内。涉我国港澳台地区的商事案件，其本质属于国内商事纠纷，但由于各处不同法域的特殊性，除有特别法律规定，在司法实践中一般比照涉外案件处理。[①]

一、国际商事争端解决的主要方式

长期的国际经贸往来实践已经形成各种解决国际贸易纠纷的办法，其中主要的解决途径大体上分为两类：第一，以代表国家权力的司法机关为主导的法院解决纠纷的机制。第二，非诉讼解决纠纷的机制，亦即替代性的纠纷解决方法。

（一）诉讼机制

诉讼是当事人通过法院来解决纠纷的途径。国际民事诉讼程序，是指含有国际因素的民事诉讼程序。[②] 国际民事诉讼程序，又称涉外民事诉讼程序，是一国法院审理涉外民商事案件时，法院当事人及其他诉讼参与人进行涉外民事诉讼活动所必须遵循的专门程序。[③] 在诉讼过程中，法院居于主导地位，代表国家行使审判权，是解决案件的主持者和裁判者。

我国法院受理涉外民商事案件的前提条件是：第一，当事人之间无各种形式的仲裁协议；第二，当事人正式向我国法院提出诉讼请求并正式递交起诉书；第三，属于我国法院管辖；第四，符合我国法院的地域管辖、级别管辖和特别管辖的要求。如果当事人选择在我国法院解决纠纷，应遵守《中华人民共和国民事诉讼法》（以下简称《民事诉讼法》）第四编"涉外民事诉讼程序的特别规定"。

根据我国缔结或参加的国际条约，或者按照互惠原则，我国人民法院和外国法院可以相互请求代为送达文书、调查取证以及进行其他诉讼行为。请求和提供司法协助的，应当按照我国缔结或者参加的国际条约所规定的途径进行。没有条约关系的，通过外交途径进行。任何外国机关或者个人未经我

---

① 《最高人民法院关于适用〈中华人民共和国涉外民事关系法律适用法〉若干问题的解释（一）》（法释〔2012〕24号），第19条；《中华人民共和国台湾同胞投资保护法实施细则》第5条。

② 参见韩德培主编：《国际私法（第二版）》，高等教育出版社、北京大学出版社2007年版，第457页。

③ 参见李双元主编：《国际私法》，北京大学出版社2005年版，第396页。

国主管机关批准不得在我国领域内送达文书、调查取证。人民法院作出的发生法律效力的判决和裁定，如果被执行人或者其财产不在我国领域内，当事人请求执行的，可以由当事人直接向有管辖权的外国法院申请承认和执行，也可以由人民法院依照我国缔结或者参加的国际条约的规定或者按照互惠原则，请求外国法院承认和执行。

（二）替代性争议解决方式

1. 替代性争议解决方式的含义

替代性争议解决方式（alternative dispute resolution，简称 ADR），也有学者译作选择性争议解决方式、司法外或诉讼外争议解决方式。这一概念源于美国，原来是指 20 世纪逐步发展起来的各种诉讼外纠纷解决方式，现已引申为对世界各国普遍存在的、民事诉讼制度以外的非诉讼纠纷解决程序或机制的总称。[①] 这一概念既可以根据字面意义译为"替代性（或代替性、选择性）纠纷解决方式"，亦可根据其实质意义译为"审判外（诉讼外或判决外）纠纷解决方式"或"非诉讼纠纷解决程序""法院外纠纷解决方式"等。目前，在国内理论界有两种不同的观点，广义的观点（通说）认为，ADR 是指司法诉讼以外的解决争议的各种方式的总称；而狭义的观点则认为，ADR 是指除仲裁外的各种非诉讼解决争议的方法的总称。[②]

由此可见，ADR 机制是一种独立或相对独立于法院诉讼的非诉讼纠纷解决方式，ADR 作为多元化纠纷解决机制中的一种替代性解决方法，与法院诉讼的解决方式形成协调互动的关系，对于社会纠纷的解决起着越来越重要的作用。

2. ADR 机制的主要模式

（1）协商

协商（consultation）是争议当事人在争议发生后最先选择采用的争议解

[①]　目前，世界各国普遍确立了不同程度、不同模式的 ADR 机制，这对于已经出现"诉讼爆炸"现象的国家，极大缓解了司法和社会的压力，对于职权主义程度较高的司法体系，带来了司法民主化的气氛，对于特殊类型或复杂的案件，提供了符合情理、追求实质正义的个别平衡。实际上，ADR 制度和运作完全取决于特定社会的纠纷解决需求及其整体机制的设计，并不存在一种完美的、适用于任何国家和社会的模式和普遍规律。例如，美国的法院附设（司法）ADR 十分发达，主要就是适应了法院功能从纠纷解决向确立规则或行为模式方向转移的需要，在某种意义上也是司法功能的延伸。相比之下，日本尽管并无"诉讼爆炸"的危机，并且在努力扩大民众利用法院的机会，但仍然高度重视 ADR，认为 ADR 的利用既有扩大法律利用的意义，又有改善司法的价值，并建立了多元化的纠纷解决机制。

[②]　参见李双元主编：《国际私法》，北京大学出版社 2005 年版，第 553 页。

决方法。① 它是争议双方当事人在自愿基础上，自行进行磋商或谈判，在互谅互让基础上达成解决争议的协议。

以协商和解的方式解决争议，具有当事人自愿自觉遵守所达成的协议、程序简便、形式灵活、节省时间和费用以及有利于以后继续贸易合作等优点。各国法律都规定双方当事人应首先通过协商和解的办法解决争议。但协商和解解决争议也可能发生难以达成和解协议或者达成协议后一方不遵守和解协议的情况。

（2）调解

调解（conciliation）是在当事人之外的第三方（the third party）的主持下，由第三方以中间人的身份，在分清是非和责任的基础上，根据法律和合同规定，参考国际惯例，从中帮助并促使争议各方在互谅互让的基础上达成公平的调解协议以解决各方争议的争议解决方法。② 也有学者认为调解是指调解组织或其他具有调解职能的机构作为第三人，根据法律规定和社会公德，以说服教育的方式协助当事人自愿订立协议，从而解决民商事纠纷或轻微刑事案件的一种非诉讼法律制度。③ 简言之，调解是在第三人介入下，通过第三人的协助达到争议双方在自愿基础上互谅互让以解决争议的方法。④

调解作为一种传统的争议解决手段，早已存在。随着工业文明的发展和法治文明的进步，调解的方式和内涵渐渐变化和丰富，逐渐同诉讼、仲裁一道，成为现代社会争端解决的重要途径。根据第三人身份不同，调解可分为民间调解、仲裁调解和法庭调解。但仲裁调解属于仲裁解决方式，法庭调解属于诉讼解决方式，此处的调解主要是指民间调解。民间调解是指由仲裁机构、法院或者国家机关以外的第三人主持进行的调解，调解人可以是组织或个人。调解人一般具有解决国际贸易的法律知识和专业知识，而且能够坚持公平原则，容易获得当事人的信任，消除当事人之间的误解和隔阂。

相较于诉讼和仲裁，调解的优势一方面在于以一种平和的方式达成双方或多方当事人均能满意的结果，能够在最大限度保护双方利益的同时使他们

---

① 王传丽、史晓丽编著：《国际贸易法（第三版）》，中国人民大学出版社 2019 年版，第 424 页。

② 同上书，第 425 页。

③ 参见左卫民主编：《中国司法制度（第三版）》，中国政法大学出版社 2012 年版。

④ See Nadja Alexander, *International Comparative Mediation: Legal Perspective (Global Trends in Dispute Resolution)*, Wolters Kluwer, 2009, p. 12.

维持友好关系；另一方面在于调解程序所需的时间和金钱成本相对较小，能够节省当事人解决争端的时间和金钱，从而在一定程度上避免了当事人出于成本考量而放弃维护其自身权益的情形。也正是基于调解程序的明显优势，在当今争端解决过程中，相对于诉讼和仲裁，调解往往被当事人作为优先选择的对象或者作为诉讼和仲裁的前置程序普遍进行。

随着调解程序的普遍应用，对调解进行专门性国内立法成为趋势。早在1896年，英国政府就制定并出台《调解法》以解决其在丧失世界工业霸权、经济形势由盛转衰时期劳资争议激增的大背景下不断加剧的劳资冲突。① 在美国，新泽西州于2004年出台并实施了《统一调解法案》，推动调解程序在美国民商事甚至刑事法律案件中的适用。需要特别加以重视的是加拿大安大略省在2010年出台的《商事调解法案》，这是目前全球首部国内商事调解领域的专门性法律，对其他国家的商事调解立法和程序完善都有着极为重要的借鉴意义。近年来，包括巴西、新加坡、爱尔兰、希腊以及中国在内的越来越多的国家也先后进行了国内调解法的制定。《中华人民共和国人民调解法》（以下简称《人民调解法》）《中华人民共和国劳动争议调解仲裁法》（以下简称《劳动争议调解仲裁法》）以及《民事诉讼法》第八章和第十五章第六节是目前我国在调解领域的主要立法成果，最高人民法院和各部委也就调解出台过司法解释、指导意见和法律规章，这些法律文件以《人民调解法》和《民事诉讼法》为核心，共同构成了我国现行调解法律体系的基本内容。

（3）专家判定

在商事合同中，当事人还可约定由当事人选定或为当事人选定就某一问题有权作出具有约束力的决定的专家来解决某些特殊专业类别争端。此类规定可能涉及会计人员的会计（或其他财务）计算、由行业专家进行的质量评估、地质学家估算的石油和天然气储量、建筑师或工程师的施工评估等。在许多国家的法律制度中，"仲裁"和具有约束力的"专家判定""评估"或"估价"之间有着重要的区别。后者不一定需要使用仲裁的一个决定性特征即仲裁程序，而只需要决策者自己的调查和使用现有的专业知识即可作出判定。

---

① 参见刘金源、胡晓莹：《1896年〈调解法〉与英国集体谈判制的发展》，载《探索与争鸣》2016年第2期，第99—103页。

此外，专家判定往往涉及范围有限，限定在事实或技术问题领域，与仲裁程序不同，仲裁程序寻求解决双方当事人之间更广泛的法律纠纷（例如，是否违反合同或法定保护，以及违反合同或法定保护会产生什么后果）。①

(4) 小型审判

当事方有时寻求通过"小型审判"解决争端，通常向"法官"或陪审团简要介绍每一方的案情，"法官"有权作出咨询决定或以其他方式鼓励协议。与调解一样，"小型审判"中的裁决通常不具约束力。中立评估涉及类似的过程，其中，第三方听取双方就其争议或选定问题的陈述，并提供中立评估各方立场的优缺点。② 这有助于各方对自身优劣势作出判断，并最终达成一致解决意见。

该模式是 ADR 机制的新发展，实质上是一种模拟诉讼的调解方式。它的最大作用就是解决那些涉及面较大，混合着法律和事实的复杂纠纷，像产品责任纠纷、反垄断纠纷等。通常由当事人双方各指派一名高级行政长官组成专门小组，并共同推选一名首席调解员。各方当事人所指定的行政长官一般只代表各方当事人的利益。轮流以口头或书面方式提出自己的意见，如同法院公开审理一样，只不过形式更简单。

(5) 律师或中立专家的联合磋商（早期审理评议）

这种模式是由一个独立的第三人，可以是一名律师或技术专家，听取争议双方的意见，提出自己的观点，帮助双方解决争端。该模式经常被用于纠纷一方或者双方希望向一个有经验的个人咨询自己在有关案件中所处的优势或劣势。

(6) 国际商事仲裁

仲裁作为解决争议的一种方式，是指由一名或数名中立的、通常是经争议当事人同意的第三者，居中对争议的是非曲直作出具有约束力的裁决。③ 仲裁员通常都是当事人争议领域的专家、权威人士。仲裁员在仲裁时应遵守仲

---

① See Gary B. Born, *International Arbitration: Law and Practice, Second Edition*, Wolters Kluwer, 2012, p. 35-36.

② 同上书，p. 36.

③ 参见韩德培主编：《国际私法（第二版）》，高等教育出版社、北京大学出版社 2007 年版，第528 页。

裁规则进行仲裁。仲裁规则主要是规定如何进行仲裁的程序和做法，其中包括如何提出仲裁申请、如何进行答辩、如何指定仲裁员、怎样进行仲裁审理、如何作出仲裁裁决以及裁决的效力等内容。仲裁规则的作用主要是为当事人和仲裁员提供一套进行仲裁的行动准则，以便在仲裁时有所遵循。国际商事仲裁主要包括国际或涉外经济贸易仲裁和国际或涉外海事仲裁。①

二、我国国际商事争端解决机制的晚近发展

我国国际商事争端多元解决机制的创新与影响有赖于全国法院多元化纠纷解决机制改革的优良成效。多元纠纷解决机制是指在一个社会中，包括诉讼与非诉讼方式在内的多样的纠纷解决方式以其特定的功能相互协调、共同存在、共同构成的一种满足社会主体多样需求的程序体系和动态的调整系统。②

2005 年，最高人民法院颁布《人民法院第二个五年改革纲要（2004—2008）》，首次提出确立和完善多元化的纠纷解决机制。③ 2014 年，党的十八届四中全会通过《中共中央关于全面推进依法治国若干重大问题的决定》，该决定从中央层面法治工作基本格局出发，将完善调解、仲裁、行政裁决等非诉讼与诉讼方式有机衔接、相互协调的多元化纠纷解决机制纳入全面依法治国的法治社会建设的一项重要内容。④ 2015 年，全国法院多元化纠纷解决机制改革工作推进会上公布的第一批 50 家多元化纠纷解决机制改革示范法院，⑤ 为全国各级法院开展多元化纠纷解决机制改革提供了优良范本和引领作用。

---

① 参见韩德培主编：《国际私法（第二版）》，高等教育出版社、北京大学出版社 2007 年版，第529 页。

② 参见范愉：《纠纷解决的理论与实践》，清华大学出版社 2007 年版，第 221 页；"多元纠纷解决机制改革项目"综合研究子课题组：《论中国多元纠纷解决机制的构建与完善——以司法为视角的分析》，载俞灵雨主编：《纠纷解决机制改革研究与探索》，人民法院出版社 2011 年版，第 3 页。

③ 参见《人民法院第二个五年改革纲要（2004—2008）》（法发〔2005〕18 号）。

④ 参见《习近平：关于〈中共中央关于全面推进依法治国若干重大问题的决定〉的说明》，http://www.xinhuanet.com/politics/2014-10/28/c_1113015372.htm。

⑤ 参见《最高人民法院关于确定多元化纠纷解决机制改革示范法院的决定》（法〔2014〕358号）。

2018年，中共中央办公厅、国务院办公厅发布的《关于建立"一带一路"国际商事争端解决机制和机构的意见》要求依托国内现有争端解决机制、整合国内外法律服务资源，建立各机制有机衔接的多元化解纷机制，为"一带一路"商贸和投资往来提供权威性的司法服务和保障。① 2019年8月1日，《最高人民法院关于建设一站式多元解纷机制一站式诉讼服务中心的意见》创造性地提出"一站式多元解纷、一站式诉讼服务"的工作目标，要求全面推行在线立案和跨域立案机制，强调主动发挥人民法院的职能作用，为非诉讼方式解决纠纷提供司法保障，建立类型多样的调解平台并引入各类调解人员，配备速裁法官或团队，为当事人提供多元纠纷解决服务，打造中国特色纠纷解决和诉讼服务新模式。

根据《中国法院的多元化纠纷解决机制改革报告（2015—2020）》，截至2020年年底，全国98%的法院建立了诉讼服务大厅，98%的法院设置了诉讼服务网，全国各级法院设置专门的诉调对接中心3835个，全国3000多个基层法院指导80万个人民调解组织工作，每年人民调解组织化解纠纷近1000万件。② 法院审判只是纠纷解决的一种方式，是"多元"中的"一元"，③ 多元解决商事争端不排除来自民间和社会的各种仲裁、调解组织的力量在纠纷解决中所起的积极作用，反而相当重视非诉讼纠纷解决方式。

随着"一带一路"倡议以及粤港澳大湾区的建设，以调解、仲裁为首的替代性纠纷解决机制（或称非诉讼纠纷解决机制），在国内外商事争端解决中体现了制度性的优势。这种轻对抗、重意思自治，兼具秘密性和非公开性的纠纷解决方式得到国际商事争端当事人的青睐，也有效缓解了法院的诉讼压力。在此情形下，建立"一站式"商事纠纷解决平台有利于完善国际商事调解与诉讼以及仲裁与诉讼之间的衔接，便于国际商事争端诉调对接、仲裁保全和执行等程序的进行。

---

① 参见《中共中央办公厅、国务院办公厅印发〈关于建立"一带一路"国际商事争端解决机制和机构的意见〉》，http://www.gov.cn/zhengce/2018-06/27/content_5301657.htm。

② 参见最高人民法院：《中国法院的多元化纠纷解决机制改革报告（2015—2020）》，第14页。

③ 参见李广宇：《最高人民法院举办人民法院调解平台应用成效暨〈中国法院的多元化纠纷解决机制改革报告（2015—2020）〉新闻发布会》，http://www.scio.gov.cn/xwfbh/gfgjxwfbh/xwfbh/44193/Document/1698959/1698959.htm。

第二节　争端解决共生机制的概念

自"一带一路"倡议提出以来，针对"一带一路"构建过程中产生的商事争议如何应对的问题，一直是理论界及实务界探讨的热点话题。在处理国际经贸争议的三种主要方式，即诉讼、仲裁及调解之间如何予以融合并产生"1＋1＋1＞3"的效果，更是现实的难题。由此，借助生物学上的"共生"理论，有利于我们达到多元争端解决机制融合共生的目的。

一、社会共生关系的理论基础

"共生"概念起源于生物学领域，由德国真菌学家安东·德·贝里于1879 年提出，用以描述不同种属的生物基于一定的物质联系并共同生活的状态。[①] 共生是生态系统中种群发展的普遍现象，指两种及以上群落间的互相作用。共生系统由共生单元、共生模式、共生环境构成，共生单元和共生模式共同决定系统的演化方式及效率，共生环境容纳并限制系统发展。[②] 自生物学界的共生现象和理论研究提出以来，经范明特和布克纳等学者的发展完善，从 20 世纪中叶开始，相关学者逐渐将共生理论这一新的研究视角、方法和框架，用于探索社会中广泛存在的类似关系。[③] 1970 年，美国生物学家马格里斯提出"细胞共生学"，"共生学说"由此盛极一时。目前，生物学中研究物种间关系都要用到共生概念。世界是由相互联系、相互依存的物质组成的，所以共生现象不仅存在于生物界，也广泛存在于社会系统中。因此，作为一种视野独特、简明高效地描述物种间关系的方法论，自 20 世纪中叶以来，"共生"的思想和概念很快在社会科学领域被学者借用。[④] 后来，"共生"一

---

① William Trager, Vernon Ahmadjian：Symbiosis：An Introduction to Biological Association, *Journal of Parasitology*, 1988（3）：516.

② 参见张艺炜、邓三鸿、胡昊天：《共生理论视域下网络舆情演化研究》，载《现代情报》2021年第 7 期，第 4 页。

③ 参见余晓钟、罗霞：《"一带一路"能源共生合作：框架分析与推进路径》，载《甘肃社会科学》2021 年第 2 期，第 199 页。

④ 参见杨玲丽：《共生理论在社会科学领域的应用》，载《社会科学论坛》2010 年第 16 期，第149 页。

词在哲学、社会学、经济学、生态学等学科中被广泛使用。"共生"学说在国内被广泛应用于社会学领域始于复旦大学社会学系胡守钧教授所著的《社会共生论》，该书提出："社会共生是人的基本存在方式。"

从生物学的共生视角来看，现代生态学把整个地球看成一个大的生态系统——生物圈。生物圈内，各类生物间及生物与外界环境之间通过能量转换和物质循环密切联系起来，形成共生系统。生物间的能量转换存在于食物链与食物网之中，它们在生态系统的关系表现为生产者、消耗者和分解者。能量总是来自太阳，自然无所谓循环，而物质则不是这样，物质是通过生态循环保持着生物圈的继往开来、生生不息。这是广义的共生，即自然界就是一个共生体，其中的动物、植物、人类之间需要相互和谐，才能共生共荣。而狭义的共生是指生物之间的组合状况和利害程度的关系，指由于生存的需要，两种或多种生物之间必然按照某种模式互相依存和相互作用地生活在一起，形成共同生存、协同进化的共生关系。①

综上所述，共生理论可作为构建"一带一路"争端解决共生机制的理论基础，为争议解决机制的有效衔接、深化创新提供理论支撑。

二、争端解决共生机制的界定

从社会共生论的视角看，法律是共生规范。② 法律意义上的共生机制，既要满足多元融合的适法性，又要实现多元选择的法效性。前者就是不同种类的争端解决机制之间的衔接应在相应的法律框架之内，不能与相关的法律规定相违背；后者则指不同种类的争端解决方式之间经过一定规则整合之后，能达到更体现当事人意思自治、更高效的结果。

"一带一路"争端解决共生机制的构建实质上涉及诉讼、仲裁和调解之间的协作与合理监督的问题，在维持各自差异性的基础上实现互利共赢的效果。由于"一带一路"涉及不同区域，在法律文化和法律体系上均存在较大差异，对诉讼、仲裁和调解的运用及支持力度亦参差不齐。这些差异性决定了深入构建"一带一路"争端解决共生机制是一项复杂而系统的工程，需要从系统

---

① 参见洪黎民：《共生概念发展的历史、现状及展望》，载《中国微生态学杂志》1996年第4期，第52页。

② 参见胡守钧：《社会共生论》，复旦大学出版社2006年版，第35页。

的视角分析多协作方式下的持续动力机制，探索既要符合国际和国内法律之规定，亦要达到公正、高效解决"一带一路"构建过程中相关争议的目的。

首先，共生反映了共生单元间以某种关系形成的复杂开放系统，在发展和进化过程中以系统内外部的信息、物质、能量交换形成更紧密的相互吸引、依赖、合作关系。在"一带一路"构建过程中，可针对不同性质的争议解决方式，通过合理的横向及纵向安排，形成积极的共生系统，即形成诉讼、仲裁及调解有序衔接、合理监督、高效实施的积极共生体系。

其次，共生突显了共生单元间的协调和互补特性。以诉讼、仲裁及调解为主要构成的"一带一路"争端解决机制，各具特色，在使用的争议范围、文化和法律渊源、启动条件、结果的终局性以及在其他国家或地区的可执行性等方面各有优劣，因而亦存在较大互补性。且基于三者均旨在解决当事人之间争议的共同目的而具有较高相似关联度和亲近依赖度，满足共生关系形成的基本条件。

最后，共生强调共生单元间的协同与合作。一方面，在诉讼、仲裁及调解具体解决争议的过程中，由于法律依据各异，且某种程度上依然存在自益性的追求。所以，若不加以协调，难免存在横向竞争，影响动态均衡。另一方面，作为监督仲裁及调解的司法机关（一般是法院），如何把控监督的尺度，又会影响诉讼、仲裁和调解纵向的合理秩序。

所以，"一带一路"争端解决共生机制是针对"一带一路"构建过程中所产生的争议，以诉讼、仲裁和调解三种争议解决方式为基础形成的多元融合、合理监督、公正高效的争端解决机制。

三、争端解决共生机制的特征

第一，共生理论具有包容性，并尊重组成成员的独立性。"共生"的前提是多个组成成员可以共同在一定的环境下融洽相处，但依然保持着各自的独立性。尽管在多成员共生发展的过程中，可能会出现某一成员发展更加迅速的现象，但其他成员并不会因"共生"的发展而灭亡。所以，共生理论具有包容性，在尊重成员独立性的前提下，可以将不同成员融合到一起。"一带一路"争端解决共生机制的构建，尽管将诉讼、仲裁和调解均纳入进来，但依然会保持各自的独立性，尤其是各自的优势将继续存在。良性的竞争和妥协使共生成员在不断的磨合中向前发展，并为共生体内部整合带来源源不断的动力。而自由主义追求的最高境界是帕累托最优，即在不使任何一个行为体变坏的情况下，使得至少一个行为体变得更好。①

第二，共生理论的核心强调"和合共生"。"和合"就是要努力使具有独立主体性的相关各方的"共生"都有舒适度、满意度；就是要努力使相关各方都有显示自己智慧、"能力"、实力的机会，都有自己发展的空间，都不感到他者的存在与发展对自己是一种妨碍、挑战和威胁；就是要使各方都能感觉到他者的存在与发展对自己的存在、发展是一种机遇和运气。② 共生，不是共生单元之间的相互排斥，而是相互吸引和合作；不是自身状态和性质的丧失，而是继承与保留；不是一种相互替代，而是相互补充、相互依赖。③ 共生本身就强调在价值多元的形式下各主体如何自处、共处和共进，实现差异中的相生相长。④ 参与共生体系的行为体彼此需要，其合作具有依存性。因此，共生理论突破了自由主义，认为合作、互惠互利是建立在理性算计与博弈基础之上和自身利益最大化的观点，⑤ 为多主体共存、追求利益最优化的"共赢"局面创造了新的理论基础。如果从生存状态与发展状态的"和合""优化"角度来评价"一带一路"争端解决共生机制所追求的价值目标，就是为了构建"一带一路"争端解决的积极共生机制。这意味着共生成员的互动应该以不破坏共生环境为前提，最低限度也应该维持"共生性底线"。所谓共生性底线，是指行为体相互之间存在却又看不见的无数的、相互必须容忍的利益毗邻线或临界点。⑥ 共生性底线是共生系统得以维持的最后防线，一旦突破

---

① 参见余潇枫、章雅荻：《和合主义：国际关系理论的中国范式》，载《中国社会科学文摘》2019年第 11 期，第 68 页。

② 金应忠：《再论共生理论——关于当代国家关系的哲学思维》，载《国际观察》2019 年第 1 期，第 15 页。

③ 袁纯清：《共生理论及其对小型经济的应用研究（上）》，载《改革》1998 年第 2 期，第 105页。

④ 刘雪莲、欧阳皓玥：《从共存安全到共生安全：基于边境安全特殊性的思考》，载《国际安全研究》2019 年第 2 期，第 19 页。

⑤ 余潇枫、章雅荻：《和合主义：国际关系理论的中国范式》，载《中国社会科学文摘》2019 年第 11 期，第 67 页。

⑥ 金应忠：《国际社会的共生论——和平发展时代的国际关系理论》，载《社会科学》2011 年第10 期，第 15 页。

这条防线，共生体系将会彻底崩溃。① "一带一路"争端解决共生机制的构建，既要符合国际和国内法律之规定，亦要达到公正、高效解决"一带一路"构建过程中相关争议的目的。这样就要求争端解决机制实现内、外积极共生。

第三，共生理论强调有序发展，即和平共处、和平共生、和谐共生三个阶段。② 其首先在于塑造共生环境。共生成员在共生环境中按照一定的共生模式从和平共处逐渐向和平共生发展，最终目标是和谐共生，实现多方共赢。但共生理论在强调共生成员和平共生时并未否定共生成员之间的差异化发展与妥协，因为这是"国际共生的内在机制和国际共生的生成机制"③。由此可见，"一带一路"争端解决共生机制并不能一蹴而就，需要分步骤、分阶段，甚至分领域一步一步进行。

四、争端解决共生机制的构成要素

一般而言，共生单元、环境、模式三要素构成了共生系统，并通过共生界面的媒介、通道和载体实现沟通、相互作用和影响。其中，共生单元是构成关系和系统并进行能量生产和交换的基本单位，共生模式则反映了单元关系的强度和方式，共生环境则推动着单元与模式的演变和发展。④

（一）共生单元

若把"一带一路"争端解决机制作为一个共生体融入该机制，则争端解决方式可从宏观和微观两个角度分析：从宏观角度来看，包括不同国家或地区之间涉及投资、贸易、金融等各方面争端的解决方式；从微观角度看，则仅针对将来构建"一带一路"争端解决机制内包含的诉讼、仲裁及调解。

（二）共生环境

共生环境是保证共生单元互动的内外部环境。共生单元在稳定、透明的

---

① 参见何金科：《安全合作与中亚互惠共同体的构建：基于共生理论的研究》，载《国际关系研究》2020年第6期，第83页。
② 参见黄平：《变迁、结构和话语：从全球治理角度看"国际社会共生论"》，载《国际观察》2014年第1期，第63—70页。
③ 胡守钧：《国际共生论》，载《国际观察》2012年第4期，第40页。
④ 张小峰、孙启贵：《区域创新系统的共生机制与合作创新模式研究》，载《科技管理研究》2013年第5期，第173页。

环境中和谐互动，既能保证寻求该争端解决的主体获益，又能保证共生体系的良性循环。共生环境不仅为积极共生体系的构建奠定了基础，也为积极共生模式提供了和谐、稳定的环境，从而使其得以延续和发展。而积极共生模式又为共生单元提供了内在的作用机理和互动模式。通过共生单元与共生议题的结合，积极共生体系在不断的斗争与妥协中得以构建和发展。

积极共生关系是一种具有自我意识和思维理性的个体所组合起来的社会关系。个体追求自由和理性，社会要求秩序与和谐，这意味着个体与社会之间经常会发生严重冲突。前者倾向"摆脱自由的枷锁，进入更具人性的存在"，后者倾向"回到自然，回到肯定和安全的地方"。①

共生环境是共生关系与模式存在和发展的重要外在条件，不论是生物或社会共生关系的环境都处于不断变化的过程，且与共生模式存在正向、中性和反向作用，"一带一路"争端解决机制共生环境也随着国际环境和双、多边合作进程的改变和深入而日益发展完善。特别是在"一带一路"倡议纵深推进之后，必将产生更多各类争端。"一带一路"争端解决机制共生单元间关系提升、互动对接等都将反作用于共生环境的改善。

（三）共生模式

一般而言，在共生系统中，按照行为方式和组织程度标准，共生模式有寄生、偏利、互惠共生以及从点共生、间歇共生、连续共生、一体化等模式，各模式都各具特点，且随着共生关系发展不断演化。② 在"一带一路"倡议纵深推进的过程中，国家或地区间的争端解决机制以及同一国内不同争端解决机制之间，早期必将存在上述的混合共生模式。我们追求的目标就是构建一种争端解决互惠共生的共生模式。在该模式下，各共生单元处于"共赢"状态，均可获得一定收益。但由于各共生单元基于各自的优劣，在不同国家或地区之间的发展程度和接受度等方面的差异，使得构建一个合理的、互惠的、积极的共生模式尚需时日。

因此，当前，"一带一路"争端解决机制共生合作也处于连续共生模式阶段，制度化、机制化、合作领域、内容、深度、广度都在不断探索、提升、

---

① 〔美〕艾里希·弗洛姆：《健全的社会》，孙恺祥译，上海译文出版社 2011 年版，第 20 页。
② 参见胡守钧：《国际共生论》，载《国际观察》2012 年第 4 期，第 7—8 页。

扩大和延伸。未来，基于共生理论框架，提出深入推进策略和路径，实现共生单元间的"共赢"局面，即发展演化为"互惠共生模式"，将是"一带一路"争端解决共生机制的发展方向，进而形成稳定、和谐、独立、持久并不断发展完善的争端解决机制。此过程需要多方面环境、基础和界面的支持与保障。

（四）共生界面

共生界面同共生环境一样对共生单元间的信息交流、和谐分配和能量传导有推动和促进作用，具体来讲，它是重要的媒介和通道，也将推动共生关系和系统的形成和均衡。愈是畅通开放的共生界面，愈将促进共生单元间的信息沟通和和谐共存。对于"一带一路"争端解决机制共生合作而言，其能够在国际与国内双向协作下，实现诉讼、仲裁与调解全面的便利互通。

第二章

多元争端解决机制的融合演进

追求多元商事争端解决机制之间的融合、优化、共赢，早已是各国及国际性争端解决组织的共识。近年来，不同国家及国际组织亦不停在探索并实施了系列的创新举措，达到了一定的效果。

第一节　英国多元争端解决机制的融合演进

对公司等商事主体而言，在保障审判公正的前提下，程序效率等同于经济效益。因此，商事纠纷解决机制的便捷性、可预测性至关重要。英国伦敦商事与财产法庭不但坐拥审判技术最先进的法庭，而且能够提供稳定、完备的保障网络服务，其中包括提供"法律科技解决方案"服务、口译员、转录员和信息技术供应商等。

此外，该法庭还推出一系列以国内外当事人为中心，旨在优化诉讼文化的措施。这些措施包括设立专门审理金融案件的法官小组、增强庭审程序的便捷性和灵活性、启动信息披露试点工作等。

一、商事与财产法庭的设置

2017 年 6 月，英国在皇家法院大楼设立组建了伦敦商事与财产法庭。[①]

---

① See Minister of Justice, Guides to Business and Property Courts of England and Wales Statistics, https://assets. publishing. service. gov. uk/government/uploads/system/uploads/attachment_data/file/761874/2018_BPC_Statistics_Guidance. pdf。

该法庭专门负责处理高等法院管辖范围内的所有商事和商业纠纷的案件。伦敦商事与财产法庭是世界上规模最大的商事、财产和商业法庭。

尽管商事与财产法庭最初组建于伦敦，但其在伯明翰、布里斯托尔、加的夫、利兹、利物浦、曼彻斯特和纽卡斯尔等地设有审判中心。值得一提的是，各地的审判中心受理案件不受标的额和案件影响力的限制，而注重与案件和管辖法院地的联系，即便是"大案"，当事人也并非必须在伦敦提起诉讼。这也是商事与财产法庭在管辖方面的一个原则，能够保证任何相关的案件都能在商事与财产法庭于各地设立的审判中心受理。① 商事与财产法庭凭借其先进的技术优势，基本实现司法程序数字化，使得整个诉讼过程可以便捷、高效地通过在线技术完成。

此后，商事与财产法庭逐渐走向国际化。2018 年，商事与财产法庭共受理案件的总数比 2017 年增长近 8%。② 根据英国司法部数据统计，在 2018 年1 月至 2019 年 3 月的 15 个月期间，商事与财产法庭仅于伦敦劳斯大厦（Rolls Buiding in London）受理案件的数量便达到 19372 起，其中，破产法庭受理13081 起案件，知识产权庭受理 468 起案件，技术与建筑法庭受理 395 起案件，专门审理金融案件的法官小组受理 23 起案件，大法官法庭受理 341 起上诉案件。③

据统计，自 2019 年 1 月至 2019 年 12 月间，商事与财产法庭受理案件共计 16262 件。④ 其中，破产法庭受理 10214 起案件，知识产权庭受理 422 起案件，技术与建筑法庭受理 480 起案件，大法官法庭受理共计 348 起上诉案件。⑤

受新冠肺炎疫情影响，2020 年 1 月至 12 月间，商事与财产法庭受理案件

---

① See Practice Direction 57AA—Business and Property Courts, https://www. justice. gov. uk/courts/procedure-rules/civil/rules/practice-direction-business-and-property-courts.

② 参见徐文文编译：《英国纠纷解决机制的最新发展》，载《人民法院报》2020 年 7 月 3 日第 8 版。

③ See Minister of Justice, The Business and Property Courts of England and Wales, 2018, https://assets. publishing. service. gov. uk/government/uploads/system/uploads/attachment_data/file/806899/BPC_Infographic1. pdf.

④ See Minister of Justice, The Business and Property Courts of England and Wales, 2019, https://assets. publishing. service. gov. uk/government/uploads/system/uploads/attachment_data/file/870194/BPC_Infographic. pdf.

⑤ 同上.

共计 11128 件，与上一年度的案件受理总量相比减少了 5134 件。在受理的 11128 起案件中，破产法庭受理 5196 起案件，知识产权庭受理 336 起案件，技术与建筑法庭受理 495 起案件，专门审理金融案件的法官小组受理 53 起案件，大法官法庭受理 305 起上诉案件。①

商事与财产法庭具备审判技术高超的商业法庭和专门审理竞争、金融、知识产权案件的法官小组，因而对外国当事人产生了较强的吸引力。2018 年，商事与财产法庭审理的国际纠纷案件占全部案件的 75%；而 2019 年，商事与财产法庭审理的涉外商业纠纷案件占比更是达到 77%。而在审理的涉外商事纠纷中，有超过一半案件的各方当事人为外国人。

除此之外，专利法庭在涉及专利和知识产权等领域发挥了专业性的特点和不可替代的作用。根据英国司法部的数据报告，2019 年，专利法庭审理的涉外案件占其审理案件总数的 82%，② 即使在受疫情影响的 2020 年，专利法庭审理的涉外案件数量比例仍达到 75%。③ 通常而言，专利法庭的判决会产生国际性的影响，这不仅是因为专利纠纷中的涉案当事人来自全球各地，更为重要的是专利法庭的裁判给其他地区法院和仲裁机构提供了一种可以参照、可以推广复制，甚至可以遵循的行业标准。

二、法律科技——加密资产、分布式账本技术和智能合约

从数据上看，英国法律服务业的净收入在 2018 年达到约 351 亿英镑。④ 法律科技是未来法律服务业的技术支撑，因而对英国法律服务业至关重要。

---

① See Minister of Justice, The Business and Property Courts of England and Wales, 2020, https://assets. publishing. service. gov. uk/government/uploads/system/uploads/attachment _ data/file/1014641/BPC _ Infographic _ 2020. pdf.

② See Minister of Justice, The Business and Property Courts of England and Wales, 2019, https://assets. publishing. service. gov. uk/government/uploads/system/uploads/attachment _ data/file/870194/BPC _ Infographic. pdf.

③ See Minister of Justice, The Business and Property Courts of England and Wales, 2020, https://assets. publishing. service. gov. uk/government/uploads/system/uploads/attachment _ data/file/1014641/BPC _ Infographic _ 2020. pdf.

④ See Revenue of the Legal Services Sector in the United Kingdom (UK) from 2009 to 2018, with Forecasts from 2019 to 2028, https://www. statista. com/statistics/1266070/legal-services-revenue-uk/.

在英国司法部的支持下，英国于 2018 年 7 月成立法律科技应用工作组。[①]

法律科技应用工作组旨在鼓励支持法律科技在英国的发展和使用，不断促进以英国法和英国司法辖区为基础的法律科技发展。该工作组主要由政府、司法机构、学术界和监管机构的行业专家和领军人物组成。

法律科技应用工作组的工作主要由包括英国区工作组在内的六个特别工作组负责。英国区工作组的一系列工作表明，英国法的体系和英国司法辖区的司法环境为法律科技的发展提供了合适的法律基础。具体而言，其有利于智能合约、分布式账本技术、人工智能和相关技术的发展。

上述这些新技术的边界往往是模糊的，甚至是不受拘束的。然而，在英国健全、完整的法律框架下，高效、灵活的纠纷解决能力重新界定了这些新技术清晰的法律定位并明确其相应的作用范围。英国区工作组的态度较为明确。他们认为，如果一些市场参与者和投资者因为担心法律的不确定性而丧失信心，就有必要针对此类不确定的法律问题发表权威性的释明，以重新建立投资者和市场参与者的信心，以进一步保障相关法律技术的成功运作。

鉴于此，2019 年，英国法律科技应用工作组发布了一份名为《关于加密货币和智能合约声明》（*Legal Statement on Cryptoassets and Smart Contract*）的文件，确认了加密货币和智能合约在英国司法中的地位，并对加密货币和智能合约中具有法律不确定性的问题进行了尝试性说明。[②]《关于加密货币和智能合约声明》的发布，不但有力说明了英格兰及威尔士发达的普通法体系能适应此类新兴技术的发展，也表现了英格兰及威尔士的普通法体系能够为法律技术的发展提供良好的制度保障。

三、信息披露的试点工作

2019 年 1 月，商事与财产法庭启动了信息披露的试点工作。概言之，信息披露工作指的是给予诉讼双方当事人披露信息的选项，进而鼓励并促成双

---

① 参见徐文文编译：《英国纠纷解决机制的最新发展》，载《人民法院报》2020 年 7 月 3 日第 8 版。

② See The LawTech Delivery Panel: Legal Statement on Cryptoassets and Smart Contract，https://35z8e83 m1ih83drye280o9d1-wpengine. netdna-ssl. com/wp-content/uploads/2019/11/6. 6056_JO_Cryptocurrencies_ Statement_ FINAL_WEB_111119-1. pdf.

方当事人选择定分止争的最佳方案。该试点工作以逐步控制信息披露的范围为主要目的，从而达到降低控制信息披露成本，提高法庭资源利用效率的最终效果。

商事与财产法庭设立信息披露的试点时间长达 2 年，这是考虑到大型商事咨询机构 GC100 和其他诉讼参与人担忧披露成本会不断增加的关系。通过咨询并经民事程序规则委员会批准，该试点拟通过取消默认的披露模式（"标准披露"）以推动披露程序的相关改革。该项举措要求各方当事人就需要披露的关键问题信息达成合意，并根据披露问题的性质和特点有区别地选择相应的、适合的披露模式，从而避免盲目适用默认的信息披露模式。

该信息披露的试点工作还强调了司法机关强化监督作用和优化案件管理模式的重要性和必要性，要求各方当事人主动向法庭提供预备听证会所需的资料。当事人需要履行自行保存并向法庭提交文件的义务，不能随意将相关资料分次交给法院处理。各当事方的代表人也应该主动配合法庭，根据法庭要求，努力提高信息披露的真实性、可靠性、有效性，并确保将信息披露的成本控制在合理范围内。该试点工作利用现有技术成果，按照披露内容的多少提供了不同类型的披露模式，从而使当事人各方在信息披露过程中能够明确其应当具体使用的披露模式。

该试点工作开展至今，披露模式根据披露内容的数量呈现多样化特征。值得一提的是，所有类型的披露模式都被各当事人不同程度地选择并使用。即使是在同一个案件中，当事人也会根据同一案件涉及的不同问题，选择使用不同的披露模式。

四、ADR

ADR 是一种非诉讼的解决方法，为争议双方解决争端提供了新的可替代性方案。仲裁便是替代性纠纷解决机制的一个典型，允许缔约方选择中立的第三方机构解决争议。英国是国际仲裁的全球领导者，伦敦则是全球仲裁案件量最多的城市。

伦敦是当事人仲裁的首选地。美国伟凯律师事务所和英国玛丽女王大学在 2018 年国际商事仲裁调查报告中的数据显示，伦敦以 64% 的支持率当选最受欢迎的仲裁地。① 而在 2021 年国际商事仲裁调查报告中，伦敦以 54% 的支持率再次位列最受欢迎仲裁地排行的首位，新加坡以 54% 的支持率与英国伦敦并列第一，共同成为最受欢迎的仲裁地。香港、巴黎和日内瓦分别以 50%、35% 和 13% 的支持率分别排在第三、四、五位（该项调查要求被调查者填写 5 个偏爱的仲裁地以选出最受欢迎的仲裁地）。② 伦敦已多次获得这项殊荣，而其在争议解决领域的声誉和业界的认可程度是伦敦于 2021 年再度当选最受欢迎仲裁地的重要表现。2021 年国际商事仲裁调查报告的数据显示，90% 左右的被调查者表示，国际仲裁是他们首选的纠纷解决方式，有 31% 的人选择单独使用仲裁解决纠纷，有 59% 的人选择采用仲裁与 ADR 联合的纠纷解决方式。③

在英国，很多部门通过组织系列活动，持续为海内外提供 ADR 服务。2018 年，通过仲裁、调解和裁决处理的商业、民事纠纷案件总数约为 4 万起。其中，3.7 万多起属于国内纠纷案件，约 3000 起属于国际纠纷案件。

伦敦在 2019 年 5 月举办了为期 4 天的首届"伦敦国际纠纷解决周"。④ 该活动不仅是伦敦当选最受欢迎仲裁地的一次庆典，也对目前国际争议解决的发展问题展开了研讨。"伦敦国际纠纷解决周"预测了国际纠纷解决的未来发展趋势，也讨论了伦敦如何面对技术、政治等变化的应对之策，以不断巩固其在全球纠纷解决中的领先地位。

当事人在选择是否用 ADR 解决纠纷时，通常会对仲裁地或调解地的立法制度、技术服务、程序规则、司法环境等方面进行充分考量。伦敦之所以能成为仲裁或调解的首选地，主要是因为它具备以下基本条件：

（1）具有充分的立法保障。英国 1996 年《仲裁法》⑤ 和 2010 年《仲裁

---

① See 2018 International Arbitration Survey：Adapting Arbitration to a Changing World，http://www. arbitration. qmul. ac. uk/media/arbitration/docs/2018-International-Arbitration-Survey—The-Evolution-of-International-Arbitration-(2). PDF.

② See 2021 International Arbitration Survey：Adapting Arbitration to a Changing World，http://www. arbitration. qmul. ac. uk/media/arbitration/docs/LON0320037-QMUL-International-Arbitration-Survey-2021_19_WEB. pdf.

③ 同上。

④ See London International Disputes Week 2019，https://www. lcia. org/News/lcia-supporting-london-international-disputes-week-2019. aspx.

⑤ See Arbitration Act 1996，https://www. legislation. gov. uk/ukpga/1996/23/contents.

法》(苏格兰)① 是仲裁和替代性纠纷解决机制的框架,阐明了裁决的强制执行方式,以及申请撤销裁决的法定事由。

(2)解决纠纷程序具有灵活性。

(3)解决国际纠纷过程中保持中立性。

(4)解决纠纷过程具有很强的保密性。

(5)在工作语言和法律适用方面实行当事人意思自治。

(6)执业人员具有很强的专业性,在重大疑难案件的处理上有显著的优势。在英国,专业的纠纷解决组织、仲裁员和调解员、专家证人以及提供专业咨询和辩护的国际律师事务所和大律师都可能熟悉案件涉及的相关问题,具备相关专业技能。

(7)具有充分的司法保障。司法机构具有公信力,完善的法院监督系统具备制度保障功能,两者为仲裁和替代性纠纷解决机构的运行发展提供了充分的条件。

(8)能提供令人满意的场地和保障服务。口译员、笔译人员、速记员具备丰富经验和精湛技术且信息技术服务发展成熟。

第二节　我国多元争端解决机制的融合演进

一、国际商事争端诉讼解决机制的创新

"一带一路"倡议为参与国家或地区带来经济发展动力的同时,也对各国家或地区国际商事争端的解决带来了挑战。2018 年 6 月 27 日,最高人民法院发布《设立国际商事法庭的规定》,设立以国际商事法庭为核心的"一带一路"国际商事争端解决中心,组建国际商事专家委员会。② 同年 6 月 29 日,最高人民法院第一、第二国际商事法庭分别在深圳、西安挂牌成立,③ 之后又相继发布施行一系列配套文件,为我国商事主体的国际经济贸易活动保驾护

---

① See Arbitration (Scotland) Act 2010, https://www.legislation.gov.uk/asp/2010/1/contents.

② 参见《最高人民法院关于设立国际商事法庭若干问题的规定》(法释〔2018〕11 号)第 1、11 条。

③ 参见唐荣、卢伟:《最高法第一第二国际商事法庭分别揭牌》,http://www.legaldaily.com.cn/zfzz/content/2018-07/02/content_7583764.htm? node=81122.

航。从国际层面看，设立专门的国际商事法庭成为越来越多国家解决国际商事纠纷的新途径。例如，2004 年，阿联酋设立迪拜国际金融中心法院；2015 年，新加坡设立新加坡国际商事法庭；2018 年，德国法兰克福法院引入国际商事法庭。除此之外，荷兰、哈萨克斯坦、澳大利亚、比利时等国也陆续设立商事法庭。① 此外，深圳前海合作区法院是最高人民法院批准设立的第一批综合性司法改革示范法院，于 2018 年起与共计 47 家境内外仲裁机构、调解组织及律师事务所合作，成立全国首个"一带一路"国际商事诉调对接中心。②

（一）国际商事法庭

最高人民法院在国际商事审判领域，从机制、机构的建设，到通过制定司法解释来确保法律的正确实施等方面采取了很多措施。也是在这样的大背景下，随着"一带一路"建设的现实需求提升，为从事国际商事交易的主体提供更公正、高效、便捷、低成本的多元化的纠纷解决机制更为必要。

2018 年年初，习近平总书记主持的中央深化改革领导小组审议通过了《关于建立"一带一路"国际商事争端解决机制和机构的意见》。根据决议精神，最高人民法院于 2018 年 6 月在深圳设立第一国际商事法庭，在西安设立第二国际商事法庭；同年 8 月份成立国际商事专家委员会；11 月份又邀请国内几家著名的仲裁和调解机构建立一站式纠纷解决平台。从 2018 年年底开始，国际商事法庭陆续开始集诉讼、仲裁、调解有机衔接的"一站式"国际商事纠纷多元解决机制和机构的建设。国际商事法庭利用"三位一体"的"一站式"国际商事纠纷解决机制，使国际商事调解机构、国际商事仲裁机构与国际商事法庭共同构建了调解、仲裁、诉讼有机衔接的纠纷解决平台。

1. "三位一体"的"一站式"国际商事纠纷解决机制

根据《设立国际商事法庭的规定》，最高人民法院秉持"共商、共建、共享"理念，选定符合条件的国际商事调解机构、国际商事仲裁机构与国际商事法庭，共同构建调解、仲裁、诉讼有机衔接的纠纷解决平台，形成"三

---

① 参见杨临萍：《"一带一路"国际商事争端解决机制研究》，载《人民司法》2019 年第 25 期，第 34 页。

② 参见马培贵：《前海法院交出涉外涉港澳台商事审判"五年答卷"》，载《深圳特区报》2020 年 9 月 16 日第 A5 版。

位一体"的"一站式"国际商事纠纷解决机制。2018 年 12 月,《最高人民法院办公厅关于确定首批纳入"一站式"国际商事纠纷多元化解决机制的国际商事仲裁及调解机构的通知》确定了五个国际商事仲裁机构及两个调解机构成为首批共建"一站式"国际商事纠纷解决机制的民间机构。①

在"一站式"国际商事纠纷多元化解决机制下,调解与诉讼的有机衔接表现为:国际商事法庭受案后,经当事人同意,可以委托国际商事专家委员会成员或者国际商事调解机构调解,达成调解协议的可以由国际商事法庭制发调解书或判决书。② 仲裁与诉讼的衔接体现在:当事人可以向国际商事法庭申请证据、财产或者行为保全,并有权向国际商事法庭申请撤销或者执行该机制项下的仲裁机构作出的仲裁裁决。③ 此外,国际商事法庭允许当事人提交英文证据材料,免交中文翻译件,④ 在调查收集证据以及组织质证时还可采用视听传输技术等信息网络方式。⑤

2. 国际商事法庭受理案件的条件及审理案件程序要求

符合国际商事法庭受理条件的案件,除了一定是国际商事案件外,还需要符合下列条件之一:

第一,当事人协议选择由国际商事法庭审理案件,而且争议标的额达到 3 亿元人民币以上。自 2019 年 5 月 1 日开始,最高人民法院实施了新的级别管辖标准,标的额 50 亿元以下的案件都由中级人民法院一审。⑥ 但是对于国际商事法庭而言,其受理案件的标的额并未发生变化。但是受理有一个前提条件,即一定要有当事人协议选择。

第二,本来应当属于高级人民法院受理的一审案件,但是高级人民法院

---

① 根据《最高人民法院办公厅关于确定首批纳入"一站式"国际商事纠纷多元化解决机制的国际商事仲裁及调解机构的通知》(法办〔2018〕212 号),首批纳入"一站式"国际商事纠纷多元化解决机制的机构有:中国国际经济贸易仲裁委员会、深圳国际仲裁院、上海国际经济贸易仲裁委员会、北京仲裁委员会、中国海事仲裁委员会五家国际商事仲裁机构,以及中国国际贸易促进委员会调解中心、上海经贸商事调解中心两家国际商事调解机构。

② 参见《最高人民法院关于设立国际商事法庭若干问题的规定》(法释〔2018〕11 号)第 12、13 条。

③ 同上,第 14 条。

④ 同上,第 9 条。

⑤ 同上,第 10 条。

⑥ 参见《最高人民法院关于调整高级人民法院和中级人民法院管辖第一审民事案件标准的通知》第 2 条。

认为需要由最高人民法院受理,移送最高人民法院并被最高人民法院准许的。

第三,在全国有重大影响的第一审国际商事案件。

第四,对于符合条件的仲裁机构的特定仲裁案件,当事人申请保全以及申请撤销仲裁裁决、申请执行仲裁裁决的案件。

第五,最高人民法院认为应当由国际商事法庭审理的案件。

从程序上而言,国际商事法庭审理案件的程序是在现有法律框架下进行的,但亦为实践之需要作出了一些变化:

第一,一审终审。事实上,法院在审理国际商事案件适用程序法时,和审理纯国内案件有很大差别。国际商事案件在程序法的适用上,首先适用《民事诉讼法》涉外篇,在涉外篇没有规定时才适用一般规定。但是国际商事法庭审理的案件在程序设计上相比其他国际商事案件的审理还有差异。因为国际商事法庭是最高人民法院常设审判机构,所以国际商事法庭作出的判决就是最高人民法院的判决,是一审终审。当事人可以根据《民事诉讼法》的规定向最高人民法院本部申请再审,此时,受理再审申请的法院不是国际商事法庭,而是由最高人民法院本部负责处理。

第二,合议庭少数意见可以在裁判文书中载明。在国际商事法庭作出的裁判文书中,会披露合议庭少数意见。从裁判文书网上公布的法院判决文书来看,一般法院都是按照合议庭的多数意见作出判决,合议庭少数意见并不体现在裁判文书当中。但在国际商事法庭的裁判文书中,合议庭少数意见亦可以载明。

第三,如果当事人提交的是英文证据材料,经对方当事人同意的,可以不提交中文翻译件。根据《民事诉讼法》的规定,在我国法院进行诉讼必须使用我国的官方语言也就是中文。但在国际商事交往当中,很多习惯性的特别是一些格式性的文本,大多是用英文书写的。如果要求当事人把它都翻译成中文,会增加很多成本。而由国际商事法庭受理的案件,如果当事人提交的证据材料是英文,在双方当事人都同意的情况下,可以不必翻译,从而节约当事人的诉讼成本,更为便利。

第四,国际商事法庭充分运用智慧法院建设的成果,在立案、送达、庭审等环节,可以通过视频、电子方式等开展相应工作,大大便利当事人,降低成本。

3. 国际商事专家委员会

国际商事专家委员会是我国国际商事诉讼与多元纠纷解决机制中的一项重大独特创新，其他国家尚无类似制度。①

目前，已有 53 名具有国际影响力、精通国际贸易、投资等国际商事法律领域的中外专家被最高人民法院聘任为专家委员，② 主要负责调解国际商事案件，对商事案件中的专门性法律问题、国际商事法庭的发展规划以及为最高人民法院制定相关司法解释和政策提供咨询意见。③ 国际商事专家委员会不仅为国际商事的诉讼、调解工作提供专业的咨询意见、调解意见，也为我国对外签署国际条约、制定商事规则提供国际化、专业化的辅助。

4. 域外法查明平台

2019 年 11 月 29 日，依据《设立国际商事法庭的规定》对法律查明机构查明外国法的立法认可，④ 最高人民法院域外法查明平台在国际商事法庭网站正式上线启动。最高人民法院民四庭与华东政法大学外国法查明研究中心等五家外国法查明中心和研究基地共同签署合作协议，共建共享最高人民法院域外法查明平台。

该平台提供了由专家委员会提供的专家委员查明和专业机构查明两种外国法查明途径。各级人民法院、诉讼案件当事人及代理律师、跨境商贸投资或跨境争议需要查明域外法律的企业，需要了解域外法律的立法机关、行政机关、仲裁机构或其他单位都有权使用该平台。为国家机关和社会提供高效便捷的外国法查明服务，这是进一步优化法治化营商环境的重要举措。

(二) 深圳前海合作区法院

2014 年 12 月，最高人民法院批准于深圳前海成立综合性司法改革示范法院，在区域司法标准确立的权限、程序、权力等机制上进行了实践探索，集中管辖深圳市基层法院审理的一审涉外、涉港澳台商事案件，服务和保障前海深港现代服务业合作区与前海蛇口自贸片区发展。⑤

---

① 参见杜涛、叶珊珊：《国际商事法庭：一个新型的国际商事纠纷解决机构》，载《中国法律：中英版》2018 年第 3 期。

② 参见最高人民法院国际商事法庭官网，http://cicc.court.gov.cn/html/1/index.html。

③ 参见《最高人民法院国际商事专家委员会工作规则（试行）》（法办发〔2018〕14 号）第 3 条。

④ 同上，第 8 条。

⑤ 参见罗书臻：《深圳前海合作区人民法院成立　胡春华、周强揭牌》，载《人民法院报》2015 年 1 月 29 日第 1 版。

1. "一带一路"国际商事诉调对接中心及联合跨境调解机制

前海法院在原诉调对接中心基础上,与香港和解中心、粤港澳调解联盟、澳门世界贸易中心仲裁中心、深圳国际仲裁院等47家域内外仲裁、调解机构合作建立"一带一路"国际商事诉调对接中心。该诉调中心根据受理纠纷类型和特点,制定调解规则和实务指引,实行"类案类调"机制,并设置涉港纠纷、知识产权纠纷、金融纠纷等7个调解室,成为国际化、专业化、市场化、信息化多元的国际商事争议解决平台。[①]

在涉港商事纠纷的个案中,如双方当事人同意通过该中心跨境调解机制,可将案件委托该中心推荐的合作调解员,并尊重当事人的意愿选择在内地或香港地区进行调解。精通香港地区法律的调解员可以采用诸如以当事人为主导地位的香港地区促进式调解方式,不从法律角度作评判,而主持推动和解进程,引导双方积极陈述观点和解决方案并帮助其达成和解协议。[②]

2. 中立第三方评估机制

早在2016年6月,最高人民法院就发布了《关于人民法院进一步深化多元化纠纷解决机制改革的意见》,鼓励人民法院在医疗卫生、不动产、建筑工程、知识产权、环境保护等领域探索建立民商事纠纷中立评估机制。[③]前海人民法院诉调对接中心在2017年确立了中立第三方评估机制,聘请专业领域的专家担任中立评估员,经当事人选择评估员对判决结果进行预测,提供评估意见,最后当事人可根据评估意见自行和解或再选择调解、仲裁和诉讼。[④]

例如,在庄某诉文某寿、文某光保证合同纠纷一案中,原告庄某系内地居民,被告二人均为中国香港地区居民。前海法院经审查认为该案应当依照

---

① 参见马培贵:《前海法院交出涉外涉港澳台商事审判"五年答卷"》,载《深圳特区报》2020年9月16日第A5版。

② 参见《前海法院探索国际化多元纠纷解决新路径》,载《人民法院报》2019年5月11日第4版。

③ 参见《最高人民法院关于人民法院进一步深化多元化纠纷解决机制改革的意见》(法发〔2016〕14号)。

④ 参见马培贵:《全力构建域外法律查明与适用体系——前海法院适用香港法裁判案件全国领先》,载《深圳特区报》2021年2月5日第A5版。

《涉外民事关系法律适用法》适用香港地区法律，委托香港地区资深法律专家作为中立第三方，对该案适用的香港地区法律及可能的判决结果进行评估后，认为该案被告并非适格当事人，最终原告申请撤诉。① 这是前海法院启用中立第三方评估机制后当事人主动撤诉的第一案，为广东省高级人民法院统一发布的 20 例粤港澳大湾区跨境纠纷典型案例。该案吸取香港地区法律专家意见，不仅提高了适用香港地区法律的准确性，增加了审判结果的可预测性，还有效引导当事人多元化解决纠纷。

3. 港籍陪审员和港籍调解员制度

港籍陪审员和调解员一般为各行业专家，在其专业范围内提供相关的法律意见，对香港地区及有关国家和地区法律进行有效查明。他们更了解涉港案件适用香港地区法律及证据认定规则、商业交易习惯及行业情况，甚至更具有母语优势，充分发挥了自身专业知识和文化背景优势。为实现国际化现代服务业发展要求，港籍调解员一般在金融、互联网、现代物流等行业中选取，并建立系统全面的港籍调解员培训、交流和保障机制。②

前海法院建立的"精英法官 + 港籍陪审员 + 专家咨询"审理机制，采取"分类管理 + 随机抽取"模式，组建具有普通法学习背景、涉外审判经验丰富的专家型精英法官队伍；金融、投资、商贸、物流、知识产权等专业领域签约的港籍陪审员参加庭审，提升了涉外涉港澳台案件的公信力；建立由金融保险、国际贸易、知识产权、证券期货等领域专家组成的专家智库，为自贸区和合作区内的复杂疑难案件提供专业咨询意见，促进案件专业化审理。港籍陪审员分为普通陪审员和专家陪审员两大类。其中，专家类陪审员按照金融、贸易、财会、股权、知识产权再分为五组，参审时随机抽取，确保兼具公开性和专业性。

4. 当事人转交送达制度

前海法院借鉴了英美法系当事人间送达的理念，对于涉港案件，在坚持有效送达的基础上，委托原告将法律文书送达被告，当事人应诉或提交答辩

---

① 参见《广东法院粤港澳大湾区跨境纠纷典型案例（第一批）》，https://app. pkulaw. cn/lav/479c3e6b5e3416340bfcbc3335b31547bdfb。

② 参见《深圳前海合作区人民法院涉外涉港澳台商事审判白皮书》，法院网，http://www. szqhcourt. gov. cn. webCN/list-coutent. html？gid = 14958&lmid = J37_0058&fw = 40。

状的，受送达人提及了所送达司法文书内容的，受送达人已履行的，视为转交送达成功，否则应及时另行安排送达。① 当事人转交送达机制缩减了送达时间以确保庭审顺利进行，突破了区际司法协助原有途径。

二、国际商事争端仲裁解决机制的创新

（一）自贸区内临时仲裁规则

目前，我国共设有 21 个自由贸易试验区，为临时仲裁制度的设立提供了空间和制度条件。② 虽然该制度与《中华人民共和国仲裁法》（以下简称《仲裁法》）相关规定有冲突，③ 但是在《最高人民法院关于为自由贸易试验区建设提供司法保障的意见》（以下简称《自贸区司法保障意见》）中，认可由自贸区内的注册企业约定特定地点、特定仲裁规则、特定人员主持仲裁的仲裁协议有效，④ 可以理解为司法机关在该范围内接受临时仲裁，为自贸区内企业提供更加丰富的纠纷解决渠道。

2020 年 12 月 23 日最高人民法院发布的《中国仲裁司法审查年度报告（2019 年）》显示，截至 2019 年年底，全国共设立 260 家仲裁委员会，工作人员 6 万余人，累计处理各类案件 300 万件，标的额超过 4 万亿元，案件当事人涉及 70 多个国家和地区。然而，全国 260 家仲裁机构的仲裁规则不尽相同，当事人未必熟悉相应机构的仲裁员及仲裁规则。但临时仲裁中的当事人可以选择任一仲裁规则，甚至自行确定，也可选择任意仲裁地，这给予当事人意思自治选择空间。最为重要的是，临时仲裁与机构仲裁相结合，促进了我国仲裁制度的发展，⑤ 也为机构仲裁的改善提供了动力。

---

① 参见前海法院：《前海法院推进诉讼当事人合作机制之当事人转达司法文书》，http://www. szlawyers. com/info/ae32f80e2e444da2b4bd398d5f40c5c5。

② 参见赵凯东：《构建中国临时仲裁规则的法律思考——基于自由贸易试验区建设展开》，载《经济研究导刊》2019 年第 29 期，第 194 页。

③ 《仲裁法》第 16 条规定："仲裁协议包括合同中订立的仲裁条款和以其他书面方式在纠纷发生前或者纠纷发生后达成的请求仲裁的协议。仲裁协议应当具有下列内容：（一）请求仲裁的意思表示；（二）仲裁事项；（三）选定的仲裁委员会。"

④ 《最高人民法院关于为自由贸易试验区建设提供司法保障的意见》（法发〔2016〕34 号）第 9条。

⑤ 参见张礼洪：《上海自贸区仲裁制度的探索创新及问题反思》，载《人民法治》2016 年第 12期，第 21 页。

1.《横琴自由贸易试验区临时仲裁规则》

虽然《自贸区司法保障意见》突破了强制机构仲裁的规则，但是其条款过于简单，并不足以支持自贸区内临时仲裁的具体引入和操作。① 2017 年 3 月，我国首部临时仲裁规则《横琴自由贸易试验区临时仲裁规则》出台，于广东自贸试验区横琴片区施行。该规则细化了临时仲裁中对选定的仲裁员的要求，并规定临时仲裁作出的裁决书或调解书经过珠海仲裁委员会确认后，将被视为机构仲裁，降低了临时仲裁执行阶段的不确定性。

2.《中国互联网仲裁联盟临时仲裁与机构仲裁对接规则》

2017 年 9 月 19 日，《中国互联网仲裁联盟临时仲裁与机构仲裁对接规则》（简称《对接规则》）在依据国内法并参照《国际商事仲裁示范法》及《联合国国际贸易法委员会仲裁规则》的基础上，对实现临时仲裁与机构仲裁有效对接制定了详细规则，完善了我国临时仲裁相关法律规则。由中国互联网仲裁联盟负责运营互联网仲裁云平台（又称"易简网"），开创了"互联网＋"临时仲裁的共享模式。

《对接规则》规定了如下三种可对接的临时仲裁：（1）自由贸易试验区内注册企业之间约定按特定规则、特定地点以及特定人员进行的临时仲裁；（2）非自由贸易试验区内注册企业的临时仲裁；（3）为便于在国内的承认与执行，境外机构根据临时仲裁程序作出的裁决文书。② 由此可见，《对接规则》下与机构仲裁对接的临时仲裁范围还包括非自贸试验区企业之间的临时仲裁案件。然而这一规定显然超出《自贸区司法保障意见》第 9 条对自贸区内临时仲裁的许可范围，更与我国《仲裁法》第 16 条相关规定不符。此外，根据我国《民事诉讼法》及其司法解释、我国参与的《纽约公约》以及最高人民法院的有关法律文件的规定，我国对外国仲裁裁决的承认和执行实行司法审查报告制度，《对接规则》将外国仲裁裁决转化为我国国内机构仲裁裁决这一做法显然违反上位法。

由于《对接规则》在内容上与我国立法存在冲突，其合法性存在很大瑕疵，极有可能在实践中产生非法问题的临时仲裁案件通过对接程序获得"合

---

① 参见李建忠：《临时仲裁的中国尝试：制度困境与现实路径——以中国自贸试验区为视角》，载《法治研究》2020 年第 2 期，第 32 页。
② 参见《中国互联网仲裁联盟临时仲裁与机构仲裁对接规则》第 21 条。

法"形式，以及外国临时仲裁裁决避开我国的司法审查报告制度得到执行，扰乱我国仲裁秩序的情况。

（二）临时措施条款

我国规定仲裁临时措施由人民法院专属管辖，[①] 但是随着我国经济的快速发展，相关司法部门以及仲裁机构开始重视国际商事仲裁的作用及影响。

1.《中国（上海）自由贸易试验区仲裁规则》临时措施条款

2014 年，上海国际仲裁中心推出的《中国（上海）自由贸易试验区仲裁规则》引入仲裁临时措施，突显自贸区的制度创新性和仲裁规则对立法的引领性。《中国（上海）自由贸易试验区仲裁规则》第三章通过七个条文对仲裁临时措施予以完善：（1）规定临时措施的范围，包括财产保全、证据保全、行为保全和法律规定的其他措施。[②] 相较于《仲裁法》，添加了行为保全，与《民事诉讼法》的保全措施一致；（2）创设了仲裁前的临时措施，将仲裁临时措施的时间范围全面覆盖整个仲裁过程；[③]（3）设立紧急仲裁庭，处理受理案件之后、仲裁庭组成之前这一阶段当事人提起的临时措施申请；[④]（4）赋予了仲裁双方对临时措施决定提出异议救济的权利。[⑤]

2.《设立国际商事法庭的规定》临时措施条款

《设立国际商事法庭的规定》采取了与《中国（上海）自由贸易试验区仲裁规则》截然不同的立场，即维持现有的法院专属管辖，在此基础上进一步提高效率与裁决质量。

为此，该规定作出了两项具体改变：（1）当事人可以向国际商事法庭申请证据、财产和行为保全，不再必须通过仲裁机构这一途径；[⑥]（2）临时措施的申请由国际商事法庭统一受理作出裁定，指定执行地法院直接执行。[⑦] 如此可以避免因为仲裁机构转交临时措施申请而增加的时间，减少当事人与执行

[①] 《中华人民共和国民事诉讼法》第 272 条；《中华人民共和国仲裁法》第 28、46、68 条；《中华人民共和国海事诉讼特别程序法》第 13 条。

[②] 参见《中国（上海）自由贸易试验区仲裁规则》第 18 条。

[③] 参见《中国（上海）自由贸易试验区仲裁规则》第 19 条。

[④] 参见《中国（上海）自由贸易试验区仲裁规则》第 21 条。

[⑤] 参见《中国（上海）自由贸易试验区仲裁规则》第 23 条。

[⑥] 参见《最高人民法院关于设立国际商事法庭若干问题的规定》（法释〔2018〕11 号）第 14 条。

[⑦] 《最高人民法院关于设立国际商事法庭若干问题的规定》（法释〔2018〕11 号）第 6、14 条。

地法院联络的环节，为当事人提供便利，进一步提高临时裁决的效率。

（三）谈判促进机制

2016年12月16日，深圳国际仲裁院（深圳仲裁委员会）谈判促进中心在深圳罗湖区揭幕，同时举办的还有"深圳市城市更新与棚户区改造谈判促进机制启动仪式暨谈判促进规则发布会"。①

深圳国际仲裁院谈判促进中心系全国首创，根据《深圳国际仲裁院谈判促进规则》，经当事人自愿适用谈判促进机制的争议或谈判事项包括但不限于城市更新、棚户区改造、公司治理、债务重组、知识产权、国际投资、国际贸易范围。受该谈判促进中心聘请的相关领域的专家以中立、独立和业内权威第三方的身份协助各参与方开展谈判工作，助其高效达成公司治理项目、城市更新等的谈判结果，而且参与方可要求仲裁院就该谈判结果出具具有强制执行力的仲裁裁决书来保证其执行力。② 值得注意的是，各参与方在谈判促进过程中的陈述、自认或可能性方案都不可作为仲裁或诉讼的依据，受聘的谈判专家也不得以仲裁院、证人或代理人身份参与仲裁或诉讼程序。③

谈判促进机制的原意是为重点促进股权投资为主的公司治理项目进行仲裁程序之前或之外的多方主体谈判而创，④ 但其最先在城市更新和房地产领域发挥了和谐、高效、低成本解纷的效用。中国谈判促进第一案"深圳罗湖区城改项目"涉及居民超过8.6万人，经谈判专家介入，三个月内，"搬迁补偿安置前置协议"签署率达98%。⑤ 城市更新和棚户区改造工作事关城市发展和民生问题，该机制为解决诸如此类的城市旧改项目提供了谈判途径和支撑，有效推进了项目实施，降低了社会成本，有利于城市长远规划和发展。

---

① 参见冯庆：《和谐有序促进城市更新和棚户区改造 谈判促进机制在罗湖启动》，载《深圳特区报》2016年12月17日第A4版。

② 《深圳国际仲裁院谈判促进规则》第4条。

③ Douglas Thomson, Shenzhen Launches Rules to Assist Negotiation, https://globalarbitrationreview.com/shenzhen-launches-rules-assist-negotiation.

④ 参见刘晓春：《新时代房地产纠纷仲裁的三个原则》，https://3g.163.com/dy/artide/E44NMKMR0518KVDO.html。

⑤ 参见《特区仲裁十大经典案例》，http://scia.com.cn/home/index/cases/id/21.html。

（四）逐步开放境外仲裁机构在境内开展仲裁活动

境外仲裁机构在我国仲裁问题方面的进展和演进，主要体现在立法、行政和司法三个层面。

1. 立法层面的探索

1994 年制定的《仲裁法》限于当时我国对于仲裁制度的认知、国际视野和接受度，缺乏对境外仲裁机构的相关规定。《仲裁法》第 10 条中的"仲裁委员会"虽然并未明确规定排除境外仲裁机构，但却明确说明"仲裁委员会可以在直辖市和省、自治区人民政府所在地的市设立，也可以根据需要在其他设区的市设立，不按行政区划层层设立。仲裁委员会由前款规定的市的人民政府组织有关部门和商会统一组建。设立仲裁委员会，应当经省、自治区、直辖市的司法行政部门登记"。由此可见，《仲裁法》所指的"仲裁委员会"并不能涵盖境外仲裁机构。同时也缺少关于仲裁地的规则，裁决国籍划分也采用仲裁机构的标准，这就造成境外仲裁机构在我国仲裁个案时，在仲裁协议效力、裁决国籍认定、裁决司法审查等方面，在立法层面遭遇全面的障碍。因此，在《仲裁法》修订前，境外仲裁机构在我国仲裁所存在的"仲裁机构性质""仲裁裁决籍属"和"仲裁司法审查"这三大法律问题在客观上是始终存在的。

2. 行政层面的支持

2015 年 4 月，国务院在《进一步深化中国（上海）自由贸易试验区改革开放方案》中提出，支持国际知名商事争议解决机构入驻上海自贸区，加快打造面向全球的亚太仲裁中心。此后，香港国际仲裁中心、新加坡国际仲裁中心、国际商会仲裁院和韩国商事仲裁院在上海设立代表处。2019 年 7 月，国务院印发的《中国（上海）自由贸易试验区临港新片区总体方案》进一步提出：允许境外知名仲裁及争议解决机构在临港新片区内设立业务机构，开展涉外仲裁业务。据此，上海市司法局制定了配套的《境外仲裁机构在中国（上海）自由贸易试验区临港新片区设立业务机构管理办法》。在这样的政策背景下，2019 年 10 月，经司法部批复同意，由上海市司法局登记设立的首家境外仲裁机构的业务机构——世界知识产权组织（WIPO）仲裁与调解上海中心正式在中国境内开展涉外知识产权争议案件的仲裁与调解业务。2020 年 8 月，《国务院关于深化北京市新一轮服务业扩大开放综合试点建设国家服务业扩大开放综合示范区工作方案的批复》中提出了类似于上海自贸区临港新片区的相关内容：允许境外知名仲裁机构及争议解决机构在北京市特定区域设立业务机构。国务院就境外仲裁机构在中国特定地区设立业务机构所提出的上述指导意见，其目的是解决境外仲裁机构在我国的机构身份问题，其出发点是希望境外仲裁机构在我国设立实体性的机构从而开展相关仲裁业务。

3. 司法实践的推动

在司法层面，近年来已经通过相关个案推动解决了境外仲裁机构在我国仲裁的法律问题。在《仲裁法》施行以来的 20 多年间，对于零星出现的境外仲裁机构在我国仲裁的个案，最高人民法院在司法审查上的立场和态度也在逐渐发生转变，从最初的认可到后来的基本上否定，再到近些年来开始倾向于认可此类仲裁案件。比较具有典型意义的案例，如 2013 年 3 月的"龙利得案"首次确认了此类仲裁协议效力的问题；2020 年 6 月的"大成产业案"在确认仲裁协议效力的同时，又深度阐述了这一问题所涉及的立法和司法问题；而 2020 年 8 月由广州市中级人民法院审理的"布兰特伍德案"不但确认了仲裁协议的效力，而且明确了此类裁决的国籍属性（即中国的涉外仲裁裁决）和执行裁决的法律依据（即《民事诉讼法》）。因此，最高人民法院积极践行能动司法，从创建仲裁友好型的司法环境出发，在司法审查层面已经确认了境外仲裁机构在我国仲裁的合法性。也就是说，最高人民法院在司法审查层面已经确认，不在我国设立业务机构的境外仲裁机构直接开展仲裁活动也是合法有效的。

综合上述三方面的情况，虽《仲裁法》目前尚未修改，但行政层面积极推动境外机构在我国特定区域设立业务机构，最高人民法院在司法审查层面也已经确认了境外仲裁机构即使不在我国设立业务机构直接开展仲裁活动也是合法有效的。

（五）互联网仲裁

近年来，广州市紧紧抓住共建"一带一路"、粤港澳大湾区建设等重大发展机遇，充分发挥商事仲裁独特优势，创新制定多套全球首创特色措施，全力打造全球互联网仲裁首选地和粤港澳大湾区国际商事仲裁高地。

广州市注重互联网仲裁与国际规则衔接，制定并发布《互联网仲裁推荐标准》（以下简称"广州标准"）和 2021 年版《广州仲裁委员会仲裁规则》，明确规范国际互联网仲裁技术指标、程序要求，整合内地、香港地区、澳门地区三种庭审模式的规则优势和远程庭审的技术优势，为"一带一路"乃至全球经贸活动所涉商事争议的有效解决提供高水平服务保障，不断引领国际互联网仲裁创新发展。自 2020 年 10 月"广州标准"发布至今，已促成 130 家国内仲裁机构和 30 家境外仲裁机构签约并共同推广，签约机构既包括港澳台仲裁机构、长三角地区仲裁机构，也包括新加坡、韩国、伊朗、巴西等"一带一路"沿线国家和地区的仲裁机构，为广州全力打造全球互联网仲裁首选地奠定坚实基础。

在参与国际法律事务上，广州积极搭建亚太经合组织跨境商事争议在线解决平台，以获司法部推荐参与亚太经合组织企业间跨境商事争议在线解决机制项目为契机，搭建全球首个国际商事争议在线解决平台（以下简称 ODR 平台），建立集谈判、调解、仲裁"三位一体"的纷争解决机制，为来自 21 个 APEC 成员经济体的商事主体提供优质、便捷、高效的商事争议在线解决服务。此外，广州仲裁委员会还与巴西外贸协会签订合作协议，将相关法律纠纷推送到 ODR 平台调解仲裁，引起中巴两国领事机构关注，被特邀参加"中国巴西部分省州市云上国际服务贸易交易会"电商物流专场对接会，共同为中巴企业经贸往来提供法律保障。

为全力推动仲裁服务跨区域跨国协作，广州率先与粤港澳大湾区、长三角地区携手合作，建立仲裁机构"四个共享"合作机制，实现远程庭审技术标准、仲裁庭室、仲裁员名册和服务窗口一体共享。此外，积极推进与涉外仲裁机构、领事馆、商会交流合作。截至目前，广州仲裁委员会已与泰国、哈萨克斯坦、巴基斯坦等境外仲裁机构成功签约推广"四个共享"合作机制，深化国际仲裁规则制度衔接，推动仲裁服务跨区域跨国协作。

秉持"共商、共建、共享"基本理念，广州全力扩大仲裁"朋友圈"，通过联合举办国际仲裁高端论坛、各类投资推介会，积极运用商事仲裁制度维护企业海外利益和国家发展利益，受理的国际商事仲裁案件从以涉港澳为主扩展到覆盖世界六大洲，充分展示广州现代化、国际化的营商环境。此外，通过"广州标准"的制定和纵深推广，不断适应出口管制、"长臂管辖"反制等经济发展新要求，进一步彰显涉外法治保障服务功能。

（六）上海国际航空仲裁院及上海国际航空仲裁专家委员会

2014 年 8 月 28 日，借助中国（上海）自由贸易试验区进一步接轨国际的法治环境，中国航空运输协会（CATA）、国际航空运输协会（IATA）与上海国际仲裁中心（SHIAC）签署战略合作协议，将国际航空仲裁引入中国。三方合作设立上海国际航空仲裁院及上海国际航空仲裁专家委员会。此举是一项旨在衔接国际国内不同仲裁规则的制度创新。来自波音、空客、汉莎、中国商飞、中航工业、中国国航、南航、东航、中航油、北京首都机场、上海机场等的法务代表，以及中外航空领域法学专家，共同组成该航空仲裁专家委员会。

航空运输是市场化程度很高、风险性很大、国际性很强的行业，其管理政策、投融资方式、运输产品等具有独特性。在日新月异的行业发展背景下，各类国际航空运输市场主体之间的竞争与合作，难免发生一些矛盾和问题，以致引发风险和纠纷。通过多方合作，开展国际仲裁，有利于为各方提供更加便捷、高效的争议解决服务。通常来说，国际航协在处理仲裁事务时采用的是"临时仲裁"模式，而中国现行法律体系未规定"临时仲裁"。随着上海国际航空仲裁院的设立，可以借力自贸试验区的开放环境，形成衔接国际国内仲裁规则的桥梁和平台，克服仲裁承认和执行上的难题。

"上海国际航空仲裁院设立后，有望促进国际仲裁事业和国际航空工业大跨度发展。"国际航协总法律顾问杰弗里·肖恩说："这个专门服务于航空业的仲裁院，将有助于增加国际航空仲裁的权威性，其在列的仲裁员将是中立的、客观公正的，不会偏袒航空业的任何一方。"国际专家将就航空仲裁机构的制度建设、推荐航空专业化仲裁员、修订完善国际化仲裁规则等在中国建言献策。而依托自贸试验区的开放环境，上海国际航空仲裁院将依据国际航空法律和行业惯例，向全球航空业主体提供仲裁法律服务。[①]

随着时间推移，符合国际标准的中国航空仲裁服务将有望走出国门，辐射亚太地区。今后，在中国乃至国际航空业的标准合同中，也有望出现上海国际航空仲裁院的争议解决条款。

[①]　参见《中国引入国际航空仲裁　话语权再提升》，http://www.xinhuanet.com//world/2014-08/29/c_126932740.htm。

（七）中国自由贸易试验区仲裁合作联盟

2015 年 4 月 10 日，中国自由贸易试验区仲裁合作联盟在前海成立。中国自贸区仲裁合作联盟是由华南国际经济贸易仲裁委员会（深圳国际仲裁院）、上海国际仲裁中心、天津仲裁委员会、珠海仲裁委员会、福州仲裁委员会、南沙国际仲裁中心共同发起，为服务自贸区法治建设而建立的机制，重在自贸区合作推广仲裁，优化自贸区整体商事法治环境；共同提高自贸区仲裁专业化、国际化水平；加强联盟成员和仲裁员之间的合作和交流，实现仲裁员的推荐，以及联合举办仲裁论坛，提高联盟成员的专业化水平。

仲裁是国际通行的商业化解决争议机制，在"第一届中国自贸区仲裁论坛暨中国自贸区仲裁合作联盟启动仪式"上，深圳国际仲裁院院长刘晓春认为，在"一带一路"倡议确定之后，中国自贸区需要更开放的仲裁：一是更开放的治理结构，境外最大的担心就是国内审判行为、仲裁行为的独立性问题，会不会有行政部门的干预，会不会受制度内部人的控制，因此，深圳突破特区立法，引入法人治理结构，规定 1/3 以上的理事来自中国香港地区和海外；二是更开放的仲裁员结构，目前，深圳国际仲裁院的仲裁员国际化比例达 37.7%；三是更开放的合作空间，仲裁联盟的成立正是这一合作开放思路的产物。[①]

有关我国增设自贸区加入仲裁联盟的问题：联盟具有开放性，如果国家再增设自贸区，也可相应增加参加联盟的仲裁机构范围。经联盟特别邀请，中国其他沿海开放城市的仲裁机构也可以成为特邀成员。

"自贸试验区的改革成败关键是改革能不能得到保障，创新能不能得到支持，其中，法治保障是最重要的支撑之一，特别是改革进入'深水区'的今天，所有的改革几乎意味着创新和对固有利益格局的突破，没有法治的保障，自贸区的改革可以说很难顺利进行。"最高人民法院副部级专委、第一巡回法庭庭长刘贵祥表示，在中国自贸区扩容背景下，仲裁大有可为，法院也义不容辞。设立在深圳的第一巡回法庭将进一步加强与自贸区仲裁机构的交流，特别是支持华南国际经济贸易仲裁委员会在前海蛇口自贸区的仲裁创新，通

[①] 参见《中国自由贸易试验区仲裁合作联盟成立》，http://www.scio.gov.cn/xwfbh/xwbfbh/wqfbh/2015/32766/xgxwfbh32772/Document/1419107/1419107.htm。

过司法与仲裁的互动，打造"1＋1＞2"的法治高地。①

三、国际商事争端调解解决机制的创新

（一）"一带一路"国际商事调解中心

2016 年 10 月，由北京融商"一带一路"法律与商事服务中心成立"一带一路"国际商事调解中心，推行倡导以调解方式解决"一带一路"国际商事纠纷，与"一带一路"沿线国家和地区政府司法机关合作推动诉调对接、调解协议的司法确认和域外执行，探索出了"诉调对接、仲调对接、证调对接、线上线下对接、国内国外对接、官方民间对接"的工作模式，② 为境外的中国企业和商人提供更全面的商事调解服务和投资法律建议。

借助北京融商中心国际性、跨国性平台优势，"一带一路"国际商事调解中心组建了一支由 200 多位国内外专家组成的调解员队伍，支持中文、英语、法语、俄语、西班牙语、阿拉伯语等工作语言，满足当事人在西班牙、意大利、哈萨克斯坦等 60 多个国家和地区的 180 多个城市开展线上或线下调解。截至 2020 年 7 月 31 日，该中心共接收包含涉外案件 5949 起，受理 2337 起，调解成功 1149 起，调解结案成功率达到 58%。③

1. 法院调解室

该中心在北京、西安、重庆等地与人民法院合作设立法院调解室，便于法院收到国际商事纠纷立案材料后"能调则调"，转至诉前调解。在皮某诉陶某投资合同一案中，被告陶某是在老挝生产中老铁路建设物资的老挝厂商，双方就投资合同条款产生了纠纷。原告皮某欲向重庆两江新区（自贸区）人民法院提起诉讼，"一带一路"国际商事调解中心重庆两江新区（自贸区）调解室接到该案后，在一个多月内组织了两次调解，便促使双方在第二次调解中达成了调解协议并进行司法确认，省去了诉讼中涉外案件送达、委托公

---

① 参见《中国自由贸易试验区仲裁合作联盟成立》，http://www. scio. gov. cn/xwfbh/xwbfbh/wqfbh/2015/32766/xgxwfbh32772/Document/1419107/1419107. htm。

② 参见张景华：《北京创新国际商事调解新路径》，载《光明日报》2019 年 4 月 30 日第 6 版。

③ 参见陈杭：《"一带一路"国际商事调解中心推动建立国际法治平台》，http://www. chinanews. com/sh/2020/08-10/9261399. shtml。

证等程序，高效化解纠纷，成功为当事人和法院减少诉累。[①]

2. 多方位域外合作机制

"一带一路"国际商事调解中心不仅与国内法院合作调解跨国争议，更放眼于与域外机构对接机制，与多国和地区的法院、仲裁机构和律师事务所建立了跨境合作关系，构建了可以交流"一带一路"国际商事纠纷积极经验、开展研讨会议的跨国平台，共同致力于维护包括中国企业和商人在内的"一带一路"经济体合法的经济贸易权益。

2018 年 10 月 10 日，由北京融商中心牵头在意大利罗马举办的"一带一路"国际商事调解论坛上，来自亚洲、欧洲等四大洲 12 个国家的 21 个机构代表共同签署了《关于"一带一路"国际商事调解的原则的宣言》，[②] 为"东方经验"——中国商事调解走向世界开辟道路，为中国企业"走出去"排忧解难，保驾护航。

2019 年 7 月 5 日，该中心在哈萨克斯坦阿拉木图建立"一带一路"商事调解中心阿拉木图调解室，并与哈萨克斯坦司法中心国际仲裁中心签署《关于仲裁和调解领域互助合作协议》，约定哈萨克斯坦司法中心国际仲裁中心涉及中国相关的仲裁案件，将优先被推荐给"一带一路"国际商事调解中心进行调解，对于达成的调解协议可以转化为 IUS 的仲裁裁决。[③]

（二）在线矛盾纠纷多元化解平台

2017 年，浙江省成立我国首个在线矛盾纠纷多元化解平台，该平台建立了社会矛盾过滤模型：在线咨询→在线评估→在线调解→在线仲裁→在线诉讼，从而在法院审判系统、移动微法院、网上立案平台以及人民调解等平台间进行信息互通、数据共享。目前，该平台已与浙江省 189 家人民法院和5000 多家仲裁委员会、律师事务所、公证处等机构合作，受理民商事纠纷

---

① 参见"一带一路"国际商事调解中心：《2019 年度"一带一路"国际商事调解中心优秀调解案例（十三）》，载"一带一路"国际商事调解中心网，http://www.bnrmediation.com/Home/Article/detail/id/550.html。

② 参见新华社：《多国签署〈罗马宣言〉指导"一带一路"国际商事调解》，http://www.xinhuanet.com/2018-10/11/c_129969561.htm。

③ 参见努尔苏丹：《"一带一路"国际商事调解中心在哈萨克斯坦成立调解室》，http://www.xinhuanet.com/world/2019-07/05/c_1210179655.htm。

1378795 起，调解成功率达 73%，① 调解成功的案件可直接在线申请司法确认，未调解成功的案件则将自动回传到法院系统立案。

（三）上海经贸商事调解中心

上海经贸商事调解中心成立于 2011 年 1 月 8 日，是我国第一家以社会组织形式专门从事商事调解的机构，② 也是最高人民法院司法改革办公室确定的多元化纠纷解决机制改革课题单位。作为目前唯一一家与最高人民法院国际商事法庭、上海市高级人民法院、上海市第一和第二中级人民法院、上海部分基层法院建立的四个审级的诉调对接机制的调解组织，上海经贸商事调解中心在多元纠纷解决机制领域的探索实践，包括与法院诉调对接机制、创设中欧、中美国际商事联合调解机制等实践举措，得到了最高人民法院、商务部等有关方面的高度认可。③

上海经贸商事调解中心为国际海事海商、商事贸易纠纷提供了专业化的调解服务。2020 年 10 月 12 日，在一起海上、通海水域货物运输合同纠纷案件中，精通中、英、日三国语言的外籍调解员 Peter Corne 提示双方从商业利益角度解决纠纷，通过沟通交流并达成了一致的解决方案，由上海海事法院对调解协议出具司法确认书。④

四、特殊的多元争议解决实践

（一）银行业纠纷调解中心仲裁庭

由于仲裁在争议解决中具有专业高效、灵活简便、国际通行等制度优势，近年来，越来越多的金融机构将仲裁作为解决借贷、保险、担保、融资租赁等金融纠纷的首选方式。2021 年 7 月 4 日，武汉仲裁委员会在湖北省银行业纠纷调解中心设立仲裁庭，这是全国首个驻银行业纠纷调解中心仲裁庭，最快当天就能完成立案、拿到裁决，一次性化解纠纷。

---

① 参见在线矛盾纠纷多元化解平台网，https://yundr. gov. cn/。
② 参见《推进多元化争议解决发展，优化法治化营商环境》，https://sww. sh. gov. cn/swdt/20180211/0023-244037. html。
③ 参见《上海经贸商事调解中心与上海金融法院签署诉调对接工作机制合作协议》，载上海经贸商事调解中心网，http://www. scmc. org. cn/page67? article_id = 568。
④ 参见《上海经贸商事调解中心外籍调解员成功调处一起海上货损纠纷案件》，http://www. scmc. org. cn/page111? article_id = 564。

在该仲裁庭进驻银行业纠纷调解中心的当天，便成功处理一起 6.3 亿元的金融纠纷。案涉武汉某汽车公司以及两个关联公司，其为了资金需求，先后 15 次向武汉某银行贷款 5 亿多元。同时，这三家公司为担保还款，和银行签订了最高额抵押合同和保证合同，以公司名下的汽车维修站、房产以及某地块的土地使用权作为抵押，并由法定代表人对借款进行担保。还款期限到期后，三家公司逾期未还款，银行和公司发生纠纷。经调解，三家公司同意以分期还款的方式向银行还款。拿到调解协议后，三家公司和银行直接来到驻调解中心仲裁庭，申请对调解协议进行确认仲裁。①

驻银行业纠纷调解中心仲裁庭是对"仲裁＋调解"多元争端解决机制的进一步深化，目的在于充分发挥仲裁和调解化解矛盾纠纷的合力作用，高效、低成本、一站式预防和解决金融纠纷，为助力打造市场化、法治化、国际化的一流金融营商环境提供有力的仲裁法治保障。

（二）"总对总"证券期货纠纷在线诉调对接机制

2021 年 8 月 20 日，最高人民法院办公厅、中国证券监督管理委员会办公厅联合印发《关于建立"总对总"证券期货纠纷在线诉调对接机制的通知》（以下简称《在线诉调对接机制通知》），通过将"人民法院调解平台"与"中国投资者网在线调解平台"对接，为证券期货纠纷当事人提供多元调解、司法确认、登记立案等一站式、全流程在线纠纷解决服务。

《在线诉调对接机制通知》明确了在线诉调对接业务流程。首先，当事人向法院或直接通过投资者网络平台提交纠纷调解申请；其次，经过调解后成功的，调解员组织双方当事人在线签订调解协议，鼓励当事人自动履行，确有必要的，可就调解协议共同在线申请司法确认或出具调解书，法院在线进行司法确认或出具调解书。对调解后未达成调解协议的，案件由法院进行立案或继续审理。②

《在线诉调对接机制通知》出台后，最高人民法院与证监会将共同推动"总对总"在线诉调对接机制全面落地，通过"法院＋证券监管部门"，多元

---

① 参见《全国首个驻银行业纠纷调解中心仲裁庭在汉启用》，http://www.whac.org.cn/index.php/news/details/type/26/id/7699.html。

② 参见《最高人民法院办公厅、中国证券监督管理委员会办公厅关于建立"总对总"证券期货纠纷在线诉调对接机制的通知》第 4 条第 5 项。

化解决证券期货纠纷，助力建设规范、透明、开放、有活力、有韧性的资本市场，维护投资者合法权益。

《在线诉调对接机制通知》的出台，从操作层面进一步落实了高效便民开展相关调解工作的要求，标志着一个依法公正高效的多元化解证券期货纠纷的体系正在逐渐形成。

《在线诉调对接机制通知》强调坚持把非诉讼纠纷解决机制摆在前面，充分发挥调解在化解证券期货领域矛盾纠纷中的重要作用，建立有机衔接、协调联动、高效便捷的证券期货纠纷在线诉调对接工作机制，依法及时高效化解证券期货纠纷。①

---

① 参见《最高人民法院办公厅、中国证券监督管理委员会办公厅关于建立"总对总"证券期货纠纷在线诉调对接机制的通知》第5条。

第三章

争端解决机制的横向共生：
多元融合新范式

众所周知，在国际商事争端解决领域，尚不存在超国家的诉讼机制，亦不存在拥有类似司法争议解决权的国际组织。所以，争端解决机制的横向共生关系主要体现于"仲裁"与"调解"之间的融合关系，笔者下面的探讨也主要体现在"仲调"之间的融合发展。

第一节　多元争端解决机制的比较

一、国际商事争端主要解决途径的特点

国际经贸往来过程中涉及的主体往往位于不同的国家或地区，一旦涉及诉讼，极可能有一方当事人需要接受另一方当事人所在国家或地区的法律、司法制度和主权管辖，尤其是司法主权及管辖，这是目前主权国家都未让渡的权利，同时国家或地区之间也彼此尊重对方的司法主权和管辖权。在国际经贸往来中，囿于诉讼所涉及的司法主权关系，直接会影响当事人权利的保障和所在国家或地区司法主权的让渡，更将导致一个国家或地区的判决在另一个国家或地区是否可被承认和执行的困境。所以，为避免不必要的麻烦和对于自身权利保障的不可预测性，从事国际经贸的各方更希望将纠纷以诉讼之外的其他争议解决方式解决，这也实际上催生了替代性争议解

决方式的产生。

相较于诉讼，仲裁和调解具有以下特点：

（一）程序上的简易性和灵活性

仲裁和调解可以没有固定的模式，但是都有一个显著的特点就是程序十分灵活。当事人可视其争议的具体情况选择合适的解决方案和程序。因此处理纠纷方便快捷，费用相对低廉。

（二）程序中的当事人具有高度的自主性

从纠纷解决者与当事人之间的关系来看，仲裁和调解是水平式的或平等的。中立第三人并不是行使司法职权的裁判者（法官），当事人的自主处分权和合意较之诉讼而言具有更重要的决定意义，因而被称为更彻底的新当事人主义。

（三）当事人履行的自觉性

虽然通过适用 ADR 程序所达成的协议、裁断不具有法律强制执行力，但由于 ADR 程序完全是在双方当事人友好协商、互谅互让的基础上达成的，故一般易于得到双方当事人的承认和自觉执行。另外，在司法实践中，通过 ADR 方式达成的协议也并非绝对没有法律效力。可以预见，随着 ADR 机制的不断完善和精细化，各种非诉讼纠纷解决协议和裁断很可能逐渐具有一定的法律效力，令其拥有法律强制的坚强后盾，使得诚信逐渐成为社会生活的主流。

（四）纠纷解决过程和结果的非对抗性

相较于诉讼，仲裁和调解机制是以妥协而非对抗的方式解决纠纷，和诉讼程序中双方唇枪舌剑、针锋相对的对抗方式比较起来，这种平和对话的方式更有利于维护双方之间长久的经贸交往和人际关系。

（五）部分仲裁机制及调解机制在纠纷解决基准上的非法律化

非法律化即是指无需严格适用实体法规定，在法律规定的基本原则框架内，可以有较大的灵活运用和交易的空间。例如，友好仲裁，这样也可以将法律的滞后性降低到最小，当人们需要处理一些新颖的商事纠纷（如随着互联网业务的发展而出现的大量的电子商务纠纷、新形式的知识产权纠纷等）时，这些机制就能够迅速提供一种或多种适应社会和科学技术发展变化的解决程序。

二、国际商事争端主要解决途径的优势比较

国际商事争端，尤其是"一带一路"沿线参与主体之间的商事争端，如果采取诉讼的解决方式，一国或地区的法院审理涉外民商事案件时，总是会遇到其审理纯国内民商事案件所不会遇到的特殊性问题。如外国人在法院地国家或地区的民事诉讼地位、法院地国家或地区对涉外民商事案件是否有管辖权、如何向国外送达法律文书及在国外调查取证、法院地国家或地区法院作出的判决如何在其他国家或地区承认和执行，等等。

处理国际经济争端的主要方式有司法解决方式、调解解决方式和仲裁解决方式。① 国际商事仲裁是解决国际商事争端重要的途径，与其他解决纠纷途径相比，具有如下特点：第一，当事人自主性较大，对仲裁方式的选择、仲裁地点、仲裁机构、仲裁员、仲裁程序、仲裁所适用的法律等，当事人都可以自由作出决定。第二，程序灵活、迅速及时、收费较低。第三，具有必要的强制性，这体现在仲裁协议的强制性、仲裁裁决的强制性。第四，有利于保持当事人间的关系，并可协调不同法律之间的冲突。在当事人协商不能解决纠纷时，各国家或地区都允许并鼓励当事人利用国际商事仲裁来解决纠纷。很多国际货物买卖合同都订有仲裁条款。第五，有利于裁决结果的国际执行。②

尽管《新加坡调解公约》已于2020年9月12日正式生效，但在成员方之间是否可执行，尚需成员方批准，才能在该国家或地区生效。③ 所以，当前经过调解后产生的国际商事和解协议，依然无法获得其他国家或地区的承认与执行，而需转化为法院判决或仲裁裁决，然后依据外国判决的承认与执行或外国仲裁裁决的承认与执行办理。

---

① 参见陈安主编：《国际经济法学（第二版）》，北京大学出版社2001年版，第499页。
② 参见张虎：《国际贸易法专题与实务研究》，人民交通出版社2017年版，第365—366页。
③ 参见《〈新加坡调解公约〉正式生效》，http://by.mofcom.gov.cn/article/jmxw/202009/20200903002931.shtml。

第二节　仲调衔接机制的各国国内实践

一、新加坡国际仲裁中心

新加坡国际仲裁中心（以下简称 SIAC）成立于 1991 年，受理国际商事及海事仲裁案件。2016 年修订的新仲裁规则融合了普通法系和大陆法系的特点，SIAC 所受理案件的当事方大部分来自新加坡以外的国家或地区，新加坡是备受青睐的相对中立第三国仲裁地。

（一）《新加坡国际仲裁中心仲裁规则》[①] 主要内容

SIAC《仲裁规则》共计 41 条，经过 2016 年的修订后，对快速仲裁程序、仲裁员的指定及回避、仲裁员的更换、仲裁程序的进行、仲裁庭的管辖权、紧急仲裁员以及裁决的补充、更正、解释进行了规定。

1. 会议制度

第 19 条规定，通过仲裁庭的询问、审前预备会议、院长要求当事人和仲裁庭举行会议的方式，促进当事人之间充分沟通协商，旨在促进当事人协商寻求有效解决纠纷的程序。

根据第 19.1 条规定，[②] 仲裁庭主动询问当事人意见，可以根据实际案情以及双方当事人的意见，决定一套最有效且公平的程序。在案件进入仲裁阶段后，双方处于相对对立的态势，如果任何一方主动提出调解，有可能会被认为是心虚的表现，而且另一方占据心理上的优势，认为自己处于强势的地位，所以是不利于调解成功的。所以此时即使一方当事人有调解意愿，也有可能没有机会或者不敢表达出来，不利于纠纷高效妥善的解决。由仲裁庭主动进行询问，有调解意愿的当事人可以借此表达其调解意愿，也不用担心是其主动而处于心理上的弱势，打破仲裁前的对抗状态，可以给双方当事人提供一个交流协商的机会。

---

① 参见《新加坡国际仲裁中心仲裁规则》，http://siac. org. sg/our-rules/rules，2018 年 11 月 25 日访问。

② 参见《新加坡国际仲裁中心仲裁规则》第 19.1 条："仲裁庭在征询当事人的意见后，应当以其认为最合适的方式进行仲裁程序，以确保公平、快捷、经济、终局地解决争议事项。"

根据第 19.3 条规定,[①] 在仲裁庭组成之后，这时案件还没有经过实体的审理，仲裁庭在实际可行的情况下举行"审前预备会议"。根据《美国法律辞典》的解释，审前会议是指法官召集的为案件开庭审理作准备的会议。会议旨在消除或缩小审理的问题及分歧，会议的期望是至少在一些事实问题上达成一致。[②] 审前会议在仲裁庭正式审理开始之前进行，可以明确案件争议焦点且有利于当事人合理化自己的利益诉求。在这个过程中，案件事实得以更加明确，案件的争议焦点也得以确定，在此基础上双方可以合理化自己的利益诉求。双方对自己的利益有新的考量，也许通过仲裁并不能实现利益的最大化，通过调解或者其他非诉纠纷解决方式更能维护自己的利益。在这种情况下，双方当事人之间的对抗性已经相对减弱，气氛相对缓和，为双方进行调解奠定了一定基础。再者，有些案情相对简单的商事案件，通过审前预备会议，就可以化解商事纠纷当事人之间的矛盾，这样既节省了时间又减少了案件所花费的费用，并能维持友好的商事关系。审前预备会议相当于一个过滤程序，将案情复杂的案件送入仲裁程序之中，通过举证、质证、仲裁辩论等程序将商事案件的基本事实梳理清楚，避免大部分案件堆积，促进仲裁的公平。而那些案情简单的案件，可以避免一开始就进入仲裁庭庭审，在举证、质证、仲裁辩论等程序中花费时间，而是先启动调解程序，尽量促成和解。这样可以找寻到一种最有效的解决纠纷的方式，提高效率。

根据第 19.7 条规定,[③] 院长可以在任何时候要求双方当事人举行会议，讨论最适当且最有效的程序。院长根据自己多年的实践经验，根据商事纠纷案件案情的进展，认为案件可以通过其他更有效的程序解决，进而要求当事人举行会议。这是一种强制的义务，只要院长提出举行会议的要求，双方当事人必须参加。在此会议上，双方当事人之间的对抗性减弱，商讨最有效的程序，有利于促成商事仲裁与商事调解结合来解决纠纷。

---

① 《新加坡国际仲裁中心仲裁规则》第 19.3 条："仲裁庭组成后，仲裁庭应当在实际可行的情况下，尽快与当事人举行审前预备会议，通过面谈或者其他方式，讨论对案件最适合和最有效率的程序。"

② 参见〔美〕彼得·G. 伦斯特洛姆编：《美国法律辞典》，贺卫方等译，中国政法大学出版社 1998 年版，第 261 页。

③ 《新加坡国际仲裁中心仲裁规则》第 19.7 条："院长可以在仲裁程序的任何阶段，要求当事人和仲裁庭举行会议，讨论对案件最适合的和最有效率的程序。该等会议可以通过面谈或者其他任何方式进行。"

（二）新加坡国际仲裁中心—新加坡国际调解中心"仲裁—调解—仲裁"议定书（以下简称 AMA 议定书）①

1. 适用范围

此项议定书适用于依据新加坡国际仲裁中心"仲裁—调解—仲裁"条款或其他类似条款提交新加坡国际仲裁中心解决的所有争议，或各方当事人均已同意按照本 AMA 议定书提交解决的任何争议。

2. 和解协议范围的认可

议定书规定了各方当事人在新加坡国际调解中心（以下简称 SIMC）经调解达成的和解协议中的任何争议属于其仲裁协议的范围。调解具有一定的灵活性，调解的范围未必与仲裁案件相重合。根据个案，调解的争议既可能小于仲裁的范围，也有可能超出仲裁的范围。② 在双方达成和解协议后，寻求仲裁裁决的确认，仲裁庭对超出范围的事项是不予确认的，因而也就没有执行力，但是有时候，也许超出仲裁协议范围的事项正是双方形成和解非常重要的一部分，如果不能在仲裁裁决中得到确认会影响调解的成功。新加坡国际仲裁中心的 AMA 议定书规定了经调解中心达成的任何争议属于其仲裁协议的范围，在经过调解程序后达成的调解协议的所有事项都已在仲裁裁决书中得到确认，可以得到执行的效力。

3. AMA 程序的启动

该议定书第 3 条规定：SIAC 主簿官将依据 AMA 条款展开的仲裁程序开始后的 4 个工作日内，或在各方当事人协议依据 AMA 议定书将争议提交调解后的 4 个工作日内，通知 SIMC。SIAC 将送交 SIMC 一份仲裁通知书的副本。第 5 条规定：在交换仲裁通知书及对仲裁通知书做出答复后，仲裁庭应搁置该仲裁，并通知 SIAC 主簿官该案件可以提交 SIMC 进行调解。SIAC 主簿官将案件连同档案及各方当事人所递交的所有文件发给 SIMC，以便由 SIMC 进行调解。在收到案件档案后，SIMC 将通知 SIAC 主簿官依据 SIMC 开展调解的日期（"调解展开之日"）。在 SIMC 的调解结果出炉前，所有的仲裁后续步骤应予以搁置。

---

① 参见《"仲裁—调解—仲裁"议定书》，http://simc.com.sg/siac-simc-arb-med-arb-protocol/。
② 参见张建：《仲裁中的调解与和解问题刍议——兼议现行〈仲裁法〉相关条款的修订方向》，载《南都学坛（人文社会科学学报）》2017 年第 1 期。

首先，当事人将仲裁申请或者调解申请交到 SIAC 时，会将仲裁通知书副本交给 SIMC。其次，在交换仲裁通知书及对仲裁通知书做出答复后，为了调解程序的进行，SIAC 主簿官会将案件有关的材料交给 SIMC。最后，调解程序开启之后，仲裁程序中止。

4. 调解的期限

该议定书第 6 条规定：由 SIMC 主持的调解应在调解展开之日的 8 周内完结（除非 SIAC 主簿官经与 SIMC 主簿协商后将时限延长，就仲裁时限的任何时间期限而言，时间期限将在调解展开之日停止计算）。明确调解的时限可以保证案件的进展，减少因为没有时间限制导致调解程序拖沓。对于调解员来讲，在时限的限制下，为了保证调解的成功率，调解员会充分利用时间，提高调解的工作效率。对于当事的双方来讲，如果在调解的时限内没有调解成功，则意味着双方又要继续仲裁程序，这对于注重时间效益的争议双方是非常不利的，因此在这种情况下，当事双方更愿意配合调解，对抗性不再那么强烈，更有助于调解的成功。再者，将仲裁与调解时限分别起算，并不将调解的时间算入仲裁时限，这并不会影响调解失败之后再寻求仲裁所享有的时效利益。

5. 仲裁程序的恢复

如果通过调解程序仍有部分或没有完全解决争议的情况，则 SIAC 主簿官通知仲裁庭恢复仲裁程序，该争议或其余剩下部分的仲裁程序将于主簿官通知仲裁庭之日起依据仲裁规则恢复进行。

二、美国仲裁协会

美国仲裁协会（American Arbitration Association，以下简称 AAA），1926 年由美国仲裁社（Arbitration Society of America，1922 年成立的全美首家常设仲裁机构）、美国仲裁基金会（Arbitration Foundation）、美国仲裁联合会（Arbitration Conference）合并而成，是当今世界上最大的仲裁机构之一。[1] AAA 提倡通过协商、调解解决纠纷，其每年有 70%—75% 的纠纷是通过调解解决的。

---

[1]　参见曹海俊：《美国仲裁协会及其对我国仲裁机构的启示》，载《法制与经济》2012 年第 5 期。

美国仲裁协会的仲裁规则和调解规则分类清晰明确，依据不同的行业特点制定了具有针对性的规则，有劳动仲裁与调解规则、建筑仲裁与调解规则、商事仲裁和调解规则、消费者仲裁规则。美国仲裁协会还特设国际争议解决中心（The International Centre for Dispute Resolution，以下简称ICDR），有针对国际争议的仲裁和调解规则，旨在为解决国际争议的双方提供高效、经济、公正的程序。

（一）《国际争议解决程序（包括调解和仲裁规则）》① 中调解规则的主要内容

ICDR的调解规则有16条，从调解的启动、调解员的选任、调解员的义务、保密义务、调解的终止、费用的计算等方面进行了具体的规定，保证了调解程序有序进行。

1. 调解申请提交

该调解规则第2条第1款规定了调解程序启动方式的简便化和多元化，争议的任何一方或多方可以通过电话、电子邮件、普通邮件或传真向ICDR或AAA办公室案件管理中心提出调解请求，还可以通过AAA Webfile在线提交。多样的调解请求的提交方式便于当事人申请调解，也同时缩短了调解程序所花费的时间，提高了调解效率。

2. 参加调解会议的主体

调解规则第8条第1款规定：双方应确保有权完成调解的和各方的适当的代表参加调解会议。② 这意味着要求出席调解会议的人必须具有作出和解决定的权利，一般情况下，出席调解会议的人有可能是调解人的代理人，鉴于代理人并没有完全替调解人作决定的权利，因此，这个过程需要代理人向当事人反映，依赖当事人的决定。这样容易延长调解的时间，降低调解的效率。调解与仲裁两种衔接的程序，就是为了发挥两种制度的优势，提高纠纷解决的效率，为商事主体赢得宝贵时间。如果双方当事人在调解阶段就可以达成

---

① See International Dispute Resolution Procedures-International Mediation Rules, https://www. adr. org/Rules.

② See International Dispute Resolution Procedures-International Mediation Rules Article 8.1：The parties shall ensure that appropriate representatives of each party having authority to consummate a settlement attend the mediation conference.

和解，那么案件进入仲裁程序就只是为了申请仲裁确认，而使其具有强制执行力，这样就充分发挥了调解与仲裁相衔接的优势。调解成功的案件进入仲裁程序后，不必再经过仲裁庭的审理程序，提高了效率。对于先调解后仲裁的案件，尽力完善优化调解程序，使纠纷在调解阶段得到解决，这样可以大大提升仲裁与调解相衔接制度的优势。

（二）《国际争议解决程序（包括调解和仲裁规则）》① 中的仲裁规则主要内容

ICDR 的仲裁规则有 39 条，详细规定了仲裁的启动、仲裁的范围、仲裁员的指定、仲裁员的义务、仲裁员的更换、紧急仲裁员、仲裁的时间、地点、临时仲裁措施、仲裁的终止、仲裁的费用等程序，保证了仲裁程序的有序进行。

1. 行政会议

根据该规则第 4 条，在仲裁庭组成之前，管理员召开行政会议，以促进当事人就仲裁员选择、调解纠纷、有效程序和其他行政事项达成协议。② 行政会议中，当事人可以面对面交流协商，在此过程中气氛相对平和，当事人如果产生调解的意愿，仲裁机构可以进行调解。调解成功，为了便于执行，当事人申请进入仲裁程序，进行仲裁裁决确认，此时，仲裁程序只是依据和解协议进行确认，程序简便高效。当然，如果调解没有取得成功，在进入仲裁后，仲裁员就所剩下的一些没有解决的问题进行仲裁，这样很有针对性，仲裁的效率也会随之提高。这个阶段的调解员和仲裁员不是由同一个人担任，由 ICDR 的主管人员或者秘书进行调解。

2. 调解与仲裁同时进行

该规则第 5 条规定，在提交答复之后，管理员可以根据 ICDR 的国际调解规则邀请各方进行调解，在仲裁的任何阶段，当事人同意根据 ICDR 的国际调解规则进行调解，除非当事人另有约定，调解应与仲裁同时进行，调解员不

---

① See International Dispute Resolution Procedures-International Arbitration Rules，https://www. adr. org/ Rules.

② See International Dispute Resolution Procedures-International Arbitration Rules Article 4：The Administrator may conduct an administrative conference before the arbitral tribunal is constituted to facilitate party discussion and agreement on issues such as arbitrator selection，mediating the dispute，process efficiencies，and any other administrative matters.

得是案件的仲裁员。① 在这样的模式下，调解程序的开启并不以仲裁程序的中止为基础，两者同时进行，不会因调解失败再重新回到仲裁程序延长纠纷解决的总时长。再者，在仲裁中启动调解，一个非常有争议的问题就是仲裁员和调解员是否能为同一人，其背后的担忧是仲裁员在担任调解员后能否公正裁决。而在此模式中，除非当事人同意的情况下，调解与仲裁同时进行，仲裁员和调解员不能为同一人，其实质上可以解决仲裁员与调解员混同后是否能公正裁决的问题。两种程序都得到最终结果后，双方当事人可以从中选择一种最能保护双方利益的结果。

3. 仲裁与调解衔接示范的条款

ICDR 为了提高争议解决的效率，为当事人在订立合同时提供了协商—仲裁、调解—仲裁、协商—调解—仲裁、同时进行的仲裁与调解的条款以供借鉴。这样可以避免当事人在仲裁刚开始的阶段，有调解意愿却不能自主提出，担心对方当事人或者仲裁员认为其是心虚的表现。再者，多种仲裁与调解相结合的模式也为纠纷当事人提供了丰富选择。

（1）调解—仲裁条款

该条款规定：任何因为其合同引起的索赔或者违约行为，当事一方应当首先遵从 ICDR 的调解规则进行调解。如果在自收到书面调解请求的 60 天后，仍然没有调解成功，任何没有解决的部分争议或者因合同引起的或者与合同有关的索赔应根据 ICDR 的仲裁规则进行仲裁。这就通过将调解融入仲裁条款中，先行调解，调解不成，将剩下的纠纷交由仲裁进行解决。

（2）协商—调解—仲裁条款

该条款规定：任何争议或者因合同引起的或与合同有关的任何索赔或者违约行为，当事双方应该通过协商，认识到他们的共同利益，试图去达成一个令双方都满意的结果。如果双方未在 60 天内达成一致，那么，任何一方通知另一方和 ICDR，要求根据 ICDR 的调解规则进行调解。如果自收到书面调

---

① See International Dispute Resolution Procedures-International Arbitration Rules Article 5: Following the time for submission of an answer, the Administrator may invite the parties to mediate in accordance with the ICDR's International Mediation Rules. At any stage of the proceedings, the parties may agree to mediate in accordance with the ICDR's International Mediation Rules. Unless the parties agree otherwise, the mediation shall proceed concurrently with arbitration and the mediator shall not be an arbitrator appointed to the case.

解通知后的 60 天内，仍然没有达成一致，任何尚未解决的部分争议或者因合同引起或者与合同相关的索赔都应该根据 ICDR 的仲裁规则进行仲裁。此条款本着纠纷先由双方友好协商解决，如果协商不成，再由第三方中立者进行调解，如果调解不成，则再由仲裁进行解决，促进了多种非诉纠纷机制的结合。当事双方是商事合作主体，将协商作为前置程序，促进纠纷的和平解决，维持良好的合作关系，也便于自觉履行，不因一次的纠纷而"鱼死网破"，以利于长期合作。

（3）同时进行的仲裁—调解条款

该条款规定：任何争议或者因本合同引起的或者与本合同有关的索赔或者违约行为都应该根据 ICDR 的仲裁规则进行仲裁。一旦仲裁启动，当事人双方同意任何因本合同或者与本合同相关的争议或者违约行为通过 ICDR 的仲裁规则解决，仲裁程序将与调解程序同时进行，而不是进行仲裁的任何阶段的先决条件。

通过仲裁程序与调解程序的同时进行，可以促使双方当事人深入了解案情，不存在调解员与仲裁员混同的问题，也节省了时间，提高了效率，但是两种程序同时进行会使得费用增加。

4. 调裁协议的效力

调裁条款规定：任何争议或者因为合同的索赔或者违约行为，在诉诸仲裁、诉讼或其他争议解决程序之前，应先根据调解规则进行调解。美国也承认调裁协议的效力，当事人约定先调解后仲裁，必须先进行调解程序，调解不成或者纠纷没有完全解决，再启动仲裁程序。美国在建筑工程领域，将强制调解作为仲裁的前置程序，双方当事人可以一致要求调解，但如果同时提出调解和仲裁的要求，在仲裁之前必须先行调解，只有在登记后的 60 日内未解决问题，才能开始仲裁。确立调裁协议的法律效力是仲裁前调解制度的基础和保障，仲裁前的调解程序可以为双方当事人提供一个自由协商的机会，可以深入了解案情，促成和解，提高纠纷解决的效率，促进仲裁与调解衔接制度的发展。

美国的仲裁与调解已经实现了全面衔接，当事人在签订合同时，可以将调解融入仲裁条款，并且只要当事人签订调裁协议，那么调解程序必须进行。而且仲调衔接的程序也非常完善，在仲调衔接的过程中，各自规定了程序进行的时限，保证程序的有序衔接。仲裁员与调解员不能由同一人担任，除非当事人同意。这一定程度上解决仲调衔接程序最致命的问题，即两种程序结合是否能做到公正。最后，在仲裁员与调解员的选任方面也非常严格，对调解员进行一定的培训，使其掌握一定的调解技巧，能够公平且有质量地结案。

三、英国争议解决中心

英国争议解决中心（Centre for Effective Dispute Resolution，以下简称 CEDR）是 1990 年 11 月成立的民间性争议解决机构，是由财团和专家支持的非营利性团体。CEDR 强调自治，其争议解决完全是民间性的，未经当事人合意，不得发布与争议有关的一切信息。从创立至今，CEDR 已发展成为欧洲具有重大影响力的独立纠纷解决服务机构，同时也是世界上纠纷解决和冲突管理领域重要的国际机构之一，目前，CEDR 已是欧洲乃至世界最具影响力的 ADR 中心。

（一）对调解满意程度的回访及投诉制度

CEDR 在调解程序完毕之后，会与当事人进行联系，了解他们对调解的意见，并且将调解意见反馈给该案的调解员。这样有利于调解员调解技能的提高，并且保证了调解案件的质量。

CEDR 还设置了投诉制度，当 CEDR 或者调解员违反了调解程序，那么当事人可以在线投诉。回访及投诉制度可以形成监督，规范调解员的行为，可以保证调解程序的公正及调解案件的质量。

（二）信息保密及披露制度

CEDR 的《示范调解程序》[①] 第 8 条规定了调解员、双方当事人以及 CEDR 对调解过程中的信息进行保密的要求，除非双方当事人书面同意可以将信息披露。同时也详细列举了即使没有当事人双方的同意也必须进行披露的一些信息，例如：（1）根据法律规定需要披露的信息；（2）如果不披露此信息将会对一方之生命及人身安全产生重大的威胁；（3）调解员认为除非披露信息，否则存在个人受到刑事诉讼的风险。这个条款要求各方应对调解过

---

① See CEDR Model Mediation Procedure，https：//www. cedr. com/about_ us/modeldocs/？ id＝21.

程中的信息进行保密，但是也保持了一定的灵活性，在当事双方书面同意的情况下，可以将信息披露，这一定程度上尊重了双方当事人的意思自治。前述列举的三项情形，涉及当事人生命安全以及刑事责任，在利益衡量之后，为了维护更重大的利益，可以将信息披露。

四、我国商事仲调衔接制度的立法现状

（一）《仲裁法》的相关规定

我国现行的《仲裁法》第51条对仲裁中调解程序启动、启动的时间、结束以及调解协议效力，根据调解协议申请仲裁裁决等事项进行了规定。第52条对调解书的内容、调解书的生效进行了规定。

1. 调解程序的启动

调解程序的启动基于当事人自愿，即双方都同意由调解程序解决纠纷，只要双方当事人都同意调解，调解程序必须进行。

2. 调解程序开启的时间

根据《仲裁法》第51条，仲裁庭作出裁决前，可以先行调解。当事人自愿调解的，仲裁庭应当调解，调解不成的，应及时作出仲裁裁决。在仲裁庭裁决作出之前，都可以进行调解。

3. 调解程序的结束

《仲裁法》第51条规定，调解不成，应当及时作出裁决。

4. 调解书的内容

调解书应该写明仲裁请求和当事人协议的结果。

5. 调解书的效力

第51条规定："调解达成协议的，仲裁庭应当制作调解书或者根据协议的结果制作裁决书。调解书与裁决书具有同等法律效力。"

6. 调解书的生效

调解书应该由仲裁员签名，加盖仲裁委员会印章，双方当事人签收后生效。《仲裁法》第51条规定的范围仅适用于仲裁中调解，即是在仲裁程序中启动的调解程序，该条是一个原则性的规定，没有对调解员与仲裁员是否能由同一人担任，以及调解期限、调解员的保密义务以及其他仲裁与调解衔接的模式等重要事项进行规定。虽然在实践中，仲裁与调解相衔接制度的实践

已经很多，但是我国在法律层面大部分仍处于空白。

（二）我国海事仲调衔接制度的实践

1. 中国海事仲裁委员会仲调衔接制度的实践

仲裁与调解的方式起源于 20 世纪 50 年代中国国际贸易促进委员会的实践，当时主要的方式是仲裁中调解。针对纠纷数量增多、类型增多，中国海事仲裁委员会（以下简称海仲委）提供了更为多元化的纠纷解决方式，不再仅限于仲裁中调解的方式，而是充分发挥调解的作用，促进调解和仲裁这两种非诉纠纷解决方式的结合。

（1）仲裁前的"调解 + 仲裁"

当事人在仲裁程序开始之前可以将争议提交海仲委商事调解中心，按照调解规则进行调解；经协调达成或当事人自行达成和解协议的，可以依据和解协议以及海仲委仲裁的仲裁协议（条款），由组成的仲裁庭按照和解协议的内容作出仲裁裁决或调解书。[①] 除非当事人另有约定，一般情况下由仲裁委员会指定一名仲裁员成立仲裁庭，由仲裁庭按照其认为合理的程序进行审理并作出裁决。如果调解不成功没有达成和解协议，则申请进入仲裁程序，除非当事人另有约定，否则调解员不可以担任仲裁员。

（2）仲裁中的调解

双方当事人在仲裁过程中自行达成或经仲裁庭调解达成和解协议，可依据仲裁规则以及和解协议，由仲裁庭按照和解协议制作裁决书。调解不成功的，仲裁庭应当继续进行仲裁程序。在此种模式下，仲裁员能否同时担任调解员进行调解程序，将由双方当事人自主决定。如果双方当事人有调解意愿但是不愿意在仲裁庭的主持下进行调解的，海仲委可以协助当事人以适当的方式和程序进行调解。

（3）法院委托机制下的"调解 + 仲裁"

法院将当事人诉至法院的案件，在征得各方当事人同意的前提下，委托海仲委进行调解。调解成功后，通过快速程序将和解协议转化为仲裁

---

① 参见《海仲委的服务特色》，http://wwwold. ccpit. org/Contents/Channel _ 3396/2018/0419/990863/content_990863. htm。

裁决。①

（4）行业协会"调解＋仲裁"

海仲委与各行业协会进行合作，为各行业提供专业调解与仲裁相结合的服务，高效快捷地定分止争，促进各行各业健康发展。②

2.《中国海事仲裁委员会仲裁规则》③

海仲委是根据中华人民共和国国务院 1958 年 11 月 21 日的决定，于 1959 年 1 月 22 日设立于中国国际贸易促进委员会内，解决商事、海商、物流以及其他契约性或非契约性争议的常设仲裁机构。设立时名为中国国际贸易促进委员会海事仲裁委员会，1988 年 6 月 21 日更名为中国海事仲裁委员会。海仲委下设物流争议解决中心、渔业争议解决中心、海事调解中心等业务中心。

海仲委的最新仲裁规则于 2021 年 10 月 1 日正式实施，该仲裁规则第 56 条中有十款细化规定了仲裁与调解相结合的程序，从仲裁中调解程序的启动、终止、根据和解协议制作调解书或者裁决书、调解的保密性、申请仲裁裁决确认等方面进行了规定。

（1）适用范围

用于仲裁中调解或者和解协议申请仲裁裁决确认的案件。

（2）当事人对调解程序和方式的选择

《中国海事仲裁委员会仲裁规则》（以下简称《海仲委仲裁规则》）第 52 条第 8 款规定④，可以不用仲裁员主持仲裁中的调解，避免了调解员与仲裁员混同的问题，可以消除当事人对仲裁员担任调解员后，在调解过程中获得信息从而影响公正裁决的担忧，以及碍于先前是以仲裁员的身份出现，当事人无法适应其由仲裁员转为调解员的身份转换，进而无法吐露更多信息，影响调解成功的现象。

---

① 参见《海仲委的服务特色》，http://wwwold.ccpit.org/Contents/Channel＿3396/2018/0419/990863/content_990863.htm。

② 同上。

③ 参见《中国海事仲裁委员会仲裁规则》。

④ 《中国海事仲裁委员会仲裁规则》第 52 条第 8 款规定："当事人有调解愿望但不愿在仲裁庭主持下进行调解的，经双方当事人同意，仲裁委员会可以协助当事人以适当的方式和程序进行调解"。

（3）和解协议申请仲裁裁决确认的程序

根据《海仲委仲裁规则》第 52 条第 10 款，当事人在仲裁程序开始之前或者经调解达成和解协议的，可以根据由仲裁委员会仲裁的仲裁协议及和解协议，请求仲裁委员会组成仲裁庭，按照和解协议的内容作出仲裁裁决。除非当事人另有约定，仲裁委员会主任指定一名独任仲裁员成立仲裁庭，由仲裁庭按照其认为适当的程序进行审理并作出裁决。具体程序和期限，不受本规则其他条款关于程序和期限的限制。① 申请裁决确认的条件：具有有效的和解协议和仲裁协议。② 程序：除非当事人另有约定，由仲裁委员会主任指定一名独任的仲裁员成立仲裁庭，适用简易程序，程序和期限不受本规则其他条款关于程序和期限的限制。

（4）证据规则

《海仲委仲裁规则》第 52 条第 9 款规定："如果调解不成功，任何一方当事人均不得在其后的仲裁程序、司法程序和其他任何程序中援引对方当事人或仲裁庭在调解过程中曾发表的意见、提出的观点、作出的陈述、表示认同或否定的建议或主张作为其请求、答辩或反请求的依据。"

《海仲委仲裁规则》第 52 条这十款的规定，只是框架性规定，并没有对仲调衔接的程序进行更具体的规定，例如，调解的时间是多久、调解的时间是重新起算还是计算在整个仲裁期限内、申请仲裁裁决确认的程序中对和解协议的审查程序等问题。

3.《中国海事仲裁委员会调解规则》

海仲委的最新调解规则于 2018 年 10 月 1 日正式实施，由总则、调解程序、附则三部分组成。该规则共计 29 条，对调解的启动、调解员的选任、调解的方式、调解员的中立性、调解员的保密义务、调解程序的终止、证据规则、调解费用等事项进行了规定。

（1）调解失败进入仲裁的程序

调解没有成功的，当事人可以签订仲裁协议，申请仲裁委员会裁决。除非双方当事人同意，否则调解员不得担任仲裁程序中的仲裁员。

（2）调解程序的终止

出现以下情形调解程序终止：① 当事人不同意调解的；② 当事人达成和解协议；③ 调解员认为没有必要继续调解而决定终止调解程序；④ 调解

期限届满。以上详细规定了调解程序的结束情形，避免程序的拖沓，浪费时间。

第三节　仲调衔接机制的国际机构实践

一、联合国国际贸易法委员会

联合国国际贸易法委员会（UNCITRAL）于 1996 年设立，其设立的意图是减少或者消除各国的国际贸易法律存在的障碍，发挥积极的作用。其制定的《国际商事仲裁示范法》《国际商事调解示范法》《联合国国际贸易法委员会调解规则》构架了完善的纠纷解决机制，影响了多国的国内立法。

（一）《联合国国际贸易法委员会调解规则》[1]

《联合国国际贸易法委员会调解规则》（UNCITRAL Conciliation Rules，以下简称《调解规则》）于 1980 年 12 月 4 日通过。该规则共 20 条，主要规定了规则的适用、调解程序的开始、调解员的人数、调解员的任命、调解员的任务、调解员与当事人交换意见、保守秘密、当事人与调解员的合作、调解的结束等事项。

1. 调解程序进行的保证

《调解规则》第 16 条[2]规定，当案件提交调解机构后，还是先以调解的方式来解决争议，这个时候调解的程序与仲裁程序是不可同时存在的。除非一方当事人认为，为维护其权利，必须提交仲裁或提起诉讼的除外。这条规定保障了调解程序的进行，调解程序不可因任何一方当事人任意结束，尝试先通过调解程序解决纠纷，调解不成再进入仲裁程序。《调解规则》没有对"当事人认为，为维护其权利"的情形进行列举或解释，从规则之中并不能准确得出哪些情形为维护权利，不便于实际操作。

---

[1] 《联合国国际贸易法委员会调解规则》。

[2] 《联合国国际贸易法委员会调解规则》第 16 条规定："当事人允诺，在调解期间，不将作为调解主题的争议提交仲裁，也不就之提起诉讼，但是一方当事人认为，为维护其权利，必须提交仲裁或诉讼时，除外。"

2. 调解员与仲裁员不得混同

根据《调解规则》第 19 条①的规定，联合国国际贸易法委员会的立场是不赞同调解员在之后的仲裁程序中担任仲裁员和证人。这样避免了仲裁员和调解员混同，因在调解程序中了解的信息可能会影响仲裁员的中立裁决，进而影响案件的公平正义。联合国国际贸易法委员会的这一立场影响了一些国家的立场，英国商事仲裁委的《调解规则》第 14 条就明确规定了调解员不得在之后的程序中担任律师、证人、仲裁员。为了避免仲裁员与调解员的混同，美国创新了仲裁与调解衔接的模式，在影子调解、调解与仲裁共存等模式中调解员与仲裁员由不同的人士担任。

(二)《国际商事调解和调解所产生的国际和解协议示范法》②

联合国国际贸易法委员会 2018 年对《国际商事调解示范法》作了修正，新增了关于国际和解协议及其执行的一节。③《国际商事调解示范法》已更名为《国际商事调解和调解所产生的国际和解协议示范法》（以下简称《国际和解协议示范法》）。该法就和解协议的执行提供了统一规则，还述及一方当事人在程序中援用和解协议的权利。④ 共计 20 条，对适用的范围和定义、解释、经由调解协议的变更、调解的人数、调解的进行、调解人与当事人的联系、披露信息、保密、证据在其他程序中的可采性、调解的终止、调解人员担任仲裁员、诉诸仲裁或司法程序、和解协议的可执行性进行了规定。

1. 适用范围

该法第 3 条第 7 款规定⑤，仲裁中的调解不适用此法，虽然仲裁与调解衔接，但是仲裁与调解各自保持其独立性。该法的适用范围是单独调解或者先调解后仲裁的模式中的调解。

---

① 《联合国国际贸易法委员会调解规则》第 19 条规定："当事人和调解员均允诺：在作为调解的主题的争议提交仲裁或就之提起诉讼时，调解员不得在仲裁或诉讼的程序中充当仲裁员，或充当一方当事人的代理人或顾问。双方当事人允诺：他们在这些程序中也不提出调解员为证人"。

② 参见《国际商事调解和调解所产生的国际和解协议示范法》（2018 年）。

③ 同上。

④ 同上。

⑤ 《国际商事调解和调解所产生的国际和解协议示范法》（2018 年）第 3 条第 7 款规定："本节不适用于：法官或仲裁员在司法程序或者仲裁程序中试图促成和解的情形"。

2. 调裁协议的效力

根据该法第 14 条规定①，联合国国际贸易法委员会确定了调裁协议的法律效力，在一般情况下，在仲裁前约定先行调解的，调解是必须先进行的程序。但是一方当事人如果为了维护其必要权利，可以提起诉讼或者仲裁的程序，但是诉讼或者仲裁的程序的提起并不意味着调解程序就此结束，调解和仲裁程序可以同时进行，但解决纠纷所花费的费用就会随之增加。

有些国家承认调裁协议中调解的效力，如果存在有效的协议，调解是必须进行的程序。确认调裁协议的效力，是先调解后仲裁模式的基础。美国建设工程纠纷中将调解作为一种强制必要的程序。英国在调解程序中确立诉讼费罚则，对调解程序的运用起到了极大的促进作用。2002 年 2 月，英国法院在 Dunnett v. Railtrack 一案中首次适用诉讼费罚则，即当事人若拒绝法院提出的调解方式解决调解纠纷的建议，那么即使当事人在随后的诉讼中获胜，法院有权判决其承担案件的诉讼费用。② 法院认识到在此案中确立的诉讼费罚则虽然对调解等非诉途径解决纠纷起到了一定的积极作用，但很可能被无理的一方当事人当作诉讼策略利用，借诉讼费罚则损害其他当事人的利益。因此，法院对"诉讼费罚则"作了适当修正。2004 年 5 月，英国法院在 Halsey v. Milton Keynes General NHS Trust 一案中作出判决，对先前确定的诉讼费罚则进行了必要的调整，确立了两个原则，其一，强制当事人使用调解等非诉程序将会妨碍当事人行使诉讼权利，同时也违反了《欧洲人权公约》第 6 条的规定即："任何人有理由在合理的时间内受到依法设立的独立而公正的法庭的公平且公开的审讯"；二是诉讼费用的处罚措施适用于无正当理由拒绝适用调解的情形，败诉方在要求法院适用诉讼费罚则时，应当承担举证责任，证明胜诉方拒绝接受调解不合理。③ 考虑到最终诉讼费罚则的适用规则，Halsey 一案的上诉法院就调解的价值向民间调解委员会（Civil Mediation Council）、非诉纠纷解决组织（ADR Group）、纠纷解决中心（Center for

---

① 《国际商事调解和调解所产生的国际和解协议示范法》第 14 条规定："当事人同意调解并明确承诺不在具体规定的期限内或者具体规定的事件发生前，不就现有或未来争议提起仲裁程序或者司法程序的，仲裁庭或者法院应承认此种承诺的效力，直至所作承诺的条件实现为止，但一方当事人认为维护其权利需要提起的除外。提起这种程序，其本身不应视为对调解约定的放弃或者调解程序的终止"。

② 参见齐树洁主编：《外国 ADR 制度新发展》，厦门大学出版社 2016 年版，第 213 页。

③ 参见沈芹宇：《英国调解中的诉讼费用罚则》，载《人民法院报》2010 年 3 月 26 日第 8 版。

Effective Dispute Resolution）以及律师协会征求意见，最终确立规则，即"是否无理由拒绝调解取决于许多因素，法院应在每个案件中结合具体因素进行评判"。[①] 在英国的司法实践中，法院一定程度上支持了以调解程序解决纠纷，如果无正当理由拒绝调解程序，则将受到诉讼费用增加的惩罚。我国在理论上和实践中对于调裁协议的效力都比较模糊，调解并没有完全得到保障。英美两国的司法实践给予调解一定的认可与支持，是因为调解以其灵活性、友好性在纠纷解决过程中有着一定的优势。

3. 调解员与仲裁员不得混同

该法第13条规定："除非当事人另有约定，否则调解人不应担任与调解程序曾经或者目前涉及的争议有关的仲裁员或者担任与同一合同关系或法律关系所引起的另一争议有关的仲裁员。"此规则也说明联合国国际贸易法委员会也认为仲裁为了维持案件的公正，调解员和仲裁员不能由同一人担任。

4. 和解协议的约束力和可执行性

该法第15条规定[②]，和解协议具有强制执行力，如果调解成功，那么和解协议不用再申请仲裁进行裁决确认，进而节省了一定的时间。联合国国际贸易法委员会对该条的评述认为，众多的调解从业人员都认为如果能够使和解协议得到快速的执行，或者为执行目的将和解协议视为仲裁裁决或者类似于仲裁裁决，那么会吸引更多国际商事关系的当事人适用调解解决纠纷。

欧盟2008年《第2008/52/EC号关于民商事调解某些方面的指令》、印度1996年《仲裁和调解法》以及百慕大有关规定都肯定了和解协议具有强制执行力。持否定观点的国家认为："所谓有条件肯定和解协议具有强制执行力，和解协议并不直接具有强制执行力，只有经一定的程序，即司法机构或者仲裁机构的确认才具有强制执行力。"德国、韩国以及我国台湾和香港地区都支持这样的观点。综合而言，仲裁与调解都是第三方居中解决纠纷的方式，调解因其灵活性很受欢迎，并且调解具有一定的专业性，各调解机构也对调解员的资质以及专业知识有一定的要求，并且对调解员进行定期的培训，因此

---

① 参见张永红：《英国判例法对调解的规范和引导》，载《法律适用》2010年第2—3期。

② 《国际商事调解和调解所产生的国际和解协议示范法》第15条规定："当事人订立争议和解协议的，该和解协议具有约束力和可执行性。"

调解案件的质量是可以得到保障的。再者，将和解协议赋予强制执行力，当事人不用专门申请仲裁程序确认，提高了纠纷解决的效率。

二、世界知识产权组织

世界知识产权组织，是联合国专门保护知识产权的一个专门机构，根据《成立世界知识产权组织公约》设立，该公约于 1967 年 7 月 14 日在斯德哥尔摩签订，于 1970 年 4 月 26 日生效，中国于 1980 年 6 月 3 日加入该组织。其制订了自身的调解规则即《世界知识产权组织调解规则》（WIPO Mediation Rules），该规则共计 28 条，对调解的开始、调解员的指定、调解的进行、调解员的作用、调解的终止、调解费用等事项进行了规定。

1. 调解员的程序建议

根据该调解规则第 14 条①，调解员应以其认为最合适的任何方式促成当事人之间的和解，但无权强制当事人和解。如果当事人之间的任何争议事项无法通过调解解决时，调解员可以向当事人建议最高效、最低费用解决纠纷的方式。调解员可以建议当事人通过仲裁程序解决纠纷，也可以由当事人提交和解方案。在调解不成时，进行仲裁程序，而仲裁庭需要根据双方提出的和解协议方案中选出一个。调解员在调解过程中应尊重当事人意愿，不能强制当事人达成和解。并且在调解不成时，可以向当事人建议仲裁方式，通过仲裁与调解衔接方式解决纠纷。

2. 调解员与仲裁员不得混同

该规则第 21 条规定：除非法院要求或者当事人明确授权，调解员在任何

---

① See WIPO Mediation Rules Article 14: (a) The mediator shall promote the settlement of the issues in dispute between the parties in any manner that the mediator believes to be appropriate, but shall have no authority to impose a settlement on the parties.

(b) Where the mediator believes that any issues in dispute between the parties are not susceptible to resolution through mediation, the mediator may propose, for the consideration of the parties, procedures or means for resolving those issues which the mediator considers are most likely, having regard to the circumstances of the dispute and any business relationship between the parties, to lead to the most efficient, least costly and most productive settlement of those issues. In particular, the mediator may so propose:

(i) an expert determination of one or more particular issues;

(ii) arbitration;

(iii) the submission of last offers of settlement by each party and, in the absence of a settlement through mediation, arbitration conducted on the basis of those last offers pursuant to an arbitral procedure in which the mission of the arbitral tribunal is confined to determining which of the last offers shall prevail.

未决争议或者将来涉及的事项的司法、仲裁或者其他程序中，不得充当调解员之外的任何职位。① 由此看来，世界知识产权组织还是反对仲裁员与调解员由同一人担任，只有在当事人同意或法律授权的情况下才被允许。

3. 调解中心的保密义务

该规则也赋予调解中心一定保密义务，要求调解中心不能将调解的信息进行泄露。但是出版关于活动的材料，可以包括有关的信息，但是此信息不能披露当事人的身份或者使争议的特定情况被人使用。调解中心在不透露当事人特定信息的情况下，可以将调解有关事项进行出版，有利于大众对调解的了解以及增加对调解的认可度。

法律规定为商事仲调衔接程序的运行奠定了基础，然而我国法律在商事仲调衔接制度的规定非常简单，只有在《仲裁法》第 51 条②及第 52 条③中对其进行了规定。

第四节　仲裁与调解融合新范式

一、仲裁与调解融合新范式的体现

仲裁与调解积极横向的共生关系体现在当事人可以根据自己的需要随意选择仲裁与调解相衔接的模式，亦可根据每种模式的优点与缺点作出选择。各国都在完善仲调衔接的模式，增加解决商事纠纷的能力，同时也为商事纠纷当事人提供更为完善的纠纷解决的选择模式。

---

① See WIPO Mediation Rules Article 21: Unless required by a court of law or authorized in writing by the parties, the mediator shall not act in any capacity whatsoever, otherwise than as a mediator, in any pending or future proceedings, whether judicial, arbitral or otherwise, relating to the subject matter of the dispute.

② 《仲裁法》第 51 条规定："仲裁庭在作出裁决前，可以先行调解。当事人自愿调解的，仲裁庭应当调解。调解不成的，应当及时作出裁决。调解达成协议的，仲裁庭应当制作调解书或者根据协议的结果制作裁决书。调解书与裁决书具有同等法律效力。"

③ 《仲裁法》第 52 条规定："调解书应当写明仲裁请求和当事人协议的结果。调解书由仲裁员签名，加盖仲裁委员会印章，送达双方当事人。调解书经双方当事人签收后，即发生法律效力。在调解书签收前当事人反悔的，仲裁庭应当及时作出裁决。"

（一）以仲裁庭为主导的调解

1. 仲裁庭审理之前的调解

当事人之间存在有效的仲裁协议，在开庭进行正式的审理之前，根据仲裁员的提议或者一方提议双方达成调解合意的情况下，可以先暂停仲裁程序，进行调解。如果调解成功达成和解协议，则可以向仲裁庭申请根据和解协议制作裁决书，则仲裁程序结束。如果调解失败，继续进行仲裁程序。

在这种模式下，针对一些案情较为简单的商事纠纷案件，不必花费大量的时间去举证、质证，进而促成商事纠纷当事人之间的调解，以节省时间。但是，针对一些复杂的商事纠纷案件，双方当事人之间对抗性较强，在没有经过仲裁程序弄清楚案件事实时，当事人不一定接受或积极配合调解，并且也不利于真正维护当事人的利益。

2. 仲裁中调解

仲裁中调解是指仲裁程序启动后，申请人和被申请人达成调解的合意，由仲裁员或者仲裁庭对案件先进行调解，调解不成功再恢复仲裁程序。在此种模式下，调解员与仲裁员能否由同一人担任是一个非常重要的问题。支持者的观点认为在担任仲裁员的过程中，已经对案情有了一定的了解，这样再担任调解员，省去了调解员了解案情的时间，有利于节省时间，提高纠纷解决的效率。反对者认为仲裁员同时担任调解员，因在调解过程中，会和当事人私下会晤，会了解到一些案件之外的信息，这样的信息可能会对仲裁员造成影响，影响裁决的公正性。

仲裁员与调解员由一人担任有一定的合理性，商事纠纷往往涉及多方主体，案情相对比较复杂，如果可以提高纠纷解决的效率，对商事纠纷主体非常有益。再者，仲裁员与调解员是从专业人士中选拔，经过一定的职业培训，并且有行为准则规范其行为，其可以克服在调解中所获取的信息对其产生的影响，仲裁员与调解员可以由同一人担任。并且在大多数机构的规则中，仲裁员与调解员假如由同一人担任，要事先取得双方当事人的同意。如果双方当事人达成一致的话，说明其对裁决所产生的结果是接受的。另外，还可以完善对调解员和仲裁员的监督制度，健全外部监督和内部监督，这样也能在一定程度上规范其行为。

3. 仲裁程序结束后作出裁决前的调解

仲裁庭审结束后，案件事实已经明了，仲裁员或者仲裁庭在作出裁决前，申请人和被申请人达成调解合意，希望进行调解程序。这样的模式下，商事仲裁程序基本已经结束，已花费大量时间，并不能因此节省时间，提高纠纷解决的效率。优点是经过仲裁程序后，案件事实已经清楚明晰，商事纠纷当事人对自己的利益有了更准确的认识，反而容易调解成功，而且调解成功的案件执行难度更小。

（二）非以仲裁庭为主导的调解

1. 调解中心进行的"调解＋仲裁"

现有许多仲裁机构都设立了调解中心，调解中心和仲裁庭一起，联动解决案件。如果双方之间存在调解协议，则案件进入调解中心进行调解，调解成功后再根据仲裁协议，进入仲裁程序，由仲裁员根据和解协议制作裁决书，赋予强制执行力。若调解不成，则根据仲裁协议，进入仲裁程序。

2. 调解机构进行的"调解＋仲裁"

案件先经过调解机构的调解，调解成功后，根据仲裁协议，申请仲裁庭根据和解协议制作裁决书。若调解不成功，则根据仲裁协议申请仲裁。

3. 行业协会进行的"调解＋仲裁"

我国现有的与商事相关的协会很多，有综合性的行业协会，还有专业性更强、更单一的海运协会，如中国船舶代理行业协会、上海市交通运输行业协会等。协会与仲裁庭联动进行商事仲调衔接程序，案件发生之后先由行业协会进行调解，调解不成根据仲裁协议进入仲裁程序，通过仲裁解决纠纷。如果调解成功，依据仲裁协议，申请仲裁庭根据和解协议的内容制作裁决书。

4. 影子调解（shadow mediation）

当事人为解决争议，先启动仲裁程序，在恰当的时候，启动平行的调解程序，由调解员对争议进行调解。如果调解成功，则了结争议；如果调解不成功，则争议由仲裁解决。在这种模式下，商事仲裁程序与商事调解程序分别独立，避免了仲裁员与调解员混同引发的对仲裁员能否公正裁决的质疑，以及仲裁权力被滥用的问题。两种程序平行进行，一种程序的开启并不以另一种程序的终止为前提，节省了一定的时间，但是这会增加解决商事纠纷的费用，尤其是商事纠纷一般涉案标的较大，费用较高，同时进行商事仲裁与商事调解会增加当事人的经济负担。这种模式下，调解启动的时间非常重要，假如一开始即启动调解，那么等于是两条程序平行启动，互不影响，调解员也可以充分了解案情，并且在恰当的时候调解。如果调解成功，双方对结果满意的话，仲调衔接的程序很快就趋于结束，可以提升纠纷解决的效率。如果在后期提出调解，此时仲裁已经趋于结束，调解员错过了举证、质证、仲裁庭调查等阶段，那么调解员对案件事实上是根本不了解的，调解员还得花费时间了解案情，非常浪费时间，造成程序拖沓。所以，在此种模式下，调解提出的时间越早越好。

5. 调解与仲裁共存

在调解与仲裁共存（consisting of mediation and arbitration，简称"Co Med-Arb"）程序中，仲裁与调解平行启动，调解员和仲裁员相分离，虽然他们都参加小法庭听证，但仲裁员不参加调解员与当事人的私下会晤，调解员要向仲裁员披露在调解中所获悉的秘密。随着仲裁程序的发展，调解员旁听全过程，在适当的时候可以对当事人进行调解。

6. 仲裁后调解

是指当事人在仲裁程序终结后，利用调解程序解决仲裁裁决执行中的问题。由于这种执行中的调解与仲裁程序之间的不连贯，因而这种方式更接近独立调解或者临时调解。

7. 建议模式的先调解后仲裁①

此种模式下先进行调解程序，调解不成功或者纠纷没有完全解决，转入仲裁程序。调解员与仲裁员由不同人员担任，在仲裁程序开启前，调解员会根据其了解的案情向仲裁员提交一份裁决建议书，裁决建议书只有参考作用，并不要求仲裁员强行适用，这有助于仲裁员快速了解案情，节约时间，由于裁决建议书只是起到参考作用，因此并不担心仲裁员的意志受到调解员左右，影响仲裁员公正裁决。

---

① "建议模式的先调解后仲裁"英文为"mediation and arbitration different recommendation"，简称为"Med-Arb-diff-Recommendation"。

8. 最后仲裁方案①

此种模式是当事人就双方之间的争议先进行调解，若调解不成功，双方各自就纠纷提供一套裁决方案，仲裁程序启动后，仲裁员根据其所了解的案情事实，选择一方提供的裁决方案。这种模式在一定程度上尊重了当事人的意愿，有益于纠纷的妥善解决及执行，同时，也在一定程度上限制了仲裁员的自由裁量权。再者，因仲裁员会从中选一套裁决方案，这会促进当事人深入了解案情事实，合理化自己的仲裁请求，以免被仲裁员否决。

二、仲裁与调解融合新范式应坚持的价值取向

(一) 自愿性

仲裁作为一种解决争议的民间裁判制度，其排除了法院对案件的管辖权，所以将纠纷以仲裁裁决方式解决必须基于当事人有仲裁的合意。调解是指"在第三方协助下进行的当事人自主协商性的纠纷解决活动"②。在中立的第三方主持下，查明事实，分清是非，消除误解，在互谅互让的基础上达成协议，使争议得到解决。调解并非完全依据法律，调解是以双方对自己的一部分权利进行让步的情况下，达成一个使双方都能接受的结果。所以，调解也是双方在自愿的情况下进行的。商事仲裁与商事调解两种程序结合也是基于商事纠纷的当事人达成合意的前提下进行的。在先调解后仲裁的模式中，商事纠纷主体一般情况下事先有调解、仲裁协议或者在合同中明确了纠纷解决方式的条款，先通过调解，调解不成功，再开启仲裁程序。也有商事纠纷主体先有调解协议，先调解，调解不成功或者纠纷没有完全解决，双方临时达成仲裁协议，进行仲裁程序。在先仲裁后调解的模式中，调解程序的开启也要以双方同意为基础。否则，也无法进行调解程序。两种程序的结合需要双方当事人的合意，双方当事人在商事仲裁与调解相衔接模式的选择上也需要达成一致。

(二) 融合性

商事仲裁与商事调解两种程序衔接，可以充分发挥两种程序的最大优势。

---

① "最后仲裁方案"英文为"mediation and last offer arbitration"，简称为"MEDALOA"。

② 范愉：《非诉纠纷解决机制研究》，中国人民大学出版社 2000 年版，第 177 页。

商事调解具有一定的高效性和商事仲裁具有一定的终局性，可以提高纠纷解决的效率，也便于执行。因此，在实践中，两种程序结合的种类也非常丰富，无论是先商事调解后商事仲裁，还是先商事仲裁后商事调解，以及商事仲裁与商事调解同时进行。这些灵活的模式都有各自的优点和缺点，其相互结合的模式为商事纠纷主体提供更为多元的纠纷解决模式。

（三）专业性

商事纠纷和一般的民事纠纷有所不同，它有着高度的专业性，解决这样的纠纷需要丰富的专业知识作为基础。同时，调解员或者仲裁员都是从具有相关领域专业知识和实践经验的中外人士中聘任。根据中国海事仲裁委员会的调解员名册中的介绍，其在册的调解员皆有海商、商事、国际贸易、商事调查的专长。这种任职资格的要求主要也是基于商事纠纷具有高度的专业性。

（四）公正性

公正，即公平正义，公平是指平等对待不同的人或者不同的事物。正义的概念多种多样，包括分配正义、矫正正义、程序正义和实质正义等。公平正义是人类社会追求的最高价值，但在社会治理和纠纷解决中必须充分认识正义的多元性。[1] 调解在纠纷解决中追求的公正是一种多元的公正，即适应当事人实际需求、感受、利益和价值取向，自主选择纠纷的解决方式、依据和结果。[2] 商事仲裁与商事调解衔接制度将调解具有的灵活性和仲裁相融合，当事人可以通过协商对案件进行处理，达到一个双方都满意的结果，这其实是强调一种实质公正。同时，商事仲调衔接制度也是以程序公正为保障的，许多国家也在不断完善相关立法及相应的规则，规范商事仲裁与调解相衔接的程序。

---

① 参见范愉：《纠纷解决的理论与实践》，清华大学出版社 2007 版，第 37 页。
② 参见范愉、史长青、邱星美：《调解制度与调解人行为规范——比较与借鉴》，清华大学出版社 2010 年版，第 17 页。

第四章

争端解决机制的纵向共生：
合理监督新常态

所谓争端解决机制的纵向共生，是指处理司法机关与仲裁、司法机关与调解之间的监督与协助关系的一系列制度性安排及实践性操作。相较于横向共生关系而言，"一带一路"争端解决机制的纵向共生关系显得更为重要，构建亦更为艰难。本章的论述基于我国诉讼、仲裁及调解纵向关系的过往实践，尤其是在总结司法对我国涉外仲裁的监督（见第七章）以及司法对外国仲裁裁决的监督（见第八章）后，针对总结出的重要议题如仲裁协议的约束力、可仲裁性、临时措施的执行力等问题进行逐一分析，从而呈现不同争议解决方式间合理的纵向共生关系。

第一节　多元争端解决机制的监督机制

一、司法监督的内涵

在界定司法监督之前，需要明确："司法监督"中的"司法"一词，指的是国内审判机关，即各国国内法院。根据《牛津法律大辞典》的界定，司法的（judicial）通常与立法的（legislative）、行政的（executive）这两个术语区别使用，是一个关于法院的专门用语。与此相对应，司法（judiciary）一词则专指负责解释法律并行使审判权的国家机关分支，即法院系统。[①] 在我国，司法或司法机关通常有两种解释，广义上的司法机关指行使国家审判权、检察权以及管理司法行政工作的机关，包括法院、检察院以及司法行政机关；狭义的司法机关仅指行使国家审判权的机关，即法院。[②]

尽管"司法"一词的含义有时会具有某种不确定性，但在国际商事仲裁及国际商事调解领域一般不会产生歧义，国家对仲裁或调解的干预（主要是对仲裁），多数情况下是通过国内法院实现的。所以，国际商事仲裁及国际商事调解语境中的"司法"或"司法机关"，通常就是指国内法院。由于各国民事执行制度的不同，在国际商事仲裁裁决的承认与执行阶段，也存在由法院之外其他国家机关审查、执行仲裁裁决的立法例。[③]

至于司法监督，理论界及实务界多将其与仲裁相关联予以理解，即仲裁的司法监督，就是仲裁要不要法院监督、仲裁需要什么样的司法监督或法院如何监督仲裁的问题。[④] 法院对仲裁的监督不是法院对仲裁裁决的二次审理，而是法院在充分尊重仲裁裁决的基础上，依据法律规定对仲裁实施的监督。

二、司法监督的表现形式

在仲裁发展的过程中，如何处理司法与仲裁的关系成为仲裁立法和司法实践不容回避的重要问题。以我国立法为例，为了规范司法与仲裁的关系，《民事诉讼法》《仲裁法》等多部法律都作了相应规定。特别是 1994 年《仲裁法》，对仲裁的司法监督制度作了比较系统的规定。但是，由于历史的局限，《仲裁法》的某些规定未能体现支持仲裁的精神，某些规定则缺乏可操作性，同时对国际上普遍采纳的一些旨在支持仲裁的制度还付之阙如，不符合司法与仲裁关系发展的一般潮流。随着时间的推移和实践的发展，《仲裁法》关于仲裁司法监督规定的一些弊端逐步显现出来。[⑤] 各国的仲裁立法对仲裁裁

---

① See Bryan A. Garner, *Black's Law Dictionary*, *Eighth Edition*, West Group, 1999, p. 349.

② 参见《中国大百科全书——法学》，中国大百科全书出版社 1984 年版，第 550 页。

③ 参见于喜富：《国际商事仲裁的司法监督与协助——兼论中国的立法与司法实践》，知识产权出版社 2006 年版，第 21 页。

④ 参见赵健：《国际商事仲裁的司法监督》，法律出版社 2000 年版，第 1 页。

⑤ 参见万鄂湘、于喜富：《我国仲裁司法监督制度的最新发展——评最高人民法院关于适用仲裁法的司法解释》，载《法学评论》2007 年第 1 期。

决的终局性和司法的审查监督权不持有异议，但是由于国情和仲裁历史发展的差异，各国赋予法院对仲裁裁决行使监督权的范围和方式有所不同。总的来说，裁定撤销仲裁裁决和不予执行仲裁裁决是法院行使对仲裁裁决的审查监督权的两种最主要形式和最集中体现，被合称为仲裁司法监督的两柄"利剑"，对法院监督权力的行使具有重要的积极意义。作为对仲裁裁决进行司法救济的主要手段，撤销仲裁裁决直接使裁决丧失法律效力，而不予执行仲裁裁决则使裁决丧失强制执行力，可以视为对仲裁裁决法律效力的间接否定。①

1. 撤销仲裁裁决制度

撤销仲裁裁决是商事仲裁当事人寻求司法救济的一种重要手段，指在仲裁裁决作出后，该裁决存在符合法律规定的情形时，由当事人申请并经法院审查核实，判定或裁定予以撤销，使之归于无效的一种特殊程序或制度。② 这一制度设计既兼顾了法院对瑕疵裁决予以纠正的权力，又实现了对当事人公正审判请求权的程序救济，适度保护了当事人的合法权益。《纽约公约》《国际和解协议示范法》也通过条文肯定了这一司法监督形式。

2. 不予执行仲裁裁决制度

法院受理当事人的执行申请后，应当及时执行仲裁裁决。但是，如果被执行人认为仲裁裁决有不应执行的情况，可以提出充分证据请求人民法院不予执行该裁决。一般说来，裁定不予执行仲裁裁决，是指仲裁裁决作出后，由当事人提出申请并经人民法院组成合议庭审查核实后，对符合法律规定情形的裁决依法裁定不予执行。③ 不予执行仲裁裁决是针对已被一方当事人作为执行根据的仲裁裁决而规定的一种消极补救措施，它的后果只是对仲裁裁决强制执行力的否定，而不改变仲裁裁决的内容。④

3. 拒绝承认与执行外国仲裁裁决制度

拒绝承认与执行外国仲裁裁决制度是国内法院对本国境外机构作出的仲

---

① 参见张斌生主编：《仲裁法新论》，厦门大学出版社 2004 年版，第 327 页。

② 参见陈治东：《国际商事仲裁法》，法律出版社 1998 年版，第 253 页。

③ 参见谭兵主编：《中国仲裁制度的改革与完善》，人民出版社 2005 年版，第 413 页。

④ 参见苏庆、杨振山主编：《仲裁法及配套法规新释新解》，人民法院出版社 1999 年版，第 709 页。

裁裁决到本国来申请承认与执行时，所享有的并决定是否予以承认与执行的审查权。该制度在《纽约公约》中有详细体现。

第二节　仲裁协议对未签字人的效力

国际商事仲裁协议在签字双方或者多方当事人之间，由于具有仲裁合意而当然产生约束力。但是伴随着"一带一路"倡议的深入推进，国际航运合同、国际货物贸易合同、国际建设工程合同等涉及多方权利利益关系的合同情形越来越多样，且法学理论在不断更新、发展和变化，商事仲裁协议对未签字人的约束力问题也越来越值得探讨。实践中，法院已经面临各种有关仲裁协议对未签字人的效力判定争议情形。

一、仲裁协议效力的规定

（一）《纽约公约》之规定

《纽约公约》是国家或地区之间的有关承认与执行外国仲裁裁决的公约，我国在 1987 年 4 月 22 日正式加入该公约。《纽约公约》虽然在众多成员国之间相对统一了有关外国仲裁裁决承认与执行的问题，但也仅限于裁决执行问题。值得注意的是，不同法域的仲裁法之间仍存在不少差异。目前，就仲裁法律制度而言，全球范围内尚无相关公约加以统一。不仅我国，不少国家在制定本国仲裁法时都受到《国际商事仲裁示范法》的影响，这使得各国间的仲裁法在一定程度上具有共同之处。

《纽约公约》中有关仲裁协议的效力的条款主要是第 2 条和第 5 条。第 2 条第 1 款规定了双方当事人在基于意思自治的原则下签订的有关发生争议的仲裁协议，该协议必须是书面的，各国必须予以承认，其中，双方当事人指的是缔约国国内的自然人、法人或其他组织，而仲裁事项是双方已经事先进行约定的一切争议，从此条规定可以看出书面的仲裁协议是仲裁协议有效的必要要件；第 2 款规定了书面的仲裁协议包含双方当事人之间签订的或者在互相交换的函电、信件中的仲裁协议或者仲裁条款，这可以说是对书面协议进行了进一步的解释，但是此种解释的空间狭隘，已然不适应商事仲裁协议越来越多样化的今天，书面协议应否只限定在纸质、互换函电中的规定的合理性也有待商榷。①《纽约公约》第5条主要是仲裁协议的效力如何认定的规定，原文为"第二条所称协定之当事人依对其适用之法律有某种无行为能力情形者，或该项协定依当事人作为协定准据之法律系属无效，或未指明以何法律为准时，依裁决地所在国法律系属无效者"②，可以看出，公约是以协议双方当事人的意思自治为主要原则，若协议双方当事人之间存在对于仲裁所适用法律的约定，应当以该约定为主，选择约定国法律判断仲裁协议或者仲裁条款之效力，若无约定应当依据仲裁地法律判断仲裁协议的有效与否。但也存在一种情形，即当双方当事人之间并未签订书面仲裁协议，但是依据双方约定国法律认定口头仲裁协议的效力，则与《纽约公约》第2条"书面协议"的形式要件产生冲突，书面形式是否是判定仲裁协议效力的客观要件就此产生争议。

(二)《国际商事仲裁示范法》之规定

联合国国际贸易法委员会于2006年对《国际商事仲裁示范法》第7条进行了修订，在该条下提供了两个备选案文以供选择。备选案文一规定仲裁协议应为书面形式，仲裁协议的内容以"任何形式记录下来的，即为书面形式，无论该仲裁协议或合同是以口头方式、行为方式还是其他方式订立的"。即，仲裁协议的内容重点在于得到记录，而非仅限于书面形式、数据电文形式，根据条文本意，仲裁协议的订立可以采取任何形式，包括口头订立。而备选案文二则更进一步，完全取消了所有形式要求，实际上承认口头仲裁协议。此后《贸易法委员会秘书处关于2006年修正的1985年〈国际商事仲裁示范法〉的解释说明》中，为更加符合国际合同惯例，对原1985年文本作出修正，"只要协议的内容得到记录，仲裁协议的订立可采取任何形式（例如包括口头订立）"③，这项新规则的重要意义在于其不再要求当事人的签名或当事人之间的电文往来。这对原来仅限于书面形式的仲裁协议有了新突破，并且该解释说明中还明确鼓励各国适用《纽约公约》第2条第2款，即承认其中

---

① 《纽约公约》规定的书面仲裁协议有两类：一是当事人双方签字的仲裁协议；二是当事人通过书信往来确认的仲裁协议。随着商业实践的发展以及科技的进步，《纽约公约》的这种规定日显狭窄、苛刻，脱离实践，在某种程度上，成为仲裁发展的阻碍。参见赵健：《长臂的仲裁协议：论仲裁协议对未签字人的效力》，载《仲裁与法律》2000年第1期。

② 《纽约公约》第5条。

③ 《贸易法委员会秘书处关于2006年修正的1985年〈国际商事仲裁示范法〉的解释说明》。

所描述的情况并非穷尽，可以看出，《国际商事仲裁示范法》对于仲裁协议的形式持有宽松的态度，标准也并非固定在"书面形式"这一种形式上。

（三）我国《仲裁法》之规定

我国《仲裁法》中对仲裁协议的规定主要体现在第三章，第16条主要规定了四点要求：书面的仲裁协议、双方请求仲裁的意思表示、明确的争议事项、明确的仲裁机构。形式要求即为书面的仲裁协议，仲裁的实质要求可以理解为：一是双方请求仲裁的意思表示，即双方当事人具有签订仲裁协议或者包含仲裁条款的合同的明确意思表示；二是交付仲裁的明确的争议事项，此争议事项可以是正在发生的争议纠纷以及将来有可能发生的争议，也就是通常所说的争议的范围。第17条规定对于违反意思自治原则、超出法律规定的仲裁事项、无法明确某一特定的仲裁机构的仲裁协议均无效，可以进一步论证我国法律对于有效的仲裁协议具有严格的限制。但是笔者将要讨论的是仲裁协议对未签字人的效力，对于未签字人而言，其不对仲裁协议具有意思表示，这是否违背了仲裁协议的意思自治的原则？

二、商事仲裁协议未签字人的范围界定

（一）仲裁协议未签字人与仲裁第三人

仲裁协议未签字人不同于仲裁第三人。仲裁第三人与诉讼第三人有相似之处，均是将要参与仲裁或诉讼程序的第三人。有些学者认为，仲裁第三人是指仲裁程序开始后，与仲裁案件处理结果有实体法上的牵连关系而主动介入或者被动加入仲裁程序中的非原仲裁协议当事人。[1] 仲裁第三人可以通过以下要点进行界定，即其与仲裁的结果有实体法上的牵连关系，此点与诉讼第三人类似。仲裁第三人应当理解为诉讼中的有独立请求权的第三人与无独立请求权的第三人，即对仲裁协议双方之间的债权债务关系具有争议的人或者会受到仲裁案件结果影响的人，只有介入仲裁程序的人才能称为仲裁第三人。这也是仲裁第三人与仲裁案外人的主要区别之一。因此，未签字人的范围包含仲裁第三人，仲裁协议未签字人是基于仲裁协议效力扩张理论下的非仲裁

---

[1]　参见萧凯、罗骁：《仲裁第三人的法理基础与规则制定》，载《法学评论》2006年第5期。

协议的表面签字人。这是一个笼统的、宽泛的概念，并没有仲裁第三人的界定那么严格。

(二)仲裁协议未签字人与仲裁案外人

仲裁案外人是指依据双方当事人的仲裁协议，仲裁庭已经作出仲裁裁决，案外人由于种种客观原因无法或者不能参与仲裁程序的人。一般谈到仲裁案外人，就会提到仲裁案外人的权利救济，我国有学者对于仲裁案外人的范围界定大体如下：(1)因法律规定或其他不可归责于自己的原因，未参加仲裁，但与仲裁结果有法律上利害关系的人；(2)一般情况下，没有签署仲裁协议的主体不受此协议的效力所及，不属于仲裁当事人的范畴，即为仲裁案外人；(3)仲裁案外人是指在仲裁程序中，因其与仲裁审理案件的处理结果存在法律上的利害关系，经过本人或仲裁当事人申请，经仲裁当事人同意，并经过仲裁庭或秘书处的同意，加入仲裁程序的一方。① 仲裁协议未签字人不同于仲裁案外人涉及仲裁协议的拘束力问题。另外在程序上，仲裁协议未签字人参与仲裁程序不需要仲裁庭或者仲裁当事人的同意。因为仲裁协议未签字人虽然表面上未在仲裁协议上签字，但是一旦仲裁协议效力扩张到未签字人，其成为仲裁当事人，自然且当然可参与仲裁程序。

综上所述，仲裁协议未签字人可以理解为，并未在仲裁协议上签字，但是借助于仲裁协议效力扩张理论，仲裁协议对其产生拘束力的第三方。其区别于仲裁第三人参加仲裁取决于仲裁原当事人和仲裁庭的决定，也区别于仲裁案外人主要对仲裁裁决的结果产生利害关系。从法律层面讲，仲裁未签字人可以推定为已有仲裁协议的当事人，需要从一开始就参与仲裁程序，无须经过其他当事人的同意也无需经过仲裁庭的许可，并且当然与仲裁结果有利害关系。可以理解为，仲裁协议未签字人是一个集合，而仲裁第三人和仲裁案外人是此集合中的子集，属于特殊情形的仲裁协议未签字人。

三、商事仲裁协议对未签字人效力的法律基础

商事仲裁协议的效力问题已经被很多优秀的学者进行过讨论，争议的主

---

① 参见张楠：《仲裁案外人权利救济制度研究》，载《西部法学评论》2013年第4期。

要焦点分为意思自治与公平、意思自治和效益的价值平衡、仲裁协议效力的扩张。正是因为在公平面前，当事人的意思自治应当退居次位，且在国际商事主体越来越多样、国际商事法律关系越来越复杂的现代经济社会，不仅应当首要考虑公平，且将仲裁协议效力扩张到未签字人也将大大提高商事仲裁的效力，为双方当事人带来更高的效益。

（一）仲裁协议效力扩张理论

仲裁协议效力的扩张理论，形象来说就是仲裁协议具有"长臂效力"，[①]其不拘泥于书面的仲裁协议。我国《仲裁法》规定仲裁协议有效的必要要件之一为书面的仲裁协议，而反观英国《仲裁法》、我国香港地区《仲裁条例》等都未对仲裁协议的形式要件作限制，《国际商事仲裁示范法》备选案文也未将仲裁协议的形式局限于书面形式。可知国际上对于仲裁协议形式要件的标准趋于淡化。

仲裁协议效力扩张理论是一个较为复杂的理论，有学者用一整篇博士论文阐述此理论。合同相对性在大陆法系国家也可称为"债的相对性"，与物权的绝对性在法律关系、权利范围等方面具有明显区别。[②] 合同相对性的主要内容可以分为：主体的相对性，合同的权利义务关系只发生在特定的主体即合同当事人之间，不会对合同之外的第三人产生拘束力；内容的相对性，合同当事人之间的权利义务内容依据合同中双方的约定而定，当事人承担的义务和享有的权利不会超过合同的规定。[③] 合同相对性原则的例外的发展，首先表现为利他合同，即第三方受益合同（third party beneficiary contract）。当社会交易情形以及法律实践越来越复杂，大陆法系国家也逐渐意识到合同相对性的例外。在某些特定要求下，合同中的权利义务关系不仅可以约束合同双方当事人，也可以约束合同之外的第三人。《法国民法典》第 1121 条规定并保护了第三人的权利，在"第三人声明有意享受此约款的利益时，为第三人订

---

① 参见赵健：《长臂的仲裁协议：论仲裁协议对未签字人的效力》，载《仲裁与法律》2000 年第 1 期。
② 参见王利明：《论合同的相对性》，载《中国法学》1996 年第 4 期。
③ 参见刘晓红：《论仲裁协议效力扩张的法理基础》，载《北京仲裁》2004 年第 1 期。

立契约之人即不得予以取消"①。《日本民法典》也曾有法条规定保护第三人的权利。

仲裁协议在本质上就是合同，是一种特殊类型的协议，② 仲裁协议具有合同的一切属性，当然也适用合同的相对性原则。仲裁协议仅对签订仲裁协议的双方当事人产生效力，仲裁协议的范围也并不及于仲裁协议的未签字人。随着合同相对性原则的例外有所突破和发展，仲裁协议的效力亦可得到适用。例如，当仲裁协议的权利义务主体发生转让时，仲裁协议之间特定的当事人也发生了转移。但是由于原仲裁协议当事人知情并同意受让的事实，因此仲裁协议可以对受让后的主体发生效力。提单转让、代理、代为清偿、法人的合并或分立等情形出现时，仲裁协议不局限于签字的双方当事人，而是仲裁协议的效力扩张至未签字人。这是对合同相对性原则的突破，也是仲裁协议效力扩张理论的特点。

仲裁协议效力扩张理论可以简单地理解为以下三点：（1）仲裁协议的效力扩张特指需要受到仲裁协议效力约束的，并且未在书面的仲裁协议上签字的他人。（2）仲裁协议的效力扩张是基于公平与效益的价值高于双方当事人意思自治的基础，而未签字人的意思自治需要通过推定的方式来判定。（3）仲裁协议效力的扩张需要基于双方签订的原仲裁协议是有效的，否则效力扩张属于无稽之谈。

（二）意思自治与公平

国际私法中的一项重要原则即为当事人的意思自治原则，这一原则在国际私法领域得到各国的广泛承认。③ 与诉讼相比，仲裁更能体现当事人的意思自治，例如，仲裁机构的约定，仲裁规则的约定，仲裁语言、仲裁地的约定等，仲裁使得当事人意思自治原则得以实现。

当事人依据意思自治决定仲裁的实体法，与涉外合同法原则和仲裁制度

---

① 《法国民法典》第1121条：一人为自己与他人订立契约时，或对他人赠与财产时，亦得订定为第三人利益的约款，作为该契约或赠与的条件。如第三人声明有意享受此约款的利益时，为第三人订立契约之人即不得予以取消。

② 参见〔英〕施米托夫：《国际贸易法文选》，赵秀文译，中国大百科全书出版社1993年版，第626、674页。

③ See Lew J. D. M., *Applicable Law in International Commercial Arbitration: A Study in Commercial Arbitration Awards*, Oceana Publications Inc., 1978, p. 87.

的契约性息息相关。涉外合同法原则是尊重当事人的国际私法通用原则，而仲裁制度本身就是商事主体为了方便争议的解决发展而成的，具有明显的契约性色彩，是基于协议而产生的处理彼此之间权利义务关系的机制。①

但是当事人的意思自治并非没有限制，正如自由不是没有限制，而是法律规范内的自由，需要法律规范保障一样。虽然有的学者认为"不干涉"（laisser faire）原则体现了对当事人意思自治的绝对尊重，提倡当事人的意思自治是无限的，可以选择任何法律作为实体法，② 但绝大多数学者认为当事人的意思自治是有限制的，当事人选择法律的自由应在一定范围内进行。

国际商事仲裁中，"公平合理期待"（fair and reasonable expectation）原则被广泛运用，"公平合理期待"是根据当事人对合同的理解和期待对合同进行解释的原则。该原则的实质是对仲裁协议的签字方与非签字方的公平、合理的利益进行比较、权衡与剖析。③ 将该原则运用到仲裁中，法院或者仲裁庭应当根据当事人对合同的理解和期待对仲裁条款的效力予以解释。具体解释为："首先，该利益应该为合理的（reasonable），即当事人不得超越法定范围而过分追求额外的利益，这使得当事人必须在客观真实原则与诚实信用原则的指引下来确定自身利益的范围；其次，该利益应该是公平的（fair），当事人应在公平理念的指引下去追求利益，在追求自身利益最大化的同时，不能侵犯他人的合法权益。"④

在具体的案件中，如果未签字方实际参与了合同的订立或履行的过程，并且其提出的请求与提交仲裁的争议有着明显的关联性，抑或仲裁裁决的结果将对未签字方的权利义务产生影响或将使其丧失其应得的正当权益，基于公平、合理、程序正当性的要求，仲裁庭在对双方当事人对于争议解决的态度以及此态度的合理性进行认真考量后，裁决允许非合同当事人适用仲裁条款解决争议。尤其在现有的当事人在仲裁程序中无法代表未签字方之利益时，这种融通和承认就显得更加必要。"公平合理期待"原则由于其合理性和对于

---

① 参见丁伟主编：《国际私法学》，上海人民出版社 2004 年版，第 487 页。
② 参见姚梅镇主编：《国际经济法概论》，武汉大学出版社 1999 年版，第 680 页。
③ 参见韩健：《派生仲裁请求权和代位仲裁请求权之刍议》，载《仲裁与法律》2001 年第 2 期。
④ 刘晓红：《国际商事仲裁协议的法理与实证》，商务印书馆 2005 年版，第 200 页。

合同相对人乃至第三人的利益考虑周全而得到广泛认同与青睐，其适用范围也越来越广。例如，在处理合同转让问题、票据流转问题，尤其是在处理代理人与委托人之间的关系问题上发挥了较好的作用。在合同转让中，"推定仲裁协议在当事人没有约定时转让，最能保证当事人合理的利益，而又没有不当扩大他们的不合理利益"。

（三）意思自治与效益

国际商事仲裁的效益性主要体现在其起源，国际商事仲裁起源于中世纪欧洲不同城邦的商人之间建立的行商法院（piepowder）。行商法院是商人们为了能在保证公平的基础上，以最快的速度、最少的开销解决争议建立的，用以避免各国法院诉讼之间差异诸多、诉讼程序复杂冗长、各国法律之间矛盾冲突等缺陷。由此可见，仲裁从其起源开始，迅速高效就成为其与民事诉讼制度并行的关键砝码。一旦仲裁丧失了这一优点，就难以与诉讼制度竞争，也就丧失了其存在的原因和根基。

四、商事仲裁协议对未签字人效力的立法与实践

（一）相关国家的立法

1. 英国

英国法律关于仲裁的历史最早可以追溯到 1374 年。[①] 英国仲裁相关法律对仲裁的书面形式作出规定，有"书面通讯""书面证据""书面形式援引"，重要的一点是"本编所指之书面或书写形式包括其得以记录之任何方式"。[②] 在英国 1999 年《合同（第三方权利）法案》中，明确表示第三方的权利义务需得以保障，若第三方对受让方的受让的权利处于善意第三方的地位，依据合同的诚信原则和禁止反言原则，第三方的权利依据《合同（第三方权利）法案》的条文规定应当受到法律保护。仲裁协议作为合同的特殊形式，因此该条款对未签字人亦有效。

2. 瑞士

瑞士有关仲裁的法律规定仲裁协议必须以书面形式订立，如电报、传真

---

① 参见林一飞：《国际商事仲裁法律与实务》，中信出版社 2005 年版，第 31 页。
② 参见 1996 年英国《仲裁法》第 5 条。

或任何其他以文字表示的通讯方式。① 此款明确要求仲裁协议无论是书面形式还是数据电文形式都须以文字记载的形式呈现。第 2 款规定："仲裁协议如符合当事人选择的法律，或符合调整纠纷特别是主要合同的法律，或符合瑞士法律，即为有效。"此款确定了仲裁协议的实质有效与否取决于争议所适用的法律，若当事人协商调整适用的法律，约定瑞士的法律，则依据瑞士法律判定仲裁协议的有效性。②

3. 荷兰

荷兰有关法律也规定了有关仲裁协议形式的条款，规定仲裁协议必须由书面文书证明。③ 为此目的，一份规定仲裁或提及提交仲裁的标准条件的书面文书即构成充分的证明，前提是该文书被另一方当事人明示或默示地接受。首先，《荷兰民事诉讼法典》严格规定了仲裁协议形式为书面文书，其次，仲裁协议应为由仲裁协议双方当事人明确表示接受或者默示地推定接受的文书。《荷兰民事诉讼法典》明文规定将默示的推定的意思表示理论适用于仲裁合意，如此扩大了仲裁协议的适用范围，对于未在仲裁协议上签字的人而言，若未签字人用行为表示接受仲裁协议或仲裁条款，或用消极的不否定推定接受仲裁协议、仲裁条款，则依据《荷兰民事诉讼法典》，仲裁协议对未签字人具有约束力。

荷兰法律中还体现了仲裁条款的可分性，④ 明确规定仲裁协议的效力由仲裁庭判定，仲裁庭有权决定仲裁协议作为其组成部分或仲裁协议与其有关的合同的有效性。仲裁协议独立于其作为组成部分的合同以及与其有关的合同而存在，不同于一般的合同条款，仲裁协议具有可分性和独立性。

4. 加拿大

与英国、荷兰以及瑞士不同的是，《加拿大商事仲裁法案》第 5 条关于仲裁协议的形式有 "An arbitration agreement need not be in writing" 之规定，明确了仲裁协议的形式不局限于书面形式一种形式。⑤ 该法第 5 条第 2 款规定：

---

① 参见《瑞士联邦国际私法法典》第 178 条第 1 款。
② 参见孟思洋、张欣雨：《评瑞士商事仲裁协议效力扩张之实践——兼论对我国的启发》，载《黑龙江省政法管理干部学院学报》2010 年第 1 期。
③ 参见《荷兰民事诉讼法典》第四编第 1021 条。
④ 参见《荷兰民事诉讼法典》第四编第 1053 条。
⑤ See Arbitration Act, RSA 2000, c A-43, Article 5.

一项协议规定或具有以下效力：要求将争议事项由法院裁定，然后再由法院处理，该协定与仲裁协定具有相同的效力。① 即双方约定的仲裁协议，其效力问题由法院裁定，若依据法律该协议有效，可称之为仲裁协议。第5条第3款规定：只能根据合同法撤销仲裁协议。② 仲裁协议的本质是合同，合同法的相关原则对仲裁协议均适用，仲裁协议对未签字人的效力问题是对合同相对性的突破，在未签字人对仲裁协议的内容知情并具有仲裁的意思表示时，该仲裁协议应对未签字人具有拘束力。

（二）相关国家的实践

1. 加拿大案例

加拿大大不列颠哥伦比亚省最高法院在裁决 First City Development 有限公司诉 Cytrynbaum 和其他人的案件③中，Callaghan 法官称，"双方当事人同意将其纠纷提交仲裁，一份纠纷事实和问题陈述（这等于《国际商事仲裁示范法》第7条第1款意义上的仲裁协议）存档于仲裁庭"，这表明双方当事人只要将争议提交至仲裁庭进行争议解决，无需纸质的仲裁协议，只需将产生纠纷的事实陈述和争议焦点的文件提交至仲裁庭用以存档，则仲裁庭将存档文件视为具有仲裁合意的"仲裁协议"。根据此案例可以得出书面形式并非仲裁协议的唯一形式，且双方当事人向仲裁庭提交事实和争议的行为是通过积极作为的方式默示推定仲裁合意。

2. 德国案例

德国斯图加特高等地区法院对仲裁协议进行了宽泛的解释。原告是德国的一个城市，被告是一家建筑公司，双方订立了关于一项公共建筑项目的工程合同。在一份单独的附件中，当事双方商定，所有争议都应完全通过仲裁解决。在达成协议之后的同一天的一份信函中，原告又授予了被告类似工程。其后，原告又就该建筑项目发出了关于补充工程的其他几份订单，所有这些订单都广泛援用第一份合同。

---

① See Arbitration Act, RSA 2000, c A-43, Article 5 (2): An agreement requiring or having the effect of requiring that a matter in dispute be adjudicated by arbitration before it may be dealt with by a court has the same effect as an arbitration agreement.

② See Arbitration Act, RSA 2000, c A-43, Article 5 (3): An arbitration agreement may be rescinded only in accordance with the law of contract.

③ See First City Development. Ltd. *v.* Cytrynbaum and others, 36 BC L R (2d) 395 (BC. SC. 1989).

双方产生争议后，初审法院认为，仲裁协议的范围局限于第一份合同，类似工程及其后所有订单的单独信函构成在法律上各不相同的合同，而不能被只是与第一份合同有关的仲裁协议所涵盖。

在被告提出上诉之后，斯图加特高等地区法院驳回了初审法院的裁决，法院认为，该协议涵盖当事双方因为该项目而产生的所有争议，包括与类似工程和附加订单有关的所有争议。尽管仲裁协议是一份关于程序事项的合同，但对协议的解释应属于对合同解释的一般性规则。法院认为，仲裁协议当事双方通常都愿意通过仲裁庭广泛解决与合同实施有关的所有争端。因此，为了当事双方的利益，与附加订单有关的争议也应遵循仲裁协议。判定将正在进行的诉讼部分交由仲裁庭审理的同时又将其中部分交由州法院审理并不合适。此外，当事双方在其后所有订单中援用第一份合同即为第一份合同的延长，因此有理由对仲裁协议进行宽泛的解释。很明显，依据法院的解释，第二份合同也沿用了第一份合同的仲裁条款，从而论证了不限于书面形式的仲裁协议的多样性。

（三）我国香港地区的案例

我国香港地区也有关于仲裁协议的定义和形式内容。[①] 我国香港地区相关法律明确规定了"仲裁协议"是指当事人同意将他们之间一项确定的契约性或非契约性的法律关系中已经发生或可能发生的一切争端交付仲裁的协议。仲裁协议可以采取合同中的仲裁条款形式或单独的协议形式。"仲裁协议"既可以协议的形式出现，也可以条款的形式出现。虽然其中规定了仲裁协议应为书面形式，但是又对仲裁协议的内容的记录形式作出补充规定。仲裁协议可以是任何形式，包括书面形式，仲裁协议的订立可以采用口头方式、行为方式以及其他方式。同时，还对数据电文形式记载的仲裁协议作出规定，电子通信的方式也可以储存有效信息，可以调取以备日后查用，能够满足仲裁协议的书面形式要求，故而电子通信也是仲裁形式要件的一种。"电子通信"是指当事人以数据电文方式发出的任何通信；"数据电文"是指经由电子手段、磁化手段、光学手段或类似手段生成、发送、接收或储存的信息，这些手段包括但不限于电子数据交换、电子邮件、电报、电传或传真。

---

① 参见我国香港地区《仲裁条例》第2条。

香港地区《仲裁条例》对仲裁协议的形式要求与我国内地相比坚持了宽松原则，要求仲裁协议可以储存的方式记录，而对于通过何种形式记录并不介意。

　　香港地区在 2000 年也存在此类案例，在原告 Hercules 数据通信有限公司诉被告 Koywa 通信有限公司案中，① 当事双方签订了两项协议。第一项协议载列一项仲裁协议。第二项协议同日签署，与主协议"完全背靠背"（totally back to back）。法院裁定，这一措辞明确的用语足以构成以提及方式将主协议的仲裁条款纳入第二项协议的行为。法院认定，《国际商事仲裁示范法》第 7 条第 2 款关于仲裁协议定义的要求得到遵守。仲裁协议应当对签字人有效，即签字人必须在仲裁协议上签字表示其具有仲裁的合意才能受到仲裁协议的约束，但是随着商事纠纷的情形多样，商事主体的复杂，我国香港地区也出现一些将仲裁协议的效力扩张的司法实践。

　　香港地区高等法院法官 Kaplan 曾在 Astel-Peiniger 合资企业诉 Argos 机械制造和重工业有限公司的案件中，将仲裁协议的扩张效力运用到司法实践中。原告是二次分包商，在主要承包商与作为一家分包商的被告订立的组装分包合同中被委托进行油漆工作。原告向法院提出索赔诉讼。纠纷在于，根据二次分包合同，应由谁负责活动油漆棚的供应和装配。二次分包合同是"背对背"订立的，与分包合同"相称"，早在订立二次分包合同之前，原告就得到分包合同的副本，并没有提出异议。被告要求暂停诉讼程序，将纠纷交付仲裁，理由是二次分包合同以提及方式采纳了分包合同的条件，包括一项仲裁条款。法院援引香港地区《仲裁条例》的准备工作文件（A/CN.9/264 和 A/40/17），提出同原告的论点相反的看法，认为根据《国际商事仲裁示范法》第 7 条第 2 款，载有仲裁条款的文件的当事方不一定是以提及方式纳入该仲裁条款的合同的订立方。法院暂停诉讼程序，将此事交付仲裁，认为二次分包合同中规定了它与分包合同"背对背"的关系。这足以表明当事各方有意将仲裁条款纳入二次分包合同中。法院还认为，有关二次分包合同应与分包合同"相称"的规定表明，必须对仲裁条款作出一些修改，才能使其在二次分包合同中加以履行。

---

① 参见 Hercules 数据通信有限公司诉 Koywa 通信有限公司案，[2001] 2 HKC 75。

五、我国商事仲裁协议对未签字人的效力的实证分析

（一）保险公司代位求偿情形下仲裁协议的约束力

1. 案例一

此案是有关海上货物运输合同的保险代位权纠纷案件，原告某保险公司是保险人，向天津海事法院对某物流公司、天津某船舶代理公司、尼罗河某航运公司三个被告提起诉讼，被告之一某物流公司在答辩期间提出管辖权异议，认为本案所涉运输合同中有明确的仲裁条款，原告保险公司在行使作为保险人的代位求偿权时应当根据仲裁条款，在北京向中国国际经济贸易仲裁委员会提起仲裁，天津海事法院对本案不具有管辖权。[①] 原告与被告之间的争议焦点并非保险公司签订的海上运输合同中载明的仲裁条款对保险公司是否具有约束力。最高人民法院给出答复认为保险公司作为保险人，并非协商订立运输合同仲裁条款的当事人，仲裁条款并非保险人的意思表示，除非保险人明确表示接受，否则该仲裁条款对保险人不具有约束力。天津海事法院作为涉案货物装货港所在地法院，对本案具有管辖权。海上货物运输合同一般是承运人与托运人签订的合同，其中通常会对发生与货物相关或者与运输合同相关的争议等事项约定争议解决方式，也就是仲裁。海上货物运输合同中含有仲裁条款，这在国际货物交易活动中较为常见，当货物在运输过程中发生毁损或者发生其他意外情况致使合同目的不能达成时，保险人通常将依据保险合同向被保险人赔付货物损失，并依法取得向承运人以及其他责任人请求赔偿货物损失的代位求偿权利。由于保险公司并非参与协商、订立运输合同的当事人，对合同中的仲裁条款更不了解，可以说仲裁条款并非保险人的意思表示，况且保险公司已经在天津海事法院起诉，用行为表示不接受仲裁条款。故而，除非保险人作出明确的意思表示接受运输合同中的仲裁条款，否则运输合同中的仲裁条款效力不及于保险人。

2. 案例二

此案的原告是深圳某保险公司，被告是广州某运输公司，原告依据保险合同赔付了被保险人的货物损失，被保险人也就是提单持有人在得到理赔后，

---

① 参见万鄂湘主编：《涉外商事海事审判指导》，人民法院出版社 2009 年版，第 68—70 页。

提单就转让给保险人。原告在行使作为保险人的代位权诉讼时认为，提单背面的仲裁条款依据准据法即我国法律认定，该仲裁条款没有明确仲裁机构而无效。被告认为原告凭提单提出了货物，应当受到提单仲裁条款的约束。本案的焦点在于提单背面的仲裁条款是否对保险人具有拘束力。最高人民法院答复认为，由于保险人不是协商订立仲裁条款的当事人，仲裁条款并非保险人的意思表示，除非保险人明确表示接受，否则提单仲裁条款对保险人不具有约束力。本案争议发生后，保险人并未与承运人达成新的仲裁协议，因此本案提单仲裁条款不应约束保险人。提单背面的仲裁条款可能是承运人在签发提单时将租约中的仲裁条款并入提单，也可能是承运人与托运人之间协商后订立的仲裁条款，笔者对于将"租约条款并入提单"①的行为不作深入研究，仅探讨订立海上货物运输合同当事人为仲裁解决纠纷订立仲裁条款，而该仲裁条款在提单的背面。认定提单背面的仲裁条款是否对提单持有人具有约束力，前提是该仲裁条款依据准据法有效。本案中的仲裁条款并未载明应适用的法律，根据最密切联系原则，应适用我国法律。根据《仲裁法》《民事诉讼法》的有关规定，由于涉案的仲裁条款未约定明确的仲裁机构，因此仲裁条款无效。

（二）间接代理情形下仲裁条款的约束力

广西某金属公司委托我国香港地区某公司采购金属并且签订了采购合同，受托的香港地区某公司与某斯安公司签订了购销合同，合同第 15 条约定"仲裁：任何由于违背本合同或经双方协商不能解决的争议，将提交至需方所在地仲裁机构，根据仲裁规则进行仲裁，仲裁结果是最终裁决，对双方都具有约束力"。发生争议后，广西某金属公司作为原告向梧州市中级人民法院提起诉讼，被告香港地区某公司提出管辖权异议并要求在香港地区仲裁。

本案的焦点是关于间接代理中受托人和第三人的仲裁条款是否能够约束委托人。对于间接代理中，受托人与第三人签订的合同中的仲裁条款能否约束委托人的问题，笔者认为可以分两个层面讨论。首先看委托人和受托人之间的约定，若委托人与受托人约定，受托人与其他第三方签订的任何合同，

---

① 孟于群：《浅析提单条款与租约条款相冲突的问题》，载《中国海商法年刊》1991 年第 1 期。

在发生与前述合同有关的任何争议未经过委托人的明确同意而对委托人不具有约束力，则表示委托人的委托范围不包括争议解决方式，受托人与第三人签订的仲裁条款当然不能约束委托人。若委托人与受托人并未对与第三人签订的仲裁协议或者仲裁条款的效力问题进行约定，则受托人与第三人签订的仲裁条款行为需要经过委托人的追认后，即委托人也达成仲裁合意后，该仲裁条款才能够对委托人有效。

（三）无权代理情形下仲裁条款的约束力

本案①的起因是得暐企业有限公司（以下简称得暐公司）与荣成丰盛源食品有限公司（以下简称丰盛源公司）签订了一份买卖合同，发生纠纷后，得暐公司向青岛市中级人民法院提起诉讼，丰盛源公司在答辩期内提出管辖权异议称，蔡某受得暐公司的委托，与丰盛源公司签订协议约定如发生争议，由威海市仲裁委员会裁决，因此青岛市中级人民法院对本案并无管辖权，而原告得暐公司表示对此事并不知情，所谓的与丰盛源公司签订的协议，应是蔡某的无权代理行为。本案的争议焦点在于蔡某作为得暐公司的法定代表人，以得暐公司的名义与不知情的第三方签订的协议中的仲裁条款，是否能够对得暐公司具有约束力。另一个争议焦点为蔡某签订协议的行为是否能使丰盛源公司有足够的理由相信，即蔡某的行为是否构成表见代理。对于本案中蔡某的行为是否构成表见代理，需要理解表见代理的要件。表见代理是无权代理中的一种特殊现象，②重点在于表见代理具有第三人足够相信的有权代理的权利外观。本案中，根据案情描述部分可知，蔡某在得暐公司只是法定代表人，也并非该公司的职工，作为一名法定代表人，蔡某从未代表该公司参与公司与其他公司之间的经济合同的订立过程，更未曾代表公司签署过协议，只是一位挂名的法定代表人，并且该公司在以往的历史诉讼活动中，也从未授权蔡某代表公司参加诉讼。仅是在青岛市中级人民法院立案之后，得暐公司才委托蔡某作为本案诉讼代理人参与，由此可知，得暐公司委托蔡某是在蔡某与丰盛源公司签订买卖合同之后，得暐公司未曾有委托蔡某对外签署协议的行为和习惯。综上所述，丰盛源公司作为相对人，不能仅凭蔡某是得暐

① 参见《最高人民法院关于得暐企业有限公司与荣成丰盛源食品有限公司买卖合同纠纷一案仲裁条款效力的请示的复函》，2005 年 3 月 25 日颁布（［2005］民四他字第 11 号）。

② 参见尹田：《论"表见代理"》，载《政治与法律》1988 年第 6 期。

公司的法定代表人就认定其可以代表公司签订合同，蔡某没有权利外观，丰盛源公司没有充足的理由相信蔡某的行为是有权代理，加之得暐公司对蔡某与丰盛源公司签订合同的行为明确表示不予追认，蔡某的行为不构成表见代理。

对于本案的另外一个焦点即仲裁条款的效力是否扩张至得暐公司，得暐公司已经明确表示对蔡某的行为不予追认，蔡某签订合同的行为也并非表见代理，得暐公司无需对蔡某签订的合同负责，不具有仲裁条款的必要要件——仲裁合意，因此，该协议以及协议中的仲裁条款对得暐公司不具有法律约束力。

（四）主体合并、分立、变更情形下仲裁条款的约束力

1. 案例一

天津市某区经贸委控股的某饮食公司与第三方浩平公司签订了合资经营合同。该饮食公司与浩平公司合资成立一家速冻食品公司，而后由于该速冻食品公司经营不善，长期亏损，股东不能实现投资收益，公司管理陷入困局，天津市某区经贸委向法院起诉请求解散速冻食品公司。① 浩平公司在答辩期间提出管辖权异议。浩平公司认为，涉案的合资合同中约定了争议解决方式为仲裁而非诉讼，故而有关合资经营合同的一切争议应当提交仲裁机构仲裁，法院应当驳回天津市某区经贸委的起诉，对此案不具有管辖权。本案的争议焦点在于对外投资公司与第三方签订的合同中的仲裁条款是否对控股公司具有约束力。此情况需要区分控股公司对投资公司的控制是否达到实际控制人的程度，《中华人民共和国公司法》（以下简称《公司法》）第 216 条第 3 款规定：“实际控制人，是指虽不是公司的股东，但通过投资关系、协议或者其他安排，能够实际支配公司行为的人。”但是对于实际控制人的标准没有统一，只要能够通过投资关系、协议或者其他安排，能够实际支配公司行为的人就是实际控制人。

当天津市某区经贸委是某饮食公司的控股公司并且是该饮食公司的实际控制人时，很难证明该饮食公司与浩平公司的合资经营行为是完全脱离天津市某区经贸委的意志从事的经济活动，此时推定天津市某区经贸委具有合资

---

① 参见万鄂湘主编：《涉外商事海事审判指导》，人民法院出版社 2009 年版，第 68 页。

行为的决策权具有合理性，而合资经营合同中记载的仲裁条款的效力应当扩张至天津市某区经贸委。然而本案中天津市某区经贸委仅是控股公司，可以理解为天津市某区经贸委是该饮食公司的股东，对其控股是对外投资经营行为，不参与重要决策和合同签订。该饮食公司具有独立的法人主体资格，自主决定经营活动，其与浩平公司的合资经营合同与天津市某区经贸委无关，天津市某区经贸委作为第三方自然不受合同中仲裁条款的约束。

2. 案例二

本案是债权转让引起的纠纷，烟台公司将其与宝运公司的债权转让给中燃公司，但是宝运公司拒绝向新的债权人中燃公司履行支付款项的义务，因此，中燃公司向天津海事法院提起诉讼，宝运公司在答辩期对本案提出管辖权异议，认为其与烟台公司之间的船用燃油销售合同中约定了仲裁条款，仲裁条款约定在奥尔本或哥本哈根按照丹麦《仲裁法》进行仲裁。本案争议的焦点在于债权人与债务人之间签订的合同中的仲裁条款是否对债权受让人具有约束力。

在债权受让人知晓债权债务人之间签订的合同以及仲裁条款的前提下，债权受让人仍然受让债权，推定其接受该合同以及合同中的仲裁条款，但是在债权受让人对债权债务人之间签订的合同以及单独的仲裁条款均不了解的前提下，受让人不受仲裁条款的约束。关于该点，2006年《最高人民法院关于适用〈中华人民共和国仲裁法〉若干问题的解释》（以下简称《仲裁法司法解释》）第9条规定："债权债务全部或者部分转让的，仲裁协议对受让人有效，但当事人另有约定、在受让债权债务时受让人明确反对或者不知有单独仲裁协议的除外。"这体现了我国司法的明确态度。

六、司法监督的合理体现：商事仲裁协议对未签字人的效力

（一）国际商事仲裁协议对未签字人有效的条件

司法实践中对于商事仲裁协议的效力认定主要依据仲裁协议本身的有效性和未签字人对原仲裁协议或仲裁条款的明确仲裁合意。有效的仲裁协议是判断仲裁协议是否对未签字人具有约束力的前提，而未签字人的仲裁合意是判断仲裁协议是否对未签字人具有约束力的主要依据。

1. 有效的仲裁协议

仲裁协议是有效的，这是商事仲裁协议对未签字人的效力认定问题的前提。在判断仲裁协议的效力扩张是否成立之前，法院会首先认定仲裁协议本身的效力。若仲裁协议本身无效，讨论接下来的问题则没有意义。我国《仲裁法》对于有效的仲裁协议的规定较为严格。除了仲裁合意与仲裁事项外，我国认定仲裁协议有效的另一要件为选定的仲裁委员会，即具有仲裁合意的当事人必须约定了明确具体或者能够推定出明确具体的仲裁机构。通过前文论述的案例也可总结得出，司法实践中，商事仲裁协议对未签字人的效力建立在有效的仲裁协议上。

2. 仲裁的意思表示

在实践中，国际商事主体在选择解决国际商事纠纷的途径时更倾向于通过仲裁而不是诉讼，究其原因是仲裁的争议解决方式是基于双方或多方当事人之间通过协商以及意思自治从而达成共识，这是契约自由的体现，也便于处理国际商事主体之间频繁的经济活动引起的复杂多样的经济纠纷。诉讼的程序性强，耗时长，经过一审、二审，甚至是再审等多重程序，解决争议的成本高。依据当事人之间的意思自治选择仲裁，可以一裁终局，效率高，耗时短，更利于当事人从事其他的经济活动。

在上述几个案例中，保险人在取得代位求偿权之后需要具有明确的意思表示接受之前被保险人与第三方签订的仲裁条款，才能够受到原仲裁条款的约束。如果保险人并未参与原仲裁条款的协商、订立过程，则原仲裁条款不能体现保险人是否具有仲裁合意，从而无法约束保险人。代理情形中，在委托人将仲裁的订立包括在委托范围内时，受托人与第三方签订的仲裁条款也可以推定出委托人的仲裁合意，即委托人需要明确表示自己接受受托人与第三方签订的一切仲裁条款，或者委托人虽然没有明确表示但是在第三方将争议提交仲裁时，委托人用答辩或者出庭等实际行为对仲裁条款表示追认。债权转让情形中，我国仲裁的相关法律有明确规定债权受让人"明确反对或者不知有单独仲裁协议的"，原仲裁条款对其不具有约束力。

(二) 我国商事仲裁协议对未签字人效力的合理判断

从仲裁理论的发展看，国际商事活动中需要解决的纠纷迅速增加，始终是推动仲裁理论不断向前发展的背景和最大动力。① 仲裁协议效力从主合同中独立出来，仲裁协议书面形式要件的标准不断淡化，仲裁协议对未签字人的效力情形也在逐步发展，传统的仲裁相关逻辑上的合理性也不断受到冲击，正如被法律人所熟知的霍姆斯（Holmes）大法官的名言：法律的生命不是逻辑，而是经验。(The life of the law has not been logic; it has been experience.)在仲裁的司法实践与仲裁理论的不断冲击之下，仲裁理论的不断发展也体现出《仲裁法》修改和完善的需要。

1. 完善对仲裁协议未签字人所包含情形的法律规定

由于国际贸易的情形越来越复杂多变，而仲裁协议涉及对未签字人效力的情形也在不断更新，例如，代理下的仲裁协议的效力扩张、合同相对性与第三方受益人、公司人格混同，但只是顺带提及、浅尝辄止。还有部分文献着重论述了直接代理、显名代理、间接代理情形下签订的带有仲裁条款的合同效力对被代理人的效力。其中最值得一提的是，有学者介绍并论述六种涉及仲裁第三方的情形：（1）合并与分立、继承方面；（2）合同的转让及清偿代位情形；（3）代理关系或委托关系；（4）傀儡公司或者主公司的分支机构；（5）合同中特定的第三方；（6）有关关联方和关联协议的问题。②

从本书所附案例可以归纳总结出六种情形：一是合同中的仲裁条款适用于提单，在租约并入提单之后，虽然提单持有人没有在提单或者租约上签字，但是提单持有人受到提单中仲裁条款的约束；二是代位求偿情形下仲裁协议要有条件地约束代位求偿权人，如保险公司，保险公司并未在原仲裁协议上签字，当保险公司理赔之后获得了代位求偿的权利，除非保险公司明确接受，具有真实的意思表示，否则原仲裁协议不能约束保险公司；三是主合同与从合同仲裁协议的适用；四是关于债权债务的转让的适用；五是代理情形下仲裁协议的适用；六是控股关系仲裁协议的适用。

虽然学者们在著作或者文章中对仲裁协议对未签字人效力的问题进行了论证，但是由于我国《仲裁法司法解释》仅第 8 条规定了"当事人订立仲裁

---

① 参见林志明：《是否矛盾：仲裁协议独立性理论与仲裁协议效力扩张理论之关系辨析》，载《法制与社会》2017 年第 1 期。
② 参见孙得胜：《国际商事仲裁协议的效力问题研究》，2012 年大连海事大学博士学位论文，第83—87 页。

协议后合并、分立的，仲裁协议对其权利义务的继受人有效。当事人订立仲裁协议后死亡的，仲裁协议对承继其仲裁事项中的权利义务的继承人有效"以及第9条中"债权债务全部或者部分转让的，仲裁协议对受让人有效"的一般情形，对保险人在取得代位求偿权后仲裁协议的效力、提单背面的仲裁条款对提单持有人的效力等诸多复杂的情形尚未作出规定。

2. 放宽商事仲裁协议的形式要件

商事仲裁协议的有效要件分为客观要件和主观要件，客观要件主要表现在仲裁协议的记录形式上，而主观要件即是双方当事人的仲裁合意，毫无疑问，这两点是支撑仲裁协议有效的必要要件。而正是《仲裁法》中关于仲裁协议扩张的立法缺失、仲裁协议形式要件的严苛、仲裁合意以书面签字为主要表现形式体现了我国程序法和实体法的脱节，包括代理、"刺破公司面纱"等实体法权利都在仲裁中得不到体现，这不利于保护选择仲裁作为争议解决手段的当事人的利益。为了应对新常态下的仲裁环境，我国在立法层面应当采取更加支持仲裁，用相对宽松的态度解释仲裁协议的形式要件，并非将范围仅局限于体现仲裁合意的书面形式。正如《英国仲裁法》《加拿大商事仲裁法案》等有关仲裁的法律，仲裁协议的形式不限于书面签字形式，还可以是口头形式、数据电文形式以及提及的方式等可以用于记录以备日后存档的形式。在《仲裁法》修改过程中，仲裁协议客观形式要件标准的淡化有助于为我国《仲裁法》创造一个更有利更自由的环境，这样才能为商事主体在经济活动中提供发挥的空间。

3. 默示合意理论的合理利用

仲裁合意是双方当事人通过协商，达成将已经产生的争议纠纷或者日后可能产生的争议纠纷提交仲裁并且接受仲裁的意思表示，正如学者们的默示合意理论的论证，用一般大陆法系关于合同法的诚实守信原则、禁止反言原则等原则，能够将仲裁合意用合同法"意思表示"中的"默示的意思表示"进行解释。我国在修订《仲裁法》时应当考虑明示和默示的仲裁合意两种情形，将当事人的仲裁合意用明示的仲裁合意以及默示的仲裁合意加以区分，从而在立法层面作进一步完善。明示的仲裁合意即当事人在协议上签字，默示的仲裁合意依据合同法中意思表示的理论解释又可以分为积极作为的默示合意与消极不作为的默示合意。淡化严格的明示合意之标准，抑制严格的明示合意之原则，《仲裁法》将更多的争议纳入适用范围，从而推动我国仲裁的整体法制进程。

第三节　可仲裁性的扩张与边界

"可仲裁性"（arbitrability）是指某种事项的争议依据法律可以通过仲裁加以解决时，该事项就具有可仲裁性。[①] 如果法律规定某些事项不得通过仲裁解决，则这些事项就具有"不可仲裁性"（non-arbitrability）。争议的可仲裁性规定，是一个国家法律"在可仲裁与不可仲裁的争议事项之间划出的一条明确的界限"。[②] 具有可仲裁性事项的集合就是该国划定的仲裁范围；仲裁范围之外的争议事项不具有可仲裁性，不得提交仲裁解决。因此，"可仲裁性是仲裁机构或仲裁员行使管辖权的一个特殊条件，该条件无关仲裁协议的效力问题，但却是仲裁机构或仲裁庭行使管辖权的前提条件之一。"[③] 在当前我国大力推进多元化争端解决机制构建的前提下，仲裁作为争端解决的重要机制，其发展与局限已成为理论及实务界绕不开的重要论题，而争议事项的可仲裁性又是其中颇为重要的一个争议点。

一、国际商事仲裁可仲裁事项扩张的表现

近年来，大多数国家的法院已显著限缩了不可仲裁性原则的适用，往往仅将其适用于有明确制定法规定的情形。这些情形通常涉及有限的"强行法"项下的诉求，这些诉求通常被明确规定需要通过司法途径或其他特定的方式解决，而当事人不能通过合同的方式对其加以规避。[④]

---

① 在美国法院的判例中，"arbitrability"的概念在两种意义上被使用。第一种为某一特定争议是否属于当事人在仲裁协议中约定的范围，第二种为依据应适用的法律，某一争议是否可以通过仲裁解决。

② 参见刘想树：《中国涉外仲裁裁决制度与学理研究》，法律出版社 2001 年版，第 57 页。

③ Loukas A. Mistelis, Stavros L. Brekoulakis, *Arbitrability*: *International and Comparative Perspectives*, Kluwer Law International, 2009.

④ 参见〔美〕加里·B. 博恩：《国际仲裁：法律与实践》，白麟、陈福勇、李汀洁、魏奎楠、许如清、赵航、赵梦伊译，商务印书馆 2015 年版，第 110 页。

（一）各国有关"可仲裁性"的立法

由于各国的经济、社会的发展程度以及对仲裁的支持力度的不同，各国立法对可仲裁性事项的规定也不一致，大体上可以归结为两种模式：一是在其仲裁立法中直接规定哪些事项可以仲裁；① 二是通过其他立法规定了法院的排他管辖权，除此之外其他的争议均可提交仲裁解决。②

1. 美国

20 世纪 60 年代以后，美国法院在案件审理的过程中，根据本国经济贸易发展的需要扩大了可仲裁事项的范围。③ 理论上，学者们认为可仲裁性的判断应与经济和贸易环境的发展状况相关，尤其是在国际经贸往来的过程中，应适时反映社会的需求，而并非一成不变的标准。例如，有关反垄断争议和证券争议，现在便可以提交仲裁解决。④ 还有学者认为，不应让可仲裁性的问题影响当事人签订合同时的预期，只要当事人对其争议达成仲裁协议，国内法就应该尊重其意思自治，认可争议事实的可仲裁性。⑤ 实践中，由于美国是判例法的国家，最高法院在 Moses H. Cone Memorial Hospital v. Mercury Construction Corp. 案中，针对当事人提出的可仲裁性问题，形成了"当可仲裁性问题存有争议时，倾向于认定其具有可仲裁性"的判断。⑥ 之后，该原则成为各地法院普遍接受的标准，以至于目前几乎所有达成仲裁协议的争议，均被认为具有可仲裁性。

2. 法国

依据《法国民法典》第 2060 条之规定，法国以公共政策为可仲裁性的判断标准。这一标准成为法国国际商事仲裁发展的一大障碍，限制了可仲裁事项范围的扩展，因为只要与公共政策相关，法院即可排除或否定仲裁庭的管

---

① 参见《瑞士联邦民事诉讼法》第 177 条。

② 参见欧盟理事会 2000 年 12 月 22 日通过的《关于民商事案件管辖权与判决承认与执行的法规》（44/2001/EC）第 22 条。

③ See W. Michael Reisman, W. Laurence Craig, William Park, Jan Paulsson, *International Commercial Arbitration*, Foundation Press, 1997, p. 309.

④ 同上。

⑤ See Loukas A. Mistelis, Stavros L. Brekoulakis, *International and Comparative Perspectives*, Kluwer Law International, 2009.

⑥ 同上。

辖权。① 20世纪50年代以后，出于扩大可仲裁争议范围的需要，法国法院通过判例的形式，抛弃了之前将公共政策与可仲裁性紧密相连的做法，而仅将公共政策作为可仲裁性的判断标准之一，极大地突破了《法国民法典》第2060条所规定标准的局限。

为了明确国际商事仲裁中可仲裁事项的范围，法国法院一方面将可仲裁性的问题与国际经济贸易环境相关联，另一方面也首次提出可仲裁性应与国际公共政策相联系。若某一争议违背国际公共政策，便不能通过仲裁解决，进而形成了新的判断标准，即"可仲裁性之判断无需受国内法的限制，仅需考察法国的强制性规定和国际公共政策"。例如，有关国际产品责任争议、国际雇佣合同争议的判断，法国法院现在便认为其具有可仲裁性。②

3. 德国

德国的仲裁立法借鉴《国际商事仲裁示范法》的规定，并深受《瑞士联邦仲裁协约》的影响，在界定可仲裁性问题时，其一方面规定所有具有财产权益的争议均具有可仲裁性；另一方面又规定不具有财产权益的争议，只要法律未规定法院具有排他管辖权时，也具有可仲裁性。③

4. 中国

关于争议事项可仲裁性的问题，我国《仲裁法》采取列举和排除两种方法，对仲裁的适用范围作了规定。《仲裁法》第2条在确定争议事项的可仲裁性时，坚持了财产权益的标准。《仲裁法》第2条规定的"财产权益"标准与1958年《纽约公约》所规定的"非契约性争议"标准的内容重叠，但并不完全一致。"其他财产权益纠纷"既包括契约性的财产权益纠纷，也包括非契约性的财产权益纠纷；而"非契约性争议"既包括财产性的非契约性争议，又包括非财产性的非契约性争议，二者的内涵和外延是有区别的。我国无论是《仲裁法》还是相关的司法解释，都将可交付仲裁解决的争议限定于与财产有关的事项，与财产无关的事项则不在此列。此外，"合同纠纷及其他财产权益纠纷"的提法表明立法者将合同纠纷当然地归入财产权益纠纷之列。但

---

① See Loukas A. Mistelis, Stavros L. Brekoulakis, *Arbitrability: International & Comparative Perspectives*, Kluwer Law International, 2009.

② 同上.

③ 参见《德国民事诉讼法典》第1030条。

是，一般而言，财产权益纠纷是对应人身权益纠纷而言的，而合同纠纷通常与侵权纠纷相比较，两者的区别在于请求权产生的基础、权利内容对于纠纷种类界定的标准不同。虽然合同纠纷大多包含财产的内容，但是双方当事人通过缔结合同所设定的权利义务也可能不涉及财产问题。

（二）可仲裁性的标准

可仲裁性是仲裁的核心问题，其反映了替代性争议解决方式与司法的关系。可仲裁事项越多，则表明仲裁的益处越大，反之，其局限性也越明显。因此，厘清争议可仲裁性的界定标准及其依据具有重要的意义。

1. 可仲裁性标准的依据

首先，可仲裁性问题形成的直接原因是国家对法律救济制度的控制，也就是法院或立法者认为的，因某争议事项含有公益性，故不能完全由当事人和他们的仲裁来处置，但他们可通过审查这个裁决或直接排除其可仲裁性的方式予以控制。① 例如，美国虽然肯定了在国际交易中出现的反垄断争议属于可仲裁事项，但美国法院仍拥有对在本国申请执行的仲裁裁决的否决权，以此维护美国《反垄断法》和相关公共政策的利益。其次，国家通过对可仲裁性标准的严格程度进行界定而对法律救济制度进行限制，其根本目的在于牢固地控制一国的社会与经济活动。墨西哥在这方面的表现尤为典型：基于对国家安全和经济稳定的考量，该国法律对于金融性质的交易作出区分，规定一般商事性质的交易具有可仲裁性，而带有金融性质的交易不可交付仲裁。最后，对公共利益、弱者及第三人利益的保护，是国家划定监督与控制范围的主要考量因素。②

此外，还有一些因素与可仲裁性问题的变化有着千丝万缕的联系。其一，各国仲裁制度的不断完善以及仲裁员品行与专业普遍深孚众望，能够比较有效地保证国际商事争议得到合理解决；其二，法院自身应接不暇，纠纷的总量与法院所能承载的纠纷解决功能出现了严重失衡，被奉为最公正也最权威的法院在诉讼激增的纠纷处理中越来越显示出不堪重负的疲态；其三，社会

---

① See Pieter Sanders, TMCA Instituut, ICFC Arbitration, *Comparative Arbitration Practice and Public Policy in Arbitration*, Kluwer Law and Taxation Publishers, 1987, p. 183.

② 参见唐蕴锋:《争议事项可仲裁性浅析》, 载《南京经济学院学报》2001 年第 4 期。

观念进步，科学技术发展。例如，在传统观念下，不具有财产性质的人身问题属于绝对不可仲裁事项；而南非法律却属于极少数的例外，在当事人和法院均许可的情况下，婚姻争议以及私人身份事项可提交仲裁庭裁决。综上，立法的制定与修改是多种因素综合作用的结果，而可仲裁性规定也不例外，其中最主要的是国家控制，还有其他一些因素也扮演着不可忽视的角色。

2. 可仲裁性的判断标准

纵观各国仲裁立法的实践，大致有以下四个标准来衡量争议的可仲裁性。

（1）争议的财产性和商事性

"商事争议"是可仲裁性的一个常见标准。例如，《纽约公约》第1条第3款规定，只有商事关系才适用该公约。《荷兰民事诉讼法典》第620条第1款规定，原则上，一个人可以拥有的一切涉及商事或民事权益方面的争议，都可以通过仲裁渠道解决。① 此外，争议还必须涉及主体间财产关系变化，有些学者将其称为"可赔偿性"。换言之，尽管有些争议可以通过诉讼得到解决与确认，但因其只涉及法律状态和法律事实的存在，而不涉及财产关系的变动，故被排除在仲裁范围以外。② 例如，1987年《瑞士联邦国际私法法典》规定，任何关涉财产的纠纷都可成为仲裁事项。③

（2）争议事项的可争讼性

仲裁具有"准司法"性质，一国国内法通常不允许当事人将法院不能决定的事项诉诸仲裁，也即对是否存在争议的判断将会影响该事项之可仲裁性。诸如认定公民行为能力、宣告失踪或死亡等案件，法院只需要确认某种既定的法律事实或法律状态存在或不存在，不涉及对当事人之间的权利义务之争作出调整与判断。而仲裁一旦离开其发挥定分止争作用的生存土壤，便失去作为一种争议解决方式存在的意义。

---

① 参见丁建忠编著：《外国仲裁法与实践》，中国对外经济贸易出版社1992年版，第265页。
② 参见陈治东、沈伟：《国际商事仲裁裁决承认与执行的国际化趋势》，载《中国法学》1998年第2期。
③ 参见宋连斌、林一飞译编：《国际商事仲裁新资料选编》，武汉出版社2001年版，第56页。

（3）争议事项是否涉及公共政策

公共秩序或公共政策是绝大多数国家坚决笃信的标准之一。[①] 在大陆法系国家，仲裁立法在明确列举具有可仲裁性以及不具有的事项时，通常将公共秩序原则作为兜底条款。而在英美法系国家，公共政策原则是认定可仲裁性问题的基本要素之一。大量判例表明，法官们频繁援引公共政策原则以证明自身观点。

（4）争议事项的可和解性

该标准又被称为权利自主性原则。该原则表明：由于程序权利的可处分性与实体权利紧密相关，倘若发生争议的权利或争议所涉及的利益属于当事人能自由处分的范围，那么当事人选择何种争议解决方式也可以自主决定，不受国家干涉。

当然，法律规则必然有例外。例如，虽然涉及私人身份、婚姻争执等与人身密切相关的事项，但沙特阿拉伯却明文规定婚姻争议允许仲裁。[②] 这些例外无一不折射出不同国家对于可仲裁性迥异的态度。一国独特的历史文化传统和特殊的社会经济背景造就了少数国家极富个性的立法，不影响从宏观和普遍的角度勾勒并归纳出可仲裁性的若干标准。而从反面看，有两类事项不具有可仲裁性：其一，与人身密切相关的争议、劳动争议、行政争议等；其二，可能涉及一国国内强制性规范的争议，如证券争议、知识产权争议及破产争议等与公共利益及国家安全密切相关的争议。随着国际商事仲裁实践的深入发展，各国对于第一类事项的不可仲裁性逐渐达成共识。但国际社会对第二类争议是否绝对不可以纳入仲裁范围逐渐产生分歧，一部分国家的态度发生转变，这也是可仲裁性演变的重要体现之一。

从上述各国有关可仲裁性问题的立法不难发现，可仲裁范围的不同主要体现在对其界定标准的不同。在可仲裁性立法中，各国都以一定的标准作为其可仲裁性立法的依据。纵观各国的法律规定，无外乎以下四个标准：

[①] 公共政策是英美法系通用的概念，美国法院曾将其表述为"一国基本的道德与正义观"。大陆法系国家使用的与公共政策内涵相似的术语为"公共秩序"，或称"保留条款""排除条款"。参见赵健：《国际商事仲裁的司法监督》，法律出版社2000年版，第192页。

[②] See Albert Jan Van Den Berg, *Yearbook Commercial Arbitration Vol. IX*, Kluwer Law International, 1984, p.16.

"可和解性"标准、"商事争议"标准、"财产权益"标准以及"公共政策"标准。

（三）可仲裁事项扩张的具体表现

在仲裁法上，可仲裁性有两种含义：一是主观可仲裁性，主要涉及仲裁协议的主体参与仲裁的行为能力；[①] 二是客观可仲裁性，即某一争议事项是否被立法所允许付诸仲裁方式予以解决。[②] 当前，可仲裁事项扩张的具体表现亦体现在这两个领域。

1. 主观可仲裁性的扩张

主观可仲裁性的扩张，即对仲裁当事人行为能力的判断，基于仲裁所处的不同阶段，可以适用不同的法律予以判断，从而使主观可仲裁性获得支持的可能性更大。

由于当事人行为能力的问题与当事人所享有的权利和履行的义务、事后承担相应的民事责任相关，关系当事人实体权利义务的问题，有可能要依据外国实体法判断，而如何确定这一实体法即准据法也属于法院的诉讼行为，因而应当以法院所在地的准据法为依据确定当事人的属人法。各国关于法人、自然人行为能力的法律适用规则基本一致，即以当事人的属人法为准据法确定当事人的行为能力。由于国际商事争议的主体主要是法人或自然人，当然有时也会涉及国家，[③] 因此确定国际商事仲裁协议主体行为能力的准据法，主要是要确定法人行为能力和自然人行为能力的准据法。

（1）法人行为能力的准据法

有关法人行为能力准据法的确定，国际上通行的做法是以法人的国籍或住所地所在国法律的规定确定。[④] 各国立法对法人的国籍或住所的确定有很大的分歧。有的以法人主要事务所在地的法律为其属人法，如1978年《奥地利

---

① 参见赵秀文：《国际商事仲裁及其适用法律研究》，北京大学出版社2002年版，第61页。

② 参见欧明生：《民商事纠纷可仲裁性问题研究》，浙江大学出版社2013年版，第3—4页。

③ 若一方当事人是国家，即使涉及仲裁并被裁决承担责任，国家完全可依主权豁免而拒绝承担责任，因此国家并不在本节讨论之列。至于代表国家的国有企业，目前都是以法人形式存在，其在行为过程中也应当与其他法人一样承担责任。以我国为例，国企改革之后，所有国有企业也均以法人出现从事贸易活动，在海事领域均与一般法人一样行使权利和承担义务。

④ 参见韩德培、肖永平：《国际私法（第二版）》，高等教育出版社、北京大学出版社2007年版，第170页。

联邦国际私法法规》第 10 条就有此规定；① 也有的以法人管理中心所在地法律为属人法，如 1982 年《土耳其国际私法和国际民事诉讼程序法》第 8 条第 4 款规定："法人或团体的民事权利和行为能力适用其规章规定的管理中心所在地的法律，如果管理的实际中心在土耳其，则适用土耳其的法律。"②

（2）自然人行为能力的准据法

对于自然人行为能力准据法的确定，国际上通行的做法也是依当事人的属人法来解决，但有关自然人属人法的确定主要存在本国法和住所地法之争。大陆法系国家自然人属人法多为本国法即国籍法。如 1986 年《德国民法施行法》第 7 条规定："自然人的权利能力和行为能力适用该人国籍所属国的法律"。英美法系国家属人法多指住所地法，丹麦、挪威、冰岛以及部分拉丁美洲国家亦采用这一规则。也有的国家以当事人本国法为主，以当事人住所地法为辅确定属人法。例如荷兰法律规定："人的行为能力依其本国法"，但法院判例又表明，如果当事人与其所属国没有真正的社会联系，则以其住所地法来确定其民事行为能力。近年来，国际条约和多个国家的立法出现了以惯常居所地为属人法的倾向。

（3）当事人的代理人、经纪人或职员签订仲裁协议时行为能力的判断

国际商事活动的专业性和特殊性，催生出许多与国际商务息息相关的行业，代理、保险经纪等也活跃在国际商事交往中。那么当事人是否受其代理人、经纪人或职员签订的仲裁协议的约束？其是否可以以代理人、经纪人或公司代表并未获得其授权为由主张合同中的仲裁条款无效？此时当事人行为能力的判断，还包含代理人、中间人和公司代表行为能力的确定。

在由代理人或通过中间人签订仲裁协议时，应当根据法院地的冲突规范指引的法律判断代理人或中间人有无签订仲裁协议的行为能力；在公司代表签订仲裁协议时，应当根据法院地的冲突规范判断公司代表有无行为能力签署仲裁协议，实践中多为公司属人法。③

---

① 参见李双元、欧福永、熊之才编：《国际私法教学参考资料选编（上册　总论·冲突法）》，北京大学出版社 2002 年版，第 366 页。

② 同上书，第 161 页。

③ 参见韩健主编：《商事仲裁评论（第 3 辑）》，对外经济贸易大学出版社 2010 年版，第 179 页。

2. 客观可仲裁性的扩张

近年的实践表明，许多过去不具有可仲裁性的争议在一些国家已经可以提交仲裁，并获得相应国家法院的支持和执行。具体而言：

（1）市场管理争议

市场管理争议主要体现在反不正当竞争与反垄断争议两方面。20世纪中后期开始，在美国、欧盟等国际商事仲裁实践中，反不正当竞争与反垄断争议可以提交仲裁解决。在日本三菱汽车诉克莱斯勒案中，美国最高法院认定可对联邦反垄断争议进行仲裁，只要其具有国际贸易的性质。[①] 法院认为："《纽约公约》在促进国际商事仲裁发展中的作用依赖于国内法院愿意交出其通常认为本属于其管辖的案件。" 欧洲国家法院的实践也赞同反不正当竞争争议具有可仲裁性，在艾柯瑞士中国时代公司诉贝纳通国际公司案中，法院认定涉及欧洲竞争法相关争议的仲裁协议有效。[②] 欧盟成员国法院同样认为，欧盟各成员国竞争法争议具有可仲裁性。我国目前虽然没有对反不正当竞争和反垄断争议进行仲裁的实例，但越来越多的学者呼吁应当支持这一类的争端也具有可仲裁性、可以提交仲裁。[③]

（2）破产争议

破产程序关系到法人的行为能力存在与否，有的国家法律的规定和判例表明，破产程序开始后，仲裁协议便归于无效，依据无效的仲裁协议作出的裁决也无法得到承认与执行，有的国家的判例则认为仲裁程序不受破产程序的影响。在法国，传统观点认为："破产纠纷的问题应当属于商事法院专属管辖"，[④] 因而不能提交仲裁，但现在随着法国判例法的发展，理论和实务界均认为，商事法院对破产案件的专属管辖权并不影响破产案件的可仲裁性。在英国法下，依据1996年《英国仲裁法》及1986年《英国破产法》之规定，没有破产债权人的同意，破产程序开始前达成的仲裁协议将对其没有拘束力。

---

① See Mitsubishi Motors Corp. v. Soler Chrysler-Plymouth, Inc. 473 U. S. 614 (U. S. S. Ct. 1985).

② See Eco Swiss China Time Ltd. v. Benetton International NV, C-126/97 (1999).

③ 参见黄进、马德才：《国际商事争议可仲裁范围的扩展趋势之探析——兼评我国有关规定》，载《法学评论》2007年第3期，第54—58页；参见孙晋、王贵：《论反垄断纠纷可仲裁性的司法考量——兼评某垄断纠纷管辖权异议案》，载《法律适用》2017年第7期。

④ See Loukas A. Mistelis, Stavros L. Brekoulakis, *Arbitrability: International & Comparative Perspectives*, Kluwer Law International, 2009.

所以，一旦破产债权人不接受破产前该破产企业达成的仲裁协议，那么其相互间的争议就无法提交仲裁解决，在债权人会议召开时，债权人应当对此达成一致意见。德国法律并未规定仲裁在遇到破产程序时的结果，但考虑到不管仲裁庭如何作出决定，破产管理人都将取代债务人参与仲裁，所以破产管理人必须有足够的时间了解仲裁案件；此外，债权人也需要有足够的时间递交债权登记的申请。

（3）劳动争议

长期以来，由于雇佣合同所体现的是劳动者与用人单位之间的关系，受到各国劳动法的调整，为保障劳动者的利益，雇佣纠纷长期被认为不具有可仲裁性。例如，《美国联邦仲裁法》第1条排除了该法对特定雇佣关系相关协议的适用——涉及"海员、铁路员工或其他涉及境外或跨境商业活动的员工群体的雇佣合同"，但除上述特殊的雇佣关系外，美国法律鼓励以仲裁的方式解决多种劳动争议。我国的规定则不一样，对于劳动争议设置了专门的劳动争议仲裁部门，且将其作为劳动争议解决的主要方式，其与商事仲裁属于完全不同性质的制度。但对于一些雇佣合同的争议，在当事人约定仲裁的前提下，可能被提交仲裁予以解决。

（4）消费者争议

不同国家的法律对消费者争议是否具有可仲裁性规定不一。现行的美国法律承认消费者与商家之间的仲裁协议有效，允许就既存的和将来的消费者争议提交仲裁，但基于显失公平或未适当通知等原因规定了极为有限的例外情形。《美国联邦仲裁法》被认为适用于消费者与商家之间的协议，美国联邦最高法院也多次支持该协议的有效性以及消费者争议具有可仲裁性。[①] 在我国，随着金融争议的逐年增多，一大批新的金融仲裁机构纷纷建立以处理金融消费争议，如浙江省杭州市、温州市以及绍兴市先后建立相应的金融仲裁院。其中，尤其引人注意的是专门针对金融消费纠纷建立的仲裁机构，如山东省的金融消费争议仲裁中心。[②]

[①] See Allied-Bruce Terminix Cos. v. Dobson, 513 U.S. 265（U.S. S. Ct. 1995）；Green Tree Financial. Corp. v. Randolph, 531 U.S. 79（U.S. S. Ct. 2000）.

[②] 参见林荫、范晓亮：《金融消费纠纷可仲裁性研究》，载《湖北警官学院学报》2015年第9期。

（5）医疗纠纷

仲裁制度正在成为世界主要国家和地区如美国、日本、德国、墨西哥解决医疗纠纷的重要非诉机制。[①] 但在我国，基于2002年国务院颁布的《医疗事故处理条例》之规定，一旦发生医疗纠纷，当事人应当选择自行协商、行政调解及司法诉讼的途径予以解决。亦即排除了仲裁解决作为医疗纠纷处理的一种方式。然而，考虑到医疗纠纷仲裁制度有益于保障患者的权益，是完善我国医疗纠纷解决机制的有益补充等原因，国内不少学者极力主张医疗纠纷具有可仲裁性，也可提交仲裁处理[②]。

（6）其他争议

一些国家认为知识产权法下的部分争议不具有可仲裁性，如商标的有效性，但同时允许其他与知识产权相关的民事争议提交仲裁，如版权费争议、侵权争议等。此外，也有学者针对我国的国情，认为特许经营协议也具有可仲裁性。[③]

二、国际商事仲裁可仲裁事项扩张的原因

国际商事仲裁可仲裁事项的扩张，是当事人意思自治的发展和所涉国家司法及仲裁关系发生演变综合作用的结果。

（一）国际商事仲裁可仲裁事项扩张的主观原因

"仲裁协议是国际商事仲裁的基石。"[④] 有效的仲裁协议是当事人意思自治的体现，亦是进行仲裁的前提，正所谓"皮之不存，毛将焉附"，若没有当事人协商一致的仲裁协议，仲裁便无从谈起。可仲裁事项的扩张，最直接的原因即是当事人将越来越多的争议约定提交仲裁予以解决。所以，当事人的

---

① 参见曹翔：《我国医疗纠纷仲裁制度的可行性及实践探讨》，载《仲裁研究》2015年第3期。

② 参见郭玉军、杜立：《医疗事故损害赔偿仲裁若干问题研究》，载《法学评论》2010年第2期；林学文：《医疗纠纷解决机制研究》，法律出版社2008年版；曹翔：《我国医疗纠纷仲裁制度的可行性及实践探讨》，载《仲裁研究》2015年第3期。

③ 参见谭敬慧、沙姣：《特许经营协议的法律性质及可仲裁性》，载《北京仲裁》2016年第2期。

④ See Alan Redfern, Martin Hunter, *Law and Practice of International Commercial Arbitration*, *Third Edition*, Sweet & Maxwell, 1999, p. 135.

主观意志性是决定仲裁事项、可仲裁事项扩张的关键。

1. 对当事人意思自治的尊重

国际商事仲裁发展成为解决国际商事争议最重要的方式之一的根本原因在于其是当事人双方意志的体现：争议产生前，当事人对争议解决方式的选择，包括对仲裁具体事项如仲裁机构或仲裁员、仲裁地点、争议适用的法律、仲裁语言等的选择，对裁决结果的遵守等各环节均体现了当事人的意思自治。仲裁庭是依据仲裁协议而创设的、不具备强制执行力的争端解决机构，其成立、运作原理及公信力还需依靠仲裁双方当事人的意思自治，若无其他公权力机关予以协助，其任何决定的执行只能依靠当事人的诚信及自觉守约意识。相对应地，仲裁庭的决定若要获得当事人的遵从，首先就要满足当事人的意思自治。

法律是专业性极强的行业，商事主体对法律的了解毕竟有限，所以，并非所有的商事主体在签订仲裁协议之前都能事先判断拟提交仲裁事项及预测将来所发生争议的可仲裁性。即便当事人能够预测将来可能发生的争议，但基于现行法律的规定，有些争议事项是否具有可仲裁性本身即存在争议。因此，为了尽可能尊重当事人的意思自治，仲裁庭及法院在审查争议事项可仲裁性时，难免会扩充予以解读。

2. 对国际仲裁制度的信任

仲裁在解决争端方面所特有的保密性、高效性、中立性、专业性及在裁决执行方面的便利性，使其成为当今国际商事争议最受欢迎的解决方式。尤其是在《纽约公约》的护航下，国际商事仲裁的优势得到进一步发挥，截至2021年12月17日，《纽约公约》共有169个成员。[①] 几乎涵盖全世界所有具有贸易能力的国家和地区，许多航运和外贸企业均倾向于将其经营过程中产生的争议提交仲裁解决。然而，商事争端的当事人毕竟是趋利避害的理性商人，许多情况下，争端的解决会涉及企业存亡的利益博弈，在众多的商事争议解决机制中，当事人之所以选择仲裁的方式，主要是因为《纽约公约》为国际商事仲裁裁决跨国或跨地区的承认与执行提供了保障，同样也使得其更

---

① 参见 https://uncitral. un. org/zh/texts/arbitration/conventions/foreign_ arbitral_ awards/status2。

受当事人的青睐与信任。

3. 减少对当事国国内司法的依赖

国际商事争议的主体分处不同的国家或地区，在产生争议后，除彼此协商解决外，最常用的争议解决方式就是诉讼与仲裁。众所周知，诉讼是一国主权在具体司法行为中的体现，当事人一旦选择诉讼就选择了对该国司法体系的依赖。但实践中，其一，当事人对他国司法程序及司法环境并不了解，尤其是若当事人所在国家与诉讼行为所在国家的法律隶属于不同法系，当事人对可能发生的诉讼程序及结果更是觉得陌生；其二，当前，几乎所有国家或地区的诉讼程序均规定当事人对法院的一审结果不满时可以上诉，而复杂的程序无形中加重了当事人的成本及心理负担；其三，尽管在海牙国际私法会议《外国民商事判决的承认与执行公约》的谈判取得了重大进展，但截至目前，除某些区域性的协定外，国际上并无类似于《纽约公约》一样获得普遍遵守的公约对外国民商事判决的承认与执行予以保障。上述这些原因致使当事人为了避免对一国司法程序的依赖，在选择争议解决方式时，倾向于选择仲裁，以至于将某些属于某一国内专属于法院管辖的争议也约定提交仲裁予以解决。

（二）国际商事仲裁可仲裁事项扩张的外部因素

1. 国家利益的考量

法律的竞争是国家之间竞争的一个表现。其中，国际争议解决中心的构建，是当今多个国家或地区竞相争取的目标。而欲构建国际争议解决中心，实质上就是要构建以仲裁为主的一整套争端解决体系。伦敦是当今公认的国际争议解决中心，其体现最为明显的就是国际上大量的大宗散货的贸易纠纷、航运争议、保险争议等均选择在伦敦进行仲裁，带动了整个伦敦法律从业者，乃至英国法律的发展，并使其占据全球核心地位。所以，争取构建国际争议解决中心的国家或地区，无不尽可能地放宽对争议"可仲裁性"的审查标准。因为一旦限制争议"可仲裁性"的范围，就会将本欲提交在该地进行仲裁的案件排除，推向其他认可该争议"可仲裁性"的国家或地区。

2. 司法与仲裁的关系考量

争议事项是否具有"可仲裁性"的判断，往往与一个国家司法与仲裁的关系相关联。对于司法支持仲裁的国家而言，当申请人提出某一争议事项不具有"可仲裁性"的申请时，法院即会采纳宽泛的解释，只要法律未明确规定不可仲裁的，均可以认定具有"可仲裁性"。反之，司法对仲裁采取抑制态度的国家，则会采取严格限制的解释，对于涉及具有不可仲裁性之虞的争议，均认为其不具有可仲裁性。当前，各国的涉外法律制度也逐步体现出趋同化的迹象，国际商事仲裁领域的法律制度就是最明显的体现。尤其是在贸易法委员会《国际商事仲裁示范法》的指引或影响下，许多国家和地区在制定或修改仲裁相关法律制度时，均移植或借鉴了该法的有关规定。《国际商事仲裁示范法》的初衷及内容即是为了扩大国际商事仲裁的适用范围。此外，一国国内法院毕竟资源有限，其重心依然应当放在解决国内民众争议的事项上，而对于可以分担其压力的仲裁而言，应当予以支持。在经济全球化进一步深化的背景下，越来越多发生在平等的商事主体之间的跨国争议均呼求限缩"可仲裁性"的审查范围，尽量在当事人作出选择后予以支持。

3. "有约必守"的要求

诚如前述，当前国际上已有 169 个国家或地区加入《纽约公约》，而《纽约公约》所蕴含的"支持仲裁"的精神亦将是其在加入《纽约公约》之后所应当遵从的，是"有约必守"的应有之义。体现在"可仲裁性"的判断标准上，即应在国家或地区法律无明确禁止的情况下，尽量支持争议具有"可仲裁性"。

三、国际商事仲裁可仲裁事项扩张的制度基础

各国对于何种事项属于不可仲裁事项有不同的规定。一般而言，被认为"不可仲裁"的争议或主张通常具有重大的公共意义或需要司法保护的公认需求。其中，诸多国家不允许将涉及刑法、劳动纠纷、知识产权、房地产、破产或婚姻家庭等争议诉诸仲裁。在 20 世纪，不可仲裁性原则被频繁援引。[1]

---

① 参见〔美〕加里·B. 博恩：《国际仲裁：法律与实践》，白麟、陈福勇、李汀洁、魏奎楠、许如清、赵航、赵梦伊译，商务印书馆 2015 年版，第 109 页。

这是因为：其一，作为争议解决最重要的两个方式，诉讼与仲裁之间存在微妙关系：法院的司法监督贯穿于仲裁的始终，从仲裁协议的认定、仲裁程序到仲裁裁决的执行，无法离开法院的司法监督，若法院秉持严格的审查标准，即限制了仲裁的发展空间；反之，当法院支持仲裁时，仲裁即会获得发展良机。其二，在国际争议解决领域，尽管《纽约公约》为外国仲裁裁决的承认与执行提供了法律依据，但在对《纽约公约》具体适用时，公约各条款的解释并无统一标准，这也为执行地国家的法院在解释《纽约公约》第 5 条第 2 款第 1 项时留有空间。其三，多数国家将争议事项是否具有可仲裁性的问题与公共政策相关联，而过去对"公共政策"所持有宽泛解释的态度亦影响对争议"可仲裁性"的判断。

总之，各国的立法与司法实践通常是以自由处分性、财产性或经济利益性以及可和解性为标准判断争端的商事性，即"可仲裁性"。当然，有的学者直接将争端的"可仲裁性"问题直接归属于"公共政策"的范畴。①

1. 可仲裁性与商事性

依据《纽约公约》第 1 条第 3 款之规定，缔约方在签署公约时，可以作出"互惠保留"和"商事保留"。但公约并未明确"商事保留"的概念和范围，而是将其留给各缔约方依据其国内法解释。这一做法实际上是借鉴了 1923 年《日内瓦议定书》的规定，② 由此导致各国对"商事保留"理解的不一致。有的国家严格限制"商事"的内容，有的国家则尽量扩大解释"商事"的范围，还有的国家更是直接将"商事"作为争议是否具有可仲裁性的评价标准，如美国、法国。所以，这也引发了学者关于两者关系的探讨，有学者认为规定"商事保留"就间接规定了可仲裁性的问题。③ 可仲裁性与"商事保留"存在关联和重合，如有的国家将"商事"标准作为可仲裁性的判断标准，但两者也存在差异。

---

① 参见于喜富：《论争议可仲裁性司法审查之启动程序》，载《法学评论》2016 年第 3 期。

② 《日内瓦议定书》第 1 条："……各缔约国将根据其国内法对公约提到的商事关系进行解释。"

③ See Loukas A. Mistelis, Stavros L. Brekoulakis, *Arbitrability：International & Comparative Perspectives*, Kluwer Law International, 2009.

首先，"商事"是一个不确定的概念，即在不同的语境下，对其范围可以作不同解释；而"可仲裁性"的理解则相对稳定，且有些国家的法律会对其作出明确规定。其次，《纽约公约》规定的"商事保留"是一个可选性的条款，且只有在缔约国加入公约时声明了保留，该国方能援引其作为应对外国仲裁裁决承认与执行的依据；而不具有"可仲裁性"问题则是所有缔约方在加入公约时不必作任何声明即可运用的拒绝承认与执行的理由。最后，尽管"商事"标准是确定"可仲裁性"的一个重要因素，但并非唯一因素，依据"商事"标准所确定的争议以及"可仲裁性"的争议确实会发生重合，但"商事"标准所确定的争议也会不具有可仲裁性。

2. 可仲裁性的指向

依据《纽约公约》第2条第1款之规定，各缔约方应承认当事人约定将其之间产生的任何可以仲裁解决之事项提交仲裁的书面协议。这里"可以仲裁解决之事项"显然所指的对象是"当事人"所约定的争议，而非当事人自己。所以，可仲裁性是指争议之标的的可仲裁性，而非争议主体的可仲裁性。

3. 可仲裁性与平等性

从理论上来看，契约性是现代国际商事仲裁的本质特征，具体体现在：其一，从起源上看，国际商事仲裁是14世纪地中海沿岸商人社会发展起来的一种自治制度，以当事人的约定为基础；其二，现代国际商事仲裁的启动也离不开当事人之间的仲裁协议。而仲裁的契约性特征决定了其所能处理的纠纷应属于横向法律关系范畴，地位相当的双方当事人通过利益衡量在法律允许的范围内对自己的权利义务关系作出安排，同时也体现了该制度的自愿性。此外，我国《仲裁法》第2条也进一步明确了仲裁双方应为"平等主体"。故根据我国现行法律规定可合理推断，凡涉及纵向法律关系的事项不能仲裁，如反垄断争议及专利和商标权的有效性争议等。

对于专利和商标权的有效性一类事项的争议，我国在现行仲裁制度之下肯定其不可仲裁性的态度比较明确。归根到底，现代法律意义上的知识产权可以追溯到封建时代君主颁发的"特许权"，是通过既定的国家行为建立起来的，自萌芽之日起就带有明显的公法性质。尤其是对于工业产权而言，由于其必须经过国家有关部门的登记和审查才能获得授权，因此对其有效性的审查也理应由国家行政机关进行。此外，《中华人民共和国专利法》（以下简称

《专利法》）和《中华人民共和国商标法》（以下简称《商标法》）将上述专利和商标权有效性的争议归类为纵向法律关系，发生争议应当由相应的行政机关先行处理，对处理决定不服的，可以申请司法复审，但当事人不能选择仲裁作为其争议解决方式。综上，由于该类争议属于国家行政机关与相对人之间的行政争议，双方并非平等的法律主体，不符合《仲裁法》对于可仲裁事项设定的主体条件，故该类纠纷应属于法院管辖事项的"自留地"，仲裁无权涉足。

从仲裁机构自身的性质来看，提交仲裁并不适用于解决所有类型的争议。例如，国际借贷争议是一类案情并不复杂却会掺杂复杂晦涩法律的冲突问题，普通法系国家的金融界人士通常认为，仲裁庭作出裁决往往是基于衡平双方利益，而非基于严格遵守相关法律规范，其在认定事实上展现出极大的优势。[1] 此种情况若交付仲裁可能导致法律欠缺安定性和预测性。另外，倘若争议的解决需要对自然人采取强制措施，或者因数份标的相同的合同发生争议，申请人或被申请人甚至双方当事人都是相同的，需要启动类似于诉讼法的合并审理程序或"集体诉讼"程序时，选择仲裁未必都是适当的。[2] 如前所述，如果仲裁庭不具有保证强制执行的手段且仲裁员欠缺专业能力是对于前述示例能否提交仲裁解决产生怀疑的合理缘由，那么反垄断争议的不可仲裁性与仲裁机构的行政色彩不无关联。在我国，有权对于反垄断行为进行调查并作出认定的机构为国家市场监督管理总局和省级市场监督管理局，前者属于国务院的直属部门，而后者作为省级政府的职能部门，二者共同承担反垄断执法的职能。虽然现行《仲裁法》明确规定"仲裁委员会独立于行政机关"，但仲裁机构由所在地政府组建，在性质上属于事业单位，其领导多为行政官员兼任或曾经担任官职，故仲裁机构与行政机关无论是在人事还是财务上都有着千丝万缕的联系。法谚有云："任何人不能做自己的案件的法官。"倘若我们过于急切地挖掘仲裁庭处理国际商事法律关系纷争的能力，以至于本末倒置地将支持仲裁的国际政策优先于国内的实际情况，将会导致仲裁机构在

---

[1]　See Oscar A. Rulz del Rio, Arbitration Clause in International Loans, *Journal of International Arbitration*, 1987（4）: 48-49.

[2]　See Mark Huleatt-James, Nicholas Gould, *International Commercial Arbitration: A Handbook*, LLP Ltd. 1999, pp. 9-10.

财务受制于所在地政府的情况下丧失其独立性、公正性。2008 年 8 月施行的《中华人民共和国反垄断法》（以下简称《反垄断法》）对于反垄断争议是否可以提交仲裁只字未提，一般认为《反垄断法》第 53 条①的措辞表明了前述争议不可交付仲裁解决。

近年来，中国在国际贸易中产生的反垄断争议数量日渐攀升。我们在注意到世界各国普遍放松对可仲裁性控制的同时，也应当认识到仲裁范围的扩大并不应以其他国家的立法和实践为标准盲目进行。无论是英美法系国家还是大陆法系国家，其可仲裁性立法的修改必然是在对本国政治经济、法治环境从整体上进行严密和综合的考量后才付诸实践。

4. 可仲裁性与公共政策

"可仲裁性这一概念涉及国家对作为争端解决方式之仲裁所施加的公共政策的限制。每个国家都会根据自己经济和社会政策决定哪些争议可以交由仲裁解决，哪些则不可以。"② 亦即可仲裁性问题是国家根据自身需要对仲裁施加公共政策限制的结果，体现了国家对于仲裁的控制。各缔约方在承认和执行公约裁决时，有权依据《纽约公约》之规定对裁决争议事项的"可仲裁性"进行审查，且审查的标准为其本国法。众所周知，各国基于其国情、法律体系和法律规范的差异，对同一事项是否具有可仲裁性的判断不尽相同，使得同一外国商事仲裁裁决，可能面临在这一国家被承认与执行，在另一国家则被拒绝承认与执行的情况，这就增加了裁决执行的不确定性。"一般而言，凡属国家法律规定专门属于国家法院管辖的事项，通常不能通过仲裁方式解决，而这些事项通常与社会公共利益密切相关。"③ 所以，有学者认为："不可仲裁事项与公共政策非常相似，两者具有重叠之处，甚至可以交替使用。在某些国家如美国，与公共政策相冲突的纠纷被法定为不可仲裁事项。"④

在越来越多元化的社会中，因社会个体的不同，其价值取向和利益追求往往也存在差异。政府通过政策的制定与实施，用行政手段保护一部分利益，

---

① 《反垄断法》第 53 条第 2 款规定："对反垄断执法机构作出的前款规定以外的决定不服的，可以依法申请行政复议或者提起行政诉讼。"

② Alan Redfern, Martin Hunter, *Law and Practice of International Commercial Arbitration*, *Second Edition*, Sweet & Maxwell, 1991, p. 137.

③ 赵秀文：《论国际商事仲裁中的可仲裁事项》，载《时代法学》2005 年第 2 期。

④ 郑鄂主编：《中国涉外商事审判研究（第二辑）》，法律出版社 2011 年版，第 243 页。

必要时牺牲另一部分利益，在这种国家强制分配的过程中确保社会整体利益的最终实现，以维持社会的公正与稳定。因此，公共政策也被解释为全社会利益的集中反映。① 如前文提到的那样，公共政策原则与可仲裁性的变化趋势呈现负相关模式，对于前者的限缩解释将会直接导致作用于后者的限制相应减少，而国家意志干预的减少也意味着，禁锢该趋势的枷锁被逐渐打破，可仲裁事项范围呈现不断扩大化的趋势。这种趋势主要表现为以公共政策为由拒绝承认和执行外国仲裁裁决的标准越来越严格等。但是值得注意的是，可仲裁事项范围的不断扩张并不意味着各国对于特定争议解决中包含的公共政策的放弃。一些事项在很大程度上会对他人或者社会公众产生影响，而他人和社会公众却不是仲裁协议的当事人，出于保障其利益的初衷，这类纠纷必须交给法院，最好是由专门法院处理，因为通过仲裁解决并非十分恰当，仲裁员也难堪此任。② 例如，反不正当竞争领域的争议及前文多次提及的工业产权有效性的争议便是很好的例证。

竞争法是国家管理市场、维护公共利益及本国经济体制的公法，基于这些法律产生的争议，国家有理由禁止提交仲裁。③ 此外，现行的《中华人民共和国反不正当竞争法》（以下简称《反不正当竞争法》）在争议解决方式上并未提及仲裁，而是规定行政机关有权处理。④ 但是，如果由于不正当竞争行为给其他经营者造成损失而产生的损害赔偿纠纷，即《反不正当竞争法》第17条第1款规定的争议，应当属于平等主体之间的民事纠纷，不涉及行政处罚或刑事责任的追究，可以提交仲裁庭裁决。由于专利和商标权有效性的认

---

① 参见陈庆云：《关于公共政策分析的理论思考》，载《北京大学学报（哲学社会科学版）》1995年第6期，第72页。

② William W. Park 教授在《Private Adjudicator and the Public Interest：The Expanding Scope of International Arbitration》一文中有这样两段文字："将涉及公共利益的事项交给仲裁员仲裁，法院是很担心的。他们会说，对仲裁员而言，这类争议的法律问题和事实问题太复杂了；仲裁程序极不正规，没有充分的发现程序；仲裁员就像看鸡笼的狐狸，具有支持商业的倾向，不充分执行旨在保护公共利益的法律；……没有上诉程序，使仲裁犹如黑洞，对裁决过的事项无法再予审理。""公共利益不仅属于纠纷的当事人，更属于社会公众。社会从来没有与谁签订仲裁协议，不是仲裁的一方当事人。"See William W. Park, Private Adjudicators and the Public Interest：The Expanding Scope of International Arbitration, *Brooklyn Journal International Law*, 1986（12）：629-640.

③ 参见宋连斌：《国际商事仲裁管辖权研究》，法律出版社2000年版，第127页。

④ 参见《反不正当竞争法》第29条："当事人对监督检查部门作出的决定不服的，可以依法申请行政复议或者提起行政诉讼。"

定会涉及第三人和公共利益，故一些国家认为此类争议不宜提交仲裁解决。在法国，仲裁庭不具有法律所赋予的宣告专利和商标无效的权力。依照意大利法律，仲裁庭不具有决定商标是否有效的权力。美国一向认为，"由于对无效专利进行制裁涉及重大的公共利益"，专利是否有效，"不宜适用仲裁程序，而应由法院来进行裁决"。①

《纽约公约》仅规定了七个可以拒绝承认与执行外国仲裁裁决的理由，如果两者可以等同，就改变了执行地国原有的司法监督仲裁的范围，也侧面体现出《纽约公约》立法技术的欠缺。不可否认，考量争议事项的可仲裁性时，会涉及公共政策的因素，但相比公共政策这一没有明确界限的标准而言，可仲裁性还有许多其他确定性的界定标准。不同的界定标准导致各国有关可仲裁性问题的立法差异，然而各国无外乎采取以下四个标准："可和解性"标准、"商事争议"标准、"财产权益"标准以及"公共政策"标准。

实际上，可仲裁性与公共政策是两个不同的概念，二者的区别如下：第一，《纽约公约》规定了判断"可仲裁性"的依据是执行地国法律。不同执行地国的法院根据其自身的国情和立法，对同一争议事项的可仲裁性可能会得出截然相反的结论。例如，有关破产的争议，日本、澳大利亚就认为其不具有可仲裁性，②而美国和芬兰则认为破产也可以提交仲裁。③而《纽约公约》规定的公共政策，一般是指国际公共政策，其在各成员之间不会存在太大的差异，更不会有截然相反的结果。第二，可仲裁性问题涉及对争议事项的具体判断，而公共政策问题则是对仲裁裁决的抽象判断。所以，在考察的范围上，可仲裁性只是考察公共政策时可能涉及的一个方面，不具有可仲裁性并不一定构成对公共政策的违反，只有当仲裁事项所涉及的内容关系执行地国的根本利益时，才会违反公共政策。第三，公共政策的概念本身不具有稳定性。同一国家处于不同的社会发展阶段，根据裁决案件的具体情况，可能会对公共政策作不同的理解；而且多数国家对公共政策并无明确的界定，

---

① 参见〔美〕大卫·普朗特：《美国的知识产权争议仲裁问题研究》，江波译，载《仲裁与法律通讯》1996年第5期。
② 参见陈治东、沈伟：《国际商事仲裁裁决承认与执行的国际化趋势》，载《中国法学》1998年第2期。
③ 参见韩健：《现代国际商事仲裁法的理论和实践》，法律出版社2000年版，第455页。

所以，不同国家对公共政策更会存在不同的判断。而争议事项的可仲裁性问题，是各国仲裁立法的一部分。虽然各国所规定的可仲裁事项的范围不一致，但对每一个国家而言，其法律或判例所形成的可仲裁事项的范围却是相对稳定的。

四、国际商事仲裁可仲裁事项扩张的边际

对仲裁是否具有可仲裁性，需要区分不同的阶段依据不同的法律予以判断。

（1）提起诉讼阶段。国际商事争议产生后，一方当事人在某一国家或地区提起诉讼时，依据《纽约公约》的规定，受诉法院应当审查当事人之间是否存在有效的书面仲裁协议，该协议所涉及的争议可否提交仲裁解决。如果争议不可提交仲裁解决，即争议不可仲裁，那么法院就可审理该争议。

（2）提交仲裁阶段。一方当事人依据仲裁协议提起仲裁，另一方当事人以争议事项不具有可仲裁性为由对仲裁协议的效力提出异议的，仲裁庭或法院应依照仲裁协议所适用的法律对仲裁协议的有效性进行判断。

（3）撤销仲裁裁决阶段。裁决作出后，对裁决不服的当事人有权在裁决作出地向有管辖权的法院申请撤销仲裁裁决。法院审查这一类案件实际上是行使其司法监督权，根据司法主权的原则，法院会以其本国法作为监督审查的依据。所以，当涉及争议事项根据本国法不具有可仲裁性时，法院可撤销仲裁裁决。

（4）裁决承认与执行阶段。当事人申请承认与执行外国仲裁裁决时，根据《纽约公约》的规定，执行地国法院有权依据其本国法对裁决所决事项的可仲裁性进行判断。

以上四个阶段在判断可仲裁性问题所适用的法律时可能会发生重合，也可能完全不同。例如，某一仲裁案件，当事人约定仲裁协议适用 A 国法，在 B 国仲裁，裁决作出后，裁决债权人又到 C 国申请承认与执行，这个过程中，对仲裁事项可仲裁性的判断就会涉及三个国家的立法规定。就第一、二个阶段而言，裁决尚未作出，不涉及承认与执行的问题，也不会涉及《纽约公约》的适用问题。对第三个阶段，法院有可能根据其本国法得出争议事项不具有仲裁性的结论，从而撤销仲裁裁决。那么到第四个阶段时，若第四个阶段中

承认与执行地国法院根据其本国法也得出同样的结论，则可直接拒绝承认与执行，不会产生其他问题；但若承认与执行地国法院根据其本国法认为仲裁事项具有可仲裁性，就会涉及已撤销的外国仲裁裁决承认与执行的问题。

从上述分析可以看出，在不同阶段，因适用不同的法律而有不同的结论。尽管各国法律规定不一，但在国际商事仲裁领域，均认为仲裁应以当事人的合意为前提，而当事人的意思自治原则自其诞生之日起就始终与各种限制条件相伴随。这是因为意思自治原则的本质决定了其不可能彻底摆脱任何限制而成为"高空中的浮云"。意思自治并非当事人的天然权利，也远未作为国际习惯法得到广泛认同。① 相反，它是国家赋予当事人的权利，目的是使当事人摆脱对立法机关和法院的简单服从而一举成为"解决他们自己法律纠纷的主导者"。但当事人自由选择法律的前提是，"当事人双方谈判实力对等，也不触犯第三方或国家的利益"。② "实力对等""第三方或国家的利益"就构成了对当事人行使意思自治权利时不可逾越的限制。因此，意思自治原则的本质也要求国家立法采纳对其限制的成分。

在当事人对仲裁事项作出约定时，法律如何对当事人的意思自治及当事人的合意进行限定，也直接影响争议"可仲裁性"的范围。尽管当前多数学者主张扩张国际商事仲裁"可仲裁性"的范围，但通过上文分析，当争议涉及以下事项时，依然不宜作出具有"可仲裁性"的解释。

（1）涉及政府管理的争议。商事性是国际商事仲裁的根本属性。政府管理行为所引发的争议属于行政争议范畴，尤其在一国行政机关与他国商事主体发生争议时，若可采取仲裁的解决方式，在申请承认与执行的过程中，可能涉及一国的行政行为受他国法院强制管辖的可能，这与一国的行政主权相悖。而上述所列举的国际商事仲裁"可仲裁性"扩张解释的范围中，市场管理争议中的行政管理行为、知识产权中产权的效力争议等即属于行政管理争议，理应不在"可仲裁性"之列。

（2）涉及法院专属管辖事项的争议。"一般而言，凡属国家法律规定专门

---

① 参见许庆坤：《论国际合同中当事人意思自治的限度》，载《清华法学》2008 年第 2 期。

② See Frank Vischer, General Course on Private International Law, *Recueil des Cours Tome 232*, Kluwer Academic Publishers, 1992.

属于国家法院管辖的事项，通常不能通过仲裁方式解决。"① 涉及与司法机关决策相关的争议最明显的例子是破产，由于破产涉及所有债权人利益的平衡保护，各国立法均对此作了专门的规定，若允许将破产事项提交仲裁，可能导致债权人利益无法得到公平保障，且破产事项属于法院专属管辖的事项，若允许当事人协商提交仲裁，则与国家的强制性规定相悖，因此不应获得支持。

（3）涉及公共政策的争议。尽管可仲裁性与公共政策存在不同，但公共政策是判断可仲裁性最有效的条件。所以，涉及公共政策的争议，一般也不应属于扩张可仲裁性解释的范围。

国际商事仲裁可仲裁事项的扩张已成为不可逆的潮流，亦引发了我国理论界及实务界的探讨。尽管国内多数学者赞同国际商事仲裁可仲裁事项应当扩张的主张，尤其是在当前我国司法支持仲裁的大环境之下，随着"一带一路"倡议进一步推进，有更多的国际商事争端可能约定仲裁方式予以解决，扩张对国际商事仲裁可仲裁事项的解读似为应有之义。即便如此，国际商事仲裁可仲裁事项的扩张亦应有所限制，国内立法也应当为其设定相应的边界，从而明确其扩张的范围。

第四节　临时措施的可执行性

临时措施制度是仲裁的基本制度之一。无论是《国际商事仲裁示范法》及国外著名仲裁机构制定的仲裁规则，还是 2014 年 5 月 1 日实施的《中国（上海）自由贸易试验区仲裁规则》（以下简称《上海自贸区仲裁规则》）及中国国际经济贸易仲裁委员会 2015 年 1 月 1 日实施的《中国国际经济贸易仲裁委员会仲裁规则》（以下简称 CIETAC《仲裁规则》），均专门对临时措施作出了规定。2006 年，《国际商事仲裁示范法》对临时措施制度全面修订后，国内外曾兴起研究临时措施制度的一阵高潮。一些国家或地区在修订其仲裁规则时，已吸收或借鉴《国际商事仲裁示范法》之规定以完善其仲裁制度。

---

① 赵秀文：《论国际商事仲裁中的可仲裁事项》，载《时代法学》2005 年第 2 期。

随着国际商事仲裁实践的发展，许多国家的仲裁立法以及仲裁规则均允许仲裁庭在审理案件时，根据情况的需要采取临时措施，以确保仲裁能更有效率、有秩序地进行。这有利于将来裁决获得顺利执行。然而，有关仲裁程序中临时措施的界定、内容以及其可否在国内外获得执行，国际上的认识并不统一。

一、临时措施的界定及依据

有关仲裁程序中临时措施的称谓，缘于各国法律制度的差异，其表达也不尽相同。联合国国际贸易法委员会 1976 年《贸易法委员会仲裁规则》[①]《国际商事仲裁示范法》[②] 以及《美国仲裁协会国际仲裁规则》[③] 将之称为临时性保全措施（interim measures of protection），《国际商会仲裁规则》[④] 则称之为临时或保全措施（interim or conservatory measures）。实践中，其称谓也不统一，英国将此类措施称为"玛瑞瓦禁令"（Mareva injunction），瑞士称为临时或保全措施。此外，还有学者将其称为中间措施、临时裁决、事前救济强制令等。从以上称谓可以看出，多数学者将中间措施与临时措施、临时裁决（provisional award）、中间裁决（provisional orders）、事前救济强制令（preliminary injunction relief）等同视之。[⑤] 也有少数学者将中间裁决与临时措施区别对待，并指出两者之间的差异，认为前者主要适用于有关责任问题、法律适用问题、仲裁庭的管辖权问题及一些没有法律争议、事实明显的问题的判断；后者则主要适用于证据保全、财产保全以及通过其他方式在仲裁程序结束之前保持现状的判断。[⑥]

（一）临时措施的界定

尽管称谓不一，但其内涵却大抵相似。国内外学者普遍认为，"一般说来，临时措施可以包括仲裁庭在对争议作出最终裁决之前发布的任何临时性

---

① 参见 1976 年《贸易法委员会仲裁规则》第 26 条。
② 参见《国际商事仲裁示范法》第 9 条。
③ 参见《美国仲裁协会国际仲裁规则》第 21 条。
④ 参见《国际商会仲裁规则》第 23 条。
⑤ 参见刘晓红主编：《国际商事仲裁专题研究》，法律出版社 2009 年版，第 299 页。
⑥ 参见邓杰：《伦敦海事仲裁制度研究》，法律出版社 2002 年版，第 367 页。

裁定。"① "在仲裁过程中，仲裁庭或者法院在特定情形下有必要发布证据保全、财产保全以及通过其他方式在仲裁程序结束之前保持现状的裁定，此类裁定即为临时措施（interim measures）。"②

所以，临时措施是指法院或仲裁庭在作出终局裁决前，为便于仲裁争议的解决，对仲裁过程中出现的问题所采取的措施或决定；包括仲裁庭或法院在对争议作出终局裁决之前发布的任何临时性裁定，而仲裁临时措施即为仲裁庭所采取的临时措施。只要是在仲裁终局裁决作出之前，仲裁庭所采取的所有措施均称为仲裁临时措施。至于仲裁临时措施存在的形式，可能是仲裁庭的裁决（award），也可能是其作出的指令（order）、决定（decision）、指示（direction）等。以裁决的形式而言，有的称为部分或临时裁决，有的称为中间裁决。

《上海自贸区仲裁规则》并未对临时措施的概念作出规定，根据第18条之规定，临时措施是仲裁庭或法院在仲裁开始前或仲裁进行过程中，根据当事人的申请，所采取的财产、证据、行为以及法律允许的其他保全措施。不难看出，《上海自贸区仲裁规则》并未规定临时措施决定的形式，虽然其明确了仲裁庭和法院都有权作出临时措施的决定，但临时措施仅适用于仲裁开始前或仲裁过程中所出现的程序问题，而不包括对纠纷实体问题的决定。

（二）仲裁庭作出仲裁临时措施的依据

仲裁庭作出仲裁临时措施的依据，可能来源于仲裁协议，也可能来源于所适用的仲裁程序法；如果仲裁协议约定依据某一仲裁规则，这一规则也可能包括作出此类措施的规定。③

（1）仲裁协议。众所周知，契约性系仲裁的根本属性，"仲裁协议是国际商事仲裁的基石"④，仲裁协议的约定既是协议当事人权利的让渡、仲裁当事

---

① Raymond J. Werbicki, Arbitral Interim Measures: Fact or Fiction?, *Dispute Resolution Journal*, 2003 (11): 69.

② Alan Redfern, Martin Hunter, *Law and Practice of International Commercial Arbitration*, *Third Edition*, Sweet & Maxwell, 1999, p. 345.

③ 参见〔英〕艾伦·雷德芬、马丁·亨特等：《国际商事仲裁法律与实践（第四版）》，林一飞、宋连斌译，北京大学出版社2005年版，第399页。

④ See Alan Redfern, Martin Hunter, *Law and Practice of International Commercial Arbitration*, *Third Edition*, Sweet & Maxwell, 1999, p. 135.

人参与仲裁的行为准则，也是仲裁庭得以行使仲裁裁判权并限定仲裁权范围的依据之一。若仲裁协议对仲裁庭的权力进行了约定，在不违背仲裁地或仲裁机构所在地法律强制规定的前提下，仲裁庭应依仲裁协议之约定行使仲裁权。① 所以在签署仲裁协议时，当事人可以约定赋予仲裁庭或仲裁员作出与该仲裁有关的中间措施的权力。这种约定也得到了一些国家立法的支持，如1996年《英国仲裁法》第39条便规定，当仲裁当事方没有就仲裁员在仲裁过程中享有的作出中间措施的权力进行约定，亦没有明示排除仲裁员可享有的立法赋予的权力时，仲裁员可享有裁决中间措施的基本权力。言外之意，根据1996年《英国仲裁法》，当事人完全有权在仲裁协议中对仲裁庭决定中间措施的权力进行约定，并赋予仲裁员相应的权力。

（2）国内法。在国际商事仲裁中，当事人不仅可以选择纠纷解决适用的实体法，也可以对仲裁庭进行仲裁的程序法作出选择，当仲裁协议中对仲裁程序所适用的法律或规则进行了约定，只要该约定不违背仲裁地的强制性规定或公共政策，② 仲裁员是否有权作出临时措施的裁决，就必须依照所约定的适用法的规定。有的国内立法在仲裁庭权力的规定上，明确了仲裁庭有权采取临时措施，尤其是在借鉴或采纳《国际商事仲裁示范法》的国家的立法上。有的国家法律虽然规定仲裁员有权作出临时措施的决定，但其权力有限。如《瑞士联邦国际私法法典》规定，仲裁员仅有权提出采取临时措施的建议，法院才有权作出决定。③

（3）仲裁规则。与民事诉讼法规范民事诉讼参与人的权利、义务类似，仲裁规则乃仲裁参与人行使权利、履行义务之依据。由于法院是代表国家行使审判权的机关，而仲裁庭是民间争端解决的中立组织，仲裁规则并不像法律一样具有广泛适用性，只在选择适用仲裁方式解决争端的当事人之间产生约束力。在1998年《国际商会仲裁规则》修改之前，仲裁庭或仲裁员在仲裁

---

① 由于享有仲裁裁决撤销权的法院仅属于仲裁所在地或仲裁机构所在地的法院，且依据《纽约公约》，其他国家虽然对执行的外国仲裁裁决有审查权，但仅限于拒绝承认与执行，所以即使仲裁庭越权行使职能，执行地国法院也无权对其予以撤销。

② 一般而言，违反当地公共政策或强制程序规则的，当地法院不予认可、不予支持。

③ 参见《瑞士联邦国际私法法典》第183条："（1）除双方另有约定外，当一方当事人提出临时措施的申请，仲裁庭可以作出临时措施的决定；（2）当事人不遵守临时措施决定的，仲裁庭可请求有管辖权的法院予以协助"。

的过程中是否有权作出采取临时措施的裁决，各类仲裁规则并无明确的约定。目前，许多仲裁机构的仲裁规则均对仲裁庭具有采取临时措施的权力进行了规定，例如，1998 年《国际商会仲裁规则》第 23 条、《贸易法委员会仲裁规则》第 26 条、《世界知识产权组织仲裁中心仲裁规则》第 46 条、《中国国际经济贸易仲裁委员会仲裁规则》第 23 条、《伦敦国际仲裁院仲裁规则》第 25 条、《米兰仲裁院仲裁规则》第 25 条、《美国仲裁协会商事仲裁规则》第 34 条等。

（4）《纽约公约》及《国际商事仲裁示范法》。《纽约公约》第 2 条第 3 款规定："当事人就诉讼事项订有本条所称之协定者，缔约国法院受理诉讼时应依当事人一造之请求，命当事人提交仲裁，但前述协定经法院认定无效、失效或不能实行者不在此限。"有学者认为："该条要求缔约国法院将当事人协议仲裁的争议，即使已经提交法院诉讼的，亦应全部移交仲裁解决，这实际上认为法院没有管辖权。既然法院没有管辖权，而仅有仲裁庭有对争议事项的管辖权，那么针对与该事项所需要采取的临时措施的裁决也应由仲裁庭作出。"① 虽然《纽约公约》并未就临时措施问题作出明确规定，但从文义上理解，一方面，《纽约公约》该条之规定可以引申出包含仲裁庭有作出采取临时措施裁决的权力；另一方面，该条亦未排除法院采取临时措施的权力，只是法院是否有权行使该权力，应该依据相应的国内法来定。

2006 年修订的《国际商事仲裁示范法》第 17 条，对国际商事仲裁中关于临时措施的裁决进行了修改，该条认为法院及仲裁庭均有权采取临时措施，仲裁庭作出的采取临时措施的裁决具有可执行性，且可根据临时措施申请人的单方面申请作出裁决。②

尽管以上依据赋予了仲裁庭作出采取临时措施裁决的权力，但当仲裁庭面对作出临时措施裁决的申请时，还需考虑多方面的因素：其一，仲裁临时措施的范围。若仲裁协议、依据的法律或规则对临时措施所针对事项的范围作出了规定或限制，那么只有当当事人的申请在该限制范围之内时，仲裁庭方有权作出采取临时措施的裁决。其二，程序正义的要求。程序正义关系临

---

① Mauro Rubino-Sammartano, *International Arbitration Law and Practice*, *Third Edition*, Jures Publishing International, 2014.
② 参见《贸易法委员会国际商事仲裁示范法》第 17 条、第 17H、17B 条。

时措施的裁决及终局裁决的效力和执行，而当事人单方面申请仲裁庭下达采取临时措施的裁决时，仲裁庭应考虑如何保障对方当事人的权利，是否需要给予对方当事人答辩的机会或要求申请人一方提供足够的证据，否则就可能成为对方当事人拒绝承认与执行的理由。其三，裁决内容的合理性。临时措施的宗旨是有利于争端的解决、还正义于当事人，所以在作出裁决时，裁决的具体内容不能与之相悖。例如，作为仲裁当事人一方的船东要求仲裁庭作出出售船上货物的指令，此时，仲裁庭应该综合考虑船东是否熟悉市场、当地及周边市场价如何、货主对市场的掌控程度及其是否愿意提供担保以保留货物等因素，如果货主既了解市场又不愿意出售货物，而船东并不熟悉市场，那么仲裁庭作出船东出售货物的指令，显然就不具合理性。

二、仲裁庭临时措施决定的执行困境

以《上海自贸区仲裁规则》为例，根据该规则第 18 条之规定，法院、仲裁庭或紧急仲裁庭有权对程序性问题作出临时措施的决定，但这一决定对国内外当事人、当事人以外的第三人是否可强制执行，则需依据我国《民事诉讼法》《纽约公约》及执行地国家的法律进行判断。不同机构作出的不同种类的临时措施决定，是否可获得执行的结果也不一样。

（一）仲裁临时措施的种类

根据不同的标准，可将仲裁临时措施划分为不同的种类。依仲裁临时措施是否需要当事人的申请，可将其分为依当事人申请的临时措施及仲裁庭自行决定的临时措施；依仲裁庭作出临时措施所确定内容的不同，可将其分为对实体事项的临时措施及对程序事项的临时措施。对于各类临时措施的内容，有的国家立法以列举的方式对仲裁员可以作出的具体的临时措施的权力进行了规定。如 1996 年《英国仲裁法》第 38、39 条规定，仲裁员可对以下事项作出临时裁决：（1）决定费用担保的申请；（2）下令由仲裁员、专家（包括仲裁员自行委托的专家）或仲裁当事人对任何物件进行检查、复印、保存、储存或扣留，也可以下令对任何物件提取样本、保留或对物件进行实验；但仲裁员只能对属于仲裁标的的物件或与该标的相关的问题进行调查，且该物件在仲裁当事人占有或持有之下；（3）仲裁员可指示仲裁当事人或证人以宣誓形式作证，也可在其指示下监督；（4）与仲裁案件相关的证据材料，仲裁员可指示仲裁当事人对任何证据进行保存。从 1996 年《英国仲裁法》的规定可以看出，由于仲裁庭的权力首先来自仲裁协议的约定，有关采取临时措施的权力亦局限于针对仲裁当事人所拥有、占有、管理或其控制的范围内的物或证据，所以在《英国仲裁法》下，仲裁员所拥有的采取临时措施的权力是有限制的，只能约束仲裁当事人。

一般而言，有关程序事项的临时措施往往需要当事人的申请，而有关实体事项的临时措施既可源于当事人的申请，也可根据案件的情况或需要由仲裁庭自行作出。

1. 对实体事项的临时措施

如今的仲裁已经发展成了一种服务，仲裁员既是仲裁双方当事人争议的决断者，又是服务的提供者。仲裁员的身份决定了其在处理争端过程中必须较法官更讲究效率性、专业性和准确性。为避免当事人就无关仲裁事项进行过多争议，或为了使仲裁能更有序、有效率进行，仲裁庭可对相关实体事项作出临时措施的裁决。

（1）对时效问题的裁决

由于时效届满的抗辩一旦成立，仲裁申请人的请求就不受法律保护，起到釜底抽薪的效果。因此，仲裁被申请人往往会选择以此为由，不遗余力地进行抗辩。此时，若仲裁员对时效问题已有判断，为避免双方无谓的争议，可对此作出临时裁决。

（2）对定性和定量分离问题的裁决

争议的解决最终必须落实在责任的承担上，而责任承担涉及是否有责任及责任的大小两个问题，即定性和定量的问题，且唯有确定了需承担责任后才有审查责任大小的必要。由于定量问题与当事人的具体责任或支付金额的大小相关，往往更能引起当事人的重视，如果仲裁庭将定性与定量问题夹杂审理，可能会导致过多时间被用于定量问题的争执上。尤其是在复杂、标的额巨大的案件处理过程中，案件本身审理的期限就较长，且这个程序还可能涉及会计师、技术专家和其他人士的参与或论证，这无疑会涉及巨额费用。[①]"如果可能将原则问题（即定性）与分担问题（定量）分开，那么这样做通

---

① 参见《日照钢铁与吉布森铁矿石纠纷再起》，http://www.yicai.com/news/2167043.html。

常是值得的。"① 在定性问题未解决之前，仲裁庭过多纠缠于定量问题，最后可能会因定性问题的结果而使定量问题的争论成为无用之功。此外，仲裁庭对定性及定量问题作出裁决后，被申请人明白其无法逃避责任，完全有可能促使仲裁当事人就定量问题达成和解。

（3）对限制条款的裁决

所谓限制条款，也称责任限制条款，是指合同约定，当一方或任一方当事人违约时，守约方请求其赔偿的数额限定在一定范围之内。例如，当事人约定，任何情况下均不支付利润损失。由于国际商事仲裁往往涉及不同国家的当事人，且不同国家的立法对"限制条款"的认定本就存有争议，② 若仲裁庭能依据适用法确定此类条款的效力，既能避免当事人就此产生争议，又能在请求数额上对申请人有所指引，也可增加当事人协商的可能性。

（4）对法律适用问题的裁决

在一些商事争议的合同中，当事人对适用哪一国法律没有约定或约定不明，在这种情形下，仲裁员为推进仲裁，往往会首先作出一个临时裁决解决法律适用问题。一旦仲裁庭作出应该适用某一外国法的临时裁决，就有利于尽早找出争议案件的法律依据，便于尽快作出最终裁决。因为英美法系国家通常认为外国法为事实，而非法律。所以，一旦仲裁庭裁定外国法为准据法时，还会涉及外国法的查明方法问题。例如，在英国法律下，把外国法看作"事实"，用确定事实的程序来确定外国法的内容，即关于外国法中有无相关规定和其内容如何，须由当事人举证证明。③ 因此，一旦仲裁庭作出某一外国法为一个适用的法律的临时裁决，就有利于找出争议案件的法律依据，便于作出最终裁决。

2. 对程序事项的临时措施

在仲裁庭裁决实体性事项期间或之前，因案情的需要，一方当事人（一般是申请人或反请求的申请人）认为另一方有转移财产、抽逃资金等可能危

---

① 〔英〕艾伦·雷德芬、马丁·亨特等：《国际商事仲裁法律与实践（第四版）》，林一飞、宋连斌译，北京大学出版社 2005 年版，第 401 页。

② 例如，依据我国《合同法》第 39、40 条之规定，如果格式合同中的"限制条款"并未明确提示非提供格式条款的一方当事人，那么这样的限制条款在我国《合同法》下就有可能被认定为无效。

③ 参见韩德培主编：《国际私法新论》，武汉大学出版社 2003 年版，第 200 页。

及最终裁决的执行时，为避免损失，保障仲裁程序的顺利进行及将来仲裁裁决的执行，根据当事人的请求，仲裁庭会对相应的程序问题作出裁决。这类裁决主要包括三种：第一种是旨在避免不利影响、损失或损害的裁决，主要包括防止转移财产及保持财产价值的保全裁决，如仲裁过程中的财产保全；第二种是为便于以后终局裁决执行的裁决，主要是对行为强制的裁决，即强制当事人可为或不可为一定行为的裁决；第三种是保存证据、保证仲裁程序顺利进行的裁决，主要是与取证或保护证据有关的保全裁决。

3. 两类中间措施的区别

首先，从有权作出决定的主体看，对实体事项的临时措施只能由解决争议的仲裁庭或仲裁员作出；而对程序事项的临时措施既可以由法院作出，也可以由仲裁庭作出。"早期，临时措施只能由法院作出，随着国际商事仲裁的发展，要求法院减少干预仲裁、仲裁当事方自决及下放权力给仲裁庭的呼声也日益高涨。"[①] 此外，仲裁员熟悉案情，对衡量应否下达临时措施的指令更为直接，更省时间，也更有利于公平正义地处理案件。但若没有法院的支持，仲裁庭或仲裁员作出的临时措施的决定可能面临只对仲裁当事人有效及执行困难的局面。如果当事人需要在仲裁开始之前申请采取临时措施，此时，仲裁尚未开始，法院的介入就不可避免。以1996年英国《仲裁法》和《国际商事仲裁示范法》为例，立法的趋势是在尊重当事人自决的前提下，把决定临时措施的权力授予仲裁庭，但法院依然保留对其有管辖权的仲裁案件下达采取相应的临时措施指令的权力。

其次，从实施的时间看，对实体事项采取临时措施的申请和决定，只能在仲裁开始后、终局裁决作出之前；而对程序事项采取临时措施的申请和决定，既可以在仲裁开始前，也可以在仲裁进行的过程中。由于对程序事项采取临时措施的决定可以由法院作出，针对仲裁前的证据保全和财产保全，有管辖权的法院均可根据当事人的申请，在仲裁开始前依法作出相应的决定，如仲裁一方当事人协助取证、保留证据、扣船等。

再次，从效力及结果看，仲裁庭作出的对实体事项的临时裁决，其执行

---

① 杨良宜、莫世杰、杨大明：《仲裁法：从开庭审理到裁决书的作出与执行》，法律出版社2010年版，第792页。

地往往位于仲裁地所在国以外，或涉及其他国家的当事人，即使该裁决获得仲裁地法院的支持，也会面临在其他国家承认与执行的问题。而如果当事人向法院提出关于采取程序事项临时措施的申请，则可以直接向对被申请人采取强制措施所在地国家的法院或财产所在地法院提出。显然，只要该法院受理并作出了相应的指令，不能执行的问题就可以避免。

最后，从约束范围看，由于仲裁庭或仲裁员的权限来源于仲裁协议的约定，即使法律或仲裁规则有其他规定，也应首先尊重当事人的约定。所以，仲裁庭或仲裁员作出的裁决只能约束仲裁当事人双方，对他人没有拘束力。而法院作为国家行使司法权的代表，其作出的对程序事项临时措施的决定，在裁决作出地国不仅对临时措施的申请人与被申请人具有约束力，对其他人也具有约束力。

（二）法院作出的临时措施决定：无法在国外获得执行

仲裁开始前或仲裁进行的过程中，当事人依据法院地国家法律的规定，向法院或仲裁庭提出临时措施的申请，法院审查后认为符合条件的，根据当事人的申请事项，作出相应的临时措施决定。若临时措施涉及财产保全的，该决定实质上是仲裁前或仲裁过程中财产保全的决定；若临时措施涉及行为保全的，实质上就是法院在仲裁前或仲裁过程中作出的行为保全的决定或裁定。不管属于哪一种，其可否获得执行亦会因执行地国家的不同使得执行结果相异。

1. 法院地所在国内

无论申请保全的当事人或申请保全的案件是否具有涉外性，法院作出的保全决定完全符合这一国内民事诉讼法之规定。"在国际民事诉讼中，当事人的实质性权利可能根据外国法来决定，但一个涉外商事争议被界定为程序问题将排他地适用法院地法律。"① 而法院的诉讼行为，属于程序性的问题，即使具有涉外性，亦系法院行使国家司法权的一种表现形式。因而其在本国内非但当事人需遵守，该决定所涉及的其他主体也应依法遵守、执行。否则，法院将依法追究相关人员的责任。

---

① 李双元、谢石松：《国际民事诉讼法概论》，武汉大学出版社 2001 年版，第 511—512 页。

2. 法院地所在国或地区以外的国家或地区

由于一国或地区法院作出的仲裁前或仲裁过程中的保全决定系行使该国或地区司法权之行为，根据司法主权的原则，除非达成司法合作协议，否则另一国或地区并无执行他国或地区内法院判决、裁决或决定的义务。因此，在一国或地区内法院作出的临时措施决定，只有在有司法协助协议的国家或地区方能获得该国或地区的承认与执行。

基于以上分析，当事人依据我国民事诉讼法律和《上海自贸区仲裁规则》向我国法院提出临时措施的申请，法院依法作出支持的决定后，在我国国内完全可以得到执行；若当事人依据其他国家或地区民事诉讼法律和《上海自贸区仲裁规则》向他国或地区法院提出临时措施申请，并获得支持后，在该国或地区毫无疑问亦可获得执行。至于我国法院作出的临时措施在他国或地区可否执行，以及他国或地区法院的临时措施决定在我国是否可执行，则要根据这一国家或地区是否与我国存有司法合作协议来定。

（三）仲裁庭作出的临时措施决定：执行受阻

《上海自贸区仲裁规则》第 24 条明确规定，当事人应当遵守仲裁庭作出的临时措施决定。但仲裁规则并非法律，不具有强制性，因而，当事人是否会对仲裁庭作出的临时措施决定自觉执行不得而知。此外，由于仲裁庭的权力源于仲裁当事人的约定，一旦仲裁庭的临时措施决定涉及仲裁当事人之外的第三人，该临时措施决定对第三人的效力又将如何？国内仲裁庭和外国仲裁庭均可能依据《上海自贸区仲裁规则》作出临时措施的决定，笔者以下将从这两个方面对仲裁庭临时措施决定的执行问题分别进行分析。

1. 依据《上海自贸区仲裁规则》在我国作出临时措施决定在我国的执行

仲裁庭依据《上海自贸区仲裁规则》在我国作出临时措施决定在裁决地国或地区内是否可强制执行，尚需依据该国或地区仲裁法或民事诉讼方面的法律的有关规定进行判断。

在我国，有关程序性问题的仲裁临时措施的法律规定有《民事诉讼法》与《仲裁法》。根据我国《仲裁法》第 28 条以及《民事诉讼法》第 101 条之规定，只有法院有权采取证据、财产和行为保全的措施，仲裁庭无权行使该权力。即使向仲裁庭提出申请，仲裁庭也需要转移到法院、待法院作出裁定后方能实施。不过，《上海自贸区仲裁规则》第 3 章专门对临时措施进行了规定，《CIETAC 仲裁规则》第 23 条第 2 款规定："根据所适用的法律或当事人的约定，当事人可以依据《中国国际经济贸易仲裁委员会紧急仲裁员程序》（本规则附件三）向仲裁委员会仲裁院申请紧急性临时救济。紧急仲裁员可以决定采取必要或适当的紧急性临时救济措施。紧急仲裁员的决定对双方当事人具有约束力。"从以上规定来看，尽管《上海自贸区仲裁规则》及《CIETAC 仲裁规则》授予了仲裁庭对程序性问题可以决定采取临时措施的权利，但也设置了前提条件，即《上海自贸区仲裁规则》规定需依据"执行地所在国家或地区"的法律提出申请；而《CIETAC 仲裁规则》则规定需在"所适用的法律或当事人的约定的法律"允许的前提下方可作出这样的裁决。这样一来，如果适用的是我国法律，从《民事诉讼法》《仲裁法》的规定来看，仲裁庭无权作出临时措施的裁定。

所以，如果是在我国国内仲裁机构依据《自贸区仲裁规则》作出的临时措施决定，原则上其在我国并不具有强制执行力。如果临时措施的执行地在外国，且该国法律允许仲裁庭决定临时措施，则《自贸区仲裁规则》下的仲裁庭有权作出临时措施决定。对于涉《自贸区仲裁规则》案件的仲裁临时措施裁决，《上海市第二中级人民法院关于适用〈中国（上海）自由贸易试验区仲裁规则〉仲裁案件司法审查和执行的若干意见》（以下简称《若干意见》）第 6 条给予了积极回应，规定当事人提出仲裁前或仲裁程序中保全申请的应立即受理，并降低了仲裁保全裁定（临时措施）担保的门槛，缩短了仲裁保全立案审查与执行的期限，这将促进仲裁保全措施的实施，有利于保障仲裁当事人的合法权益。依据该规定，上海市内各区基层法院及中级人民法院将支持依据《自贸区仲裁规则》作出的临时措施，并对其予以执行。

从《中华人民共和国宪法》（以下简称《宪法》）和《中华人民共和国立法法》（以下简称《立法法》）来看，立法权和法律解释权属于全国人民代表大会和全国人民代表大会常务委员会。就目前我国法律层面的规定来看，《民事诉讼法》和《仲裁法》均没有关于仲裁庭作出临时措施的规定，亦无任何法律解释授权仲裁庭有权作出临时措施之决定。尽管《全国人民代表大会常务委员会关于加强法律解释工作的决议》和《中华人民共和国人民法院组织法》（以下简称《人民法院组织法》）赋予了最高人民法院解释适用法律的权力，但该权力与全国人民代表大会常务委员会行使解释宪法和解释法律的权力完全不同，该解释权限于解释审判和检察工作中具体应用法律、法令的问题。《若干意见》是上海市第二中级人民法院出台的关于适用某一规则的意见，既非法律性文件，也不是司法解释，只是上海市第二中级人民法院指导其辖区内行使司法审判权的意见。所以，并不具有法律拘束力，无法成为仲裁庭依据《自贸区仲裁规则》在我国作出临时措施决定强制执行的法律依据。

2. 裁决地国或地区以外的国家或地区

仲裁庭依据《自贸区仲裁规则》作出的临时措施裁决，在裁决地国或地区以外的国家或地区的承认与执行存在两种情况：第一，国外仲裁庭依据《自贸区仲裁规则》作出的临时措施决定在我国的承认与执行；第二，我国仲裁庭依据《自贸区仲裁规则》作出的临时措施决定在其他国家或地区的承认与执行。不管哪一种情况，由于涉及外国仲裁裁决承认与执行的问题，《纽约公约》或双边达成的协定都将成为执行法院审查的主要依据。

（1）仲裁庭关于临时措施的裁决不属于《纽约公约》规定的裁决

一旦当事人提出有关外国仲裁机构文书执行的申请，执行法院面临的首要问题就是该文书属于何种性质的文书。只有确定了文书的性质，方可决定如何适用法律（公约、双边协议抑或国内法）。同样，在执行法院确定申请执行的文书是仲裁临时措施之后，尚需判断申请执行的临时措施决定如何界定，是否属于《纽约公约》所包含的裁决。

Albert Jan van den Berg 教授在《纽约公约》生效五十周年之际发表的《1958 年纽约公约拒绝执行的理由》中说："临时裁决是否有别于《纽约公约》第 1 条第 1 款、第 3 款、第 2 条第 1 款、第 5 条第 1 款第 3 项下的裁决，要看仲裁庭所作出的临时裁决是否对双方当事人具有拘束力。"[1] 从《纽约公约》第 1 条第 2 项之规定来看，凡仲裁员或仲裁机构作出之仲裁裁决，不论是临时裁决、部分裁决还是最终裁决，均属《纽约公约》规定的范畴。但是在《纽约公约》第 5 条所规定的被执行人请求拒绝承认与执行的理由中，除第 5 条第 1 款第 2 项 "未接获关于指派仲裁员或仲裁程序之适当通知，或因他故，致未能申辩者" 外，其他明显是针对仲裁庭实体审理过程中可能出现

---

[1]　Albert Jan van den Berg: New York Convention of 1958: Refusals of Enforcement, *ICC International Court of Arbitration Bulletin*, 2007（2）.

的问题提出的抗辩理由。而有关指派仲裁员及申辩的权利是自然公正的内容，应属仲裁参与人最起码的程序权利，不论在什么情况下都应当享有。因此，综合《纽约公约》第5条规定的七项拒绝承认与执行的理由来看，《纽约公约》所指的仲裁裁决仅指有关实体权利义务的裁决。

所以，从《纽约公约》上下文之文义来看，公约所指的仲裁裁决应是对实体问题的裁决，包括对实体问题的临时裁决、部分裁决和终局裁决，而对程序问题的临时裁决则不属于该公约下的裁决。仲裁庭可以依据仲裁协议、国内法或仲裁规则对程序性问题作出相应的临时裁决，但该临时裁决是否具有拘束力则依赖当事人的自觉遵守或执行地国或地区法律的特殊规定。

实践中，对于仲裁庭针对仲裁程序的裁决是否属于《纽约公约》下的裁决，国际上并无统一的认识，特别是在仲裁协议的适用法对这种情况没有明确规定时。如意大利法院在 WTB v. Costruire Coop srl 案中就拒绝承认与执行仲裁庭的临时裁决，澳大利亚法院在 Resort Condominius International Inc. v. Bolwell and another 案以及美国法院在 Publicis Commun v. True North Communs. Inc. 案中均拒绝承认与执行这一类的仲裁裁决。

（2）《纽约公约》并无明确界定，法院可依照我国法律予以解释

目前，我国法院尚未受理过申请承认与执行外国商事仲裁中针对临时措施作出决定的案件，法院及其他官方机构对此如何评判不得而知。理论上，根据现有的法律，我国法院不应承认及执行外国仲裁庭关于仲裁临时措施的裁决。《纽约公约》旨在促进外国仲裁裁决在缔约国内得到顺利的执行。这一宗旨的实现一方面建立在争端当事人纠纷解决的意思自治的基础之上。另一方面，还依赖于各国司法权的让渡。因一旦裁决作出后，若被执行人不主动履行裁决所确定的给付义务，尚需被执行人所在地法院强制执行。而强制执行的并非本国司法机构的判决或裁决书，却是外国的商事仲裁裁决，且法院执行时对外国裁决的内容没有实体审查权，若其拒绝承认与执行裁决，只能依据《纽约公约》第5条及其国内法之规定；若其承认与执行裁决，则需要执行地国或地区让渡更大的司法权，而这些权力一般专属于法院；一旦此类裁决作出后，执行地法院也不得对其正当与否进行审查，这无疑会增加法院承认与执行的难度。此外，关于仲裁程序性问题的裁决具有随意性和紧迫性，但其欲在一国或地区获得承认和执行总会经历一定的流程，也会需要一定的

时间，这实际上使该类裁决的效果很难得到实现。例如，针对外国临时保全措施的裁定，在外国当事人申请承认及执行时，本国当事人可能早已转移了相关资产。

《纽约公约》对临时裁决并未作出界定。当一项外国仲裁临时措施的裁决在我国申请承认与执行时，我国受理申请的法院有权对该裁决的性质进行审查。如何确定裁决的性质，首先需要明确依据哪国法律来判断。由于在国际民事诉讼中，当事人的实质性权利可能根据外国法决定，但一个涉外商事争议被界定为程序问题将排他地适用法院地法律。而法院的诉讼行为属于程序性的问题，对于法院的诉讼中的行为以及其审查的内容，确定裁决的性质实际上就是确定法院审查的内容之一，所以法院应依据法院地法即我国法律判断。《仲裁法》第54条规定，仲裁裁决是指仲裁庭依据应当适用的仲裁规则将提交仲裁解决的案件审理完结之后，对仲裁申请人提出的仲裁请求作出的支持或不予支持的结论。言外之意，我国《仲裁法》所指的仲裁裁决是终局裁决，不包括临时裁决、中间裁决，既然我国法律不予承认关于临时措施的裁决，法院也不宜支持外国临时措施裁决的承认与执行。

（3）仲裁机构没有对程序性问题作出临时措施的权力

在我国，有关程序性问题的仲裁临时措施的法律规定有《民事诉讼法》与《仲裁法》。其中，有关财产和证据的保全方面的决定权都在法院，即使向仲裁庭提出申请，仲裁庭也需要将申请转移到法院，待法院作出裁定后方能实施。尽管《上海自贸区仲裁规则》及《CIETAC仲裁规则》授予了仲裁庭对程序性问题可以决定采取临时措施的权力，但也设置了前提条件。如此，如果适用的是我国法律，从《民事诉讼法》《仲裁法》的规定来看，仲裁庭无权作出临时措施的裁定。

（4）依据《纽约公约》第5条第2款第2项可拒绝承认与执行

即使外国仲裁庭对程序性问题作出的中间措施的裁决可以依据《纽约公约》在我国申请承认与执行，也会面临我国法院依据《纽约公约》第5条第2款第2项可拒绝承认与执行的局面。前文已述及，按照我国目前的立法，对程序性事项作出裁决的权力在我国是专属于法院权力的范畴，仲裁庭无权行使，否则就违反了我国强制性法律的规定。所以，针对外国的程序性事项的临时裁决承认与执行的申请，我国法院在审查时，可以以其与我国强制性法律之规定相悖，违反我国公共政策为由拒绝承认与执行。

(四) 紧急仲裁庭作出的临时措施决定：权源存疑

《上海自贸区仲裁规则》第 21 条规定了紧急仲裁庭的产生、权限及行使权力的程序，这也是我国第一次在仲裁规则中规定紧急仲裁庭制度。从《上海自贸区仲裁规则》的规定可以看出，"紧急仲裁庭"系专门为应对当事人需要尽快采取临时措施而创设的一个制度，是指在仲裁案件受理后至仲裁庭组成前，根据当事人提出的临时措施申请，在执行地国家或地区法律许可的前提下，仲裁委员会认为需要时，指定一名仲裁员审查当事人的申请并作出决定的仲裁庭。"紧急仲裁庭制度"的设置有利于上海国际仲裁中心在仲裁庭有权作出临时措施决定的国家开拓仲裁市场，充分保护了临时措施申请人的合法利益，为嗣后的执行做好了准备。

紧急仲裁庭依据《上海自贸区仲裁规则》作出的临时措施决定，首要问题在于紧急仲裁庭是否有权作出这一决定，如果其权源无争议，则其作出的临时措施决定与仲裁庭作出的临时措施决定在效力和执行力上并无二异。

《上海自贸区仲裁规则》第 21 条规定："紧急仲裁庭应在仲裁庭组成之日解散"，且除非当事人另有约定，组成紧急仲裁庭的仲裁员不再担任与临时措施申请有关的争议案件的仲裁员。这说明紧急仲裁庭并非仲裁案件实体审理的仲裁机构，也不是当事人仲裁协议所约定的解决其争议的机构，而仅是根据单方当事人的申请，由仲裁委员会自行决定成立的仲裁庭。然而，仲裁委员会是否有权作出这一决定？此外，任何受判决结果影响的当事人有权获得法庭审判的机会，并且应被告知控诉的性质和理由。这是程序正义的基本要求。尽管程序正义是诉讼范畴的要求，仲裁过程中的程序主要受仲裁所适用的仲裁规则的约束，但仲裁规则不可能涵盖仲裁程序的方方面面，在仲裁规则未规定的领域，仲裁庭依然要保证仲裁过程的程序正义。那么，仲裁委员会决定成立紧急仲裁庭及紧急仲裁庭作出的临时措施决定是否构成违反程序正义？

1. 仲裁委员会是否有权作出成立紧急仲裁庭的决定

契约性是仲裁的根本属性，仲裁庭的权力也来源于当事人仲裁协议的约定，仲裁协议是国际商事仲裁的基石。所以，仲裁庭如何组建、仲裁员如何选定、仲裁程序如何进行等均应按照当事人的仲裁协议进行。一旦当事人在仲裁协议中明确约定了仲裁程序所适用的仲裁规则，那么该仲裁规则之规定即可成为当事人仲裁遵守的程序法。所以，只要当事人选择《上海自贸区仲裁规则》作为程序法，依据《上海自贸区仲裁规则》第21条之规定，仲裁委员会即有权作出成立紧急仲裁庭的决定。

2009年《美国仲裁协会国际仲裁规则》第37条、2010年《瑞典斯德哥尔摩商会仲裁院仲裁规则》附件二、《国际商会仲裁规则》第29条以及《日本商事仲裁协会商事仲裁规则》第70—74条均对紧急仲裁庭或紧急仲裁员制度作了规定，不难看出，紧急仲裁庭制度只存在于仲裁机构之中。当事人选择临时仲裁（ad hoc arbitration）的，在仲裁协议中就对仲裁员或仲裁庭的组成作了约定，在之后的仲裁过程中，仲裁员或仲裁庭既是当事人程序争议的决策者，也是实体正义的裁决人。我国法律并未规定临时仲裁制度，按照《仲裁法》第16条的规定，当事人在签署仲裁协议时都约定将争议提交某一具体的机构进行仲裁，若无法确定仲裁机构的，仲裁协议可能被认定无效。由此，仲裁机构是当事人约定有权处理争议的机关，而非某一特定的仲裁庭。此时，只要是为处理当事人之间的争议，仲裁机构有权决定成立紧急仲裁庭，紧急仲裁庭也有权根据仲裁机构的指示对相关的问题作出决定。需要指出的是，如果当事人对紧急仲裁庭的成立与否、权限以及成立的程序有特别约定，必须遵从当事人的约定。

2. 仲裁委员会决定成立紧急仲裁庭是否构成违反程序正义

《上海自贸区仲裁规则》第21条第1款规定："当事人需在仲裁案件受理后至仲裁庭组成前提出临时措施申请的，可以根据执行地国家/地区有关法律的规定向仲裁委员会提交组成紧急仲裁庭的书面申请。当事人提交组成紧急仲裁庭的书面申请，应当说明理由；是否同意组成紧急仲裁庭，由仲裁委员会决定。"由此，仲裁委员会在作出是否同意组成紧急仲裁庭的决定时无需考虑另一方当事人的意见，另一方当事人也无法表达其主张。但关于成立紧急仲裁庭的决定，只是仲裁程序中的一个前置环节，是协助之后成立的仲裁庭审查案件的一个机构，并未使任何一方当事人利益受损。所以，仲裁委员会决定成立紧急仲裁庭并不违反程序正义原则。

3. 紧急仲裁庭作出的临时措施决定是否构成违反程序正义

临时措施的决定关乎当事人的现实利益，一旦执行，被申请采取临时措施的一方当事人的财产或行为就会受到影响。尽管《上海自贸区仲裁规则》规定紧急仲裁庭可以作出临时措施的决定，但该权力的根源在于当事人的约定。而紧急仲裁庭不同于法院，诉前保全的措施系《民事诉讼法》在平衡当事人利益的前提下赋予法院救济利害关系人的一项职责；但仲裁规则并非法律，无权剥夺当事人在利益可能受到影响时表达主张的权利。因而，为确保程序正义，紧急仲裁庭在作出该决定时应当听取被申请一方当事人的意见，否则当事人有权提出不予执行临时措施决定的抗辩。

三、司法机关与仲裁庭纵向共生：临时措施获得支持与执行

在法院地国或地区，除在程序上有差异外，法院依据《上海自贸区仲裁规则》作出的临时措施决定，与诉前财产保全和行为保全在效力和结果方面并无差异。至于可否在法院地以外的国家或地区获得承认与执行，取决于法院地与执行地之间司法协助和司法主权的考虑，并不存在理论障碍，因此不再赘述。

（一）仲裁庭临时措施应获得执行的必要性

目前，仲裁庭依据《上海自贸区仲裁规则》作出的临时措施决定，除上海市、区人民法院外，在我国无法获得强制执行，严重影响终局裁决当事人的权利。从国际上其他主要贸易国家或地区的实践及国际立法的发展趋势、尊重当事人的意思自治、促进争端有效解决的角度来看，我国亦应融入国际商事仲裁法律发展的潮流，修订相关的法律规定，以使仲裁庭临时措施的决定能够获得强制执行。

1. 其他国家的立法与实践

1986年《荷兰民事诉讼法典》第四编"仲裁"第1051条第1款及第3款、1987年《瑞士联邦国际私法法典》第183条、1998年《德国民事诉讼法典》第1062条第1款第3项等均立法专门规定了仲裁庭享有作出临时措施的权力，并规定了仲裁庭作出的临时措施的效力。1996年《英国仲裁法》第39条和美国在 Island Creek Coal Sales Co. v. City of Gainesville 案[1]也在一定程度

---

① See Island Creek Coal Sales Co. v. City of Gainesville, Florida 729 F. 2d 1046 (6th Cir. 1984).

上对此予以认可。以上商事仲裁较发达的国家的立法或实践表明，不仅国内仲裁庭或仲裁员作出的临时措施决定，外国仲裁庭或仲裁员作出的临时措施决定亦可获得国内法院的认可与执行。

2. 贸易法委员会《国际商事仲裁示范法》的规定及影响

关于仲裁庭对程序事项作出的临时措施决定的执行问题，联合国国际贸易法委员会经过七年的努力，最终于 2006 年 6 月举行的第 39 届会议上通过了工作组关于原《国际商事仲裁示范法》第 17 条的修改草案，创设了"独立"的仲裁庭临时措施的执行制度。谓之独立，含义有二：一是独立于裁决执行制度，也就是独立于原《国际商事仲裁示范法》第 35、36 条的仲裁裁决执行制度；二是独立于仲裁地，无论是否是本国仲裁庭所作出的临时措施的裁决，法院都应当审查并执行。《国际商事仲裁示范法》规定，仲裁庭作出的关于对争议标的采取临时性措施的裁决，不仅对各方当事人具有法律上的拘束力，还应当得到法院的承认与执行，包括外国法院的承认与执行。该法关于临时措施的规定，不仅内容全面，而且体现了仲裁立法的发展趋势。随着该法被更多的国家所借鉴，国际商事仲裁中的临时措施制度也必将能够愈来愈协调统一。

修改后的《国际商事仲裁示范法》第 17 条规定，仲裁庭可以行使涉及临时措施的权力，如维系现状、禁止某些行为、保全资产、提供担保等。仲裁庭还可以根据需要要求申请采取临时措施的一方提供担保，要求其对受影响的一方负责损失及费用；若情况发生重大变化，仲裁庭还可要求其披露相关信息，以便对申请综合考虑或对已作出的采取临时措施的裁决进行更改。尤其值得一提的是，《国际商事仲裁示范法》第 17 条第 1 款允许仲裁庭根据申请人的申请，在无需通知另一方当事人的情况下，作出临时措施的裁决。只是这些申请通常是为索赔取得担保，或在紧急的情况下，调查或保全证据。而这些措施往往需要第三人予以协助，但仲裁庭作出的采取临时措施的裁决又难以约束第三人。所以，这类裁决还需要法院的协助。有关临时措施的裁决，仲裁员可以以裁决书的形式下达等。

更重要的是，修改后的《国际商事仲裁示范法》第 17 条还规定，仲裁庭依据本条作出的采取临时措施的裁决或指令，能够在其他缔约方执行，而拒绝承认与执行的依据与《国际商事仲裁示范法》第 36 条①的规定一致。显然，这一规定对解决跨境执行仲裁庭临时措施决定的困境起到了十分重要的作用，同时增强了仲裁庭的权威性。尽管《国际商事仲裁示范法》对各国或地区并无强制拘束力，但从某种程度上说，其对国际商事仲裁的规定体现了当今仲裁的发展趋势，已成为不少国家修改其国内仲裁立法的范本或借鉴，所以，评判我国《仲裁法》的先进与落后，免不了要参考《国际商事仲裁示范法》的规定。

3. 尊重当事人意思自治

仲裁的根本属性是当事人的契约性，其最根本的特点就是当事人享有较大的自主权。在订立仲裁协议时，只要不违背国家强制性法律的规定，当事人有权选择仲裁机构、仲裁地点、仲裁员、仲裁语言、仲裁所适用的法律以及仲裁程序所适用的规则等。当事人既然协商一致将相互间的争议提交仲裁，即默认与争议相关的所有程序都由约定的仲裁机构或仲裁员予以解决。我国采取的只能由法院对临时措施作出决定的单一模式，限制了当事人向仲裁庭提出临时措施申请的权利，亦是对当事人意思自治的限制。

仲裁作为商事争端的一种解决方式，一直游弋在当事人意思自治和国家司法监督之间，仲裁的兴盛与否也体现了一个国家对当事人意思自治的支持程度。在不违背国家或国际公约强制性法律规定的前提下，尊重当事人约定的私自解决争议的方式和超越国家司法限制的意愿已成为商事仲裁发展的趋势，尤其是在国际商事仲裁领域。因而，在党的十八届四中全会提出"健全依法维权和化解纠纷机制"的要求下，尊重当事人意思自治、承认当事人约定的仲裁庭作出临时措施决定的效力，也是"完善仲裁制度，提高仲裁公信力"的一种方式。

4. 争端解决效率的需要

仲裁所追求的效率价值是其优于诉讼的特点之一，也是当事人倾向选择仲裁作为其争端解决方式的考量因素之一。"仲裁庭无权决定财产保全，当事人只好求助于人民法院却又不能直接申请，而须经过仲裁委员会这个中间环

---

① 该条内容与《纽约公约》第 5 条规定的内容基本一致。

节来转交和传递，导致了不必要的延误。"① 这无疑与当事人之初衷相悖。当事人之所以申请仲裁庭采取临时措施，盖因临时措施的发布及执行往往具有时间的紧迫性。尽管《民事诉讼法》第 100 条也规定，法院应当在接到当事人诉前保全申请之后 48 小时内作出裁定。但在仲裁程序中，申请人还要经过仲裁委员会这个中间环节来转交和传递，无形中会导致时间的拖延。如果当事人可以直接向仲裁庭申请临时措施，由于仲裁庭受理案件后，对争议的内容及有关证据也比较熟悉，与法院相比，可以在较短的时间内作出是否发布临时措施以及发布哪种临时措施的决定，这更有利于实现申请人最初的期待利益。

5. 合理利用司法资源的需要

在目前我国司法人力资源缺乏合理配置和有效利用的背景下，② 由仲裁庭直接审查临时措施的申请和作出决定，法院的审判人员无需重新看卷、审卷，既可减轻司法机关的压力、节省司法成本；亦可使当事人的请求获得准确、及时的救济，从而节约司法资源，也合理发挥了社会上优秀仲裁人员的潜力。

6. 仲裁员具备审查临时措施申请的专业能力

与法院相对稳定和封闭的审判人员结构不同，仲裁机构可以根据情况吸收不同行业的精英作为仲裁员，他们不仅精通专业知识，而且熟稔其所在领域的实际情况，对当事人的争议能够作出相对公平、公正的判断。事实上，"仲裁员大多是法律界、经济界的专家，或者在某一领域具有专长的人，对争议所涉及的领域比较熟悉，作出的判断比较切合实际需要，能够合理决定是否发布临时措施以及发布怎样的临时措施。"③ 而且，依据《上海自贸区仲裁规则》中开放仲裁员的制度，只要符合当事人约定的条件，即使不属于在册仲裁人员，依然可以成为该当事人争议案件的仲裁员。

7. 便利执行的需要

如前所述，《国际商事仲裁示范法》及许多国家的立法均试图推动仲裁庭或仲裁员作出临时措施决定的强制执行。从心理接受程度看，既然仲裁是双

---

① 邓杰：《完善我国仲裁中的财产保全制度》，载《法学杂志》2003 年第 1 期。

② 参见尹忠显：《合理配置和有效利用司法人力资源》，载《人民法院报》2013 年 9 月 8 日第 2 版。

③ 刘晓红主编：《国际商事仲裁专题研究》，法律出版社 2009 年版，第 345 页。

方当事人自愿选择的争端解决方式，因此仲裁庭或仲裁员作出的决定，当事人通常更愿意自觉履行。相反，如果要求当事人向法院申请临时措施，被申请一方当事人会认为申请人违背了双方的约定，并对司法的介入产生警戒或抵触心理。即使法院支持了申请人的请求，被申请一方的当事人也可能会采取隐匿资产、转移财产、申请破产等方式避免强制执行。所以，顺应当事人的选择，赋予仲裁庭或仲裁员作出临时措施的决定权，有利于临时措施的执行。

8. 我国的相关举措

据 WTO 的统计，2013 年，我国已经成为世界第一贸易大国，① 但从贸易质量来看，我国并非贸易强国。在跨国贸易产生争议之后，国内的贸易商常常因为法律意识和法律知识的匮乏遭受不必要的损失。所以，发展我国的国际商事仲裁业务，加大仲裁服务作为国际贸易争端解决的途径对我国商人的保护力度，也是完善我国法律制度的目标之一，而这一目标的实现须以我国完备的仲裁立法为前提。在仲裁庭是否有权作出临时保全措施裁决方面，我国做法比较保守，仅把该权力赋予法院，这也将外国仲裁中的临时裁决在我国是否可执行的问题悬之高阁。不过可喜的是，《上海自贸区仲裁规则》第 3 章和《CIETAC 仲裁规则》第 23 条突破了传统的限制，规定仲裁庭亦有权作出临时保全措施的决定。但囿于仲裁庭无强制执行权的局限性，且我国并无相关立法的支持，使得这种临时保全措施的决定是否能够被法院执行仍存有疑问。

(二)《仲裁法》的执行依据

对仲裁庭或仲裁员依据《上海自贸区仲裁规则》作出的采取临时措施的裁决在我国强制执行影响最大的是《民事诉讼法》和《仲裁法》的规定。仅仅依靠《若干意见》，难以让国内除上海以外的其他地方认可，也就无法体现《上海自贸区仲裁规则》关于临时措施制度规定的先进性。根据《民事诉讼法》第 3 条之规定，其主要适用于人民法院从事的民事诉讼活动；而《仲裁法》则适用于与仲裁相关的活动，包括对仲裁委员会的规范、仲裁委员会的权利和义务以及仲裁的程序要求等。所以，与仲裁相关的启动、审理、裁决

---

① 参见《据统计中国 2013 年成为世界第一货物贸易大国》，http://www.gov.cn/xinwen/2014-03/01/content_2626310.htm。

主要的法律依据还是《仲裁法》。《民事诉讼法》第 104 条规定："利害关系人因情况紧急，不立即申请保全将会使其合法权益受到难以弥补的损害的，可以在提起诉讼或者申请仲裁前向被保全财产所在地、被申请人住所地或者对案件有管辖权的人民法院申请采取保全措施。申请人应当提供担保，不提供担保的，裁定驳回申请。"尽管该条规定了在申请仲裁前，法院享有根据当事人的申请采取保全措施的权力，但并未否定仲裁庭或仲裁员作出类似决定的权力。所以，一旦《仲裁法》对仲裁委员会或者仲裁庭作出临时措施的权力予以规定，且仲裁委员会或者仲裁庭作出类似决定并不违背《民事诉讼法》的规定，同时也便拥有了权源。

为完善我国仲裁法律制度，使仲裁庭或仲裁员依据《自贸区仲裁规则》作出的采取临时措施决定能够顺利执行，有效保护当事人的利益，2021 年 7 月 30 日，司法部网站发布了《中华人民共和国仲裁法（修订）（征求意见稿）》（以下简称《仲裁法意见稿》）①，《仲裁法意见稿》在第四章《仲裁程序》中，新增一节（第三节）专门对"临时措施"制度作了规定。首先，《仲裁法意见稿》明确赋予仲裁庭作出采取临时措施裁决的权力；其次，法院应当将仲裁临时措施裁决视为仲裁裁决予以执行；最后，《仲裁法意见稿》还对临时措施在境外的执行作了规定。

第一，明确授予仲裁庭在仲裁中享有发布采取临时措施的权力。这样做的好处在于：其一，改变我国以往的仲裁程序中的保全措施只能由法院作出决定的权力垄断局面，从而顺应了国际社会的一般做法；其二，充分尊重了当事人的意思自治；其三，可以发挥仲裁庭作出采取临时措施裁决的优势，不用经过仲裁委员会将当事人提交的采取临时措施申请转交给法院，消除了在转交过程中的时间拖延，可以迅速、便捷地采取临时措施；其四，仲裁员对案件情况比较熟悉，仲裁庭可以采取与实体问题相关的临时措施；其五，有利于临时措施的执行。《仲裁法意见稿》所规定的临时措施制度在与国际仲裁立法和实践接轨的同时，也能够确保我国司法程序对于仲裁程序必要、合法的监督。

---

① 参见《司法部关于〈中华人民共和国仲裁法（修订）（征求意见稿）〉公开征求意见的通知》，http://www. moj. gov. cn/pub/sfbgw/lfyjzj/lflfyjzj/202107/t20210730_ 432967. html。

第二,《仲裁法意见稿》明确规定临时措施的执行问题。对于仲裁过程中关于采取临时措施的决定,一方面,《仲裁法意见稿》将其与仲裁案件的实体裁决同等对待、采取同样的标准进行审查,并明确其可获得法院的执行,如1987年《瑞士联邦国际私法法典》第183条第2款规定:"如果当事人不自动履行裁决的,仲裁庭可提请有关法院予以强制执行。法院适用自己的法律予以执行";另一方面,《仲裁法意见稿》可以借鉴《国际商事仲裁示范法》的规定,对不予承认和执行临时措施的理由加以具体规定。法院可以成立专项审判组织,研究、起草针对临时措施执行的专项意见,提供专业的司法服务,促进临时措施制度的完善。

第三,我国可与相关国家签订临时措施域外执行的双边协定。如前所述,荷兰、瑞士、德国等国家均立法专门规定外国商事仲裁中仲裁庭作出的采取临时措施的裁决在本国可以获得执行;英国和美国也在一定程度上对此予以承认。在当前《纽约公约》规定暂时难以改变及我国的仲裁立法形势下,想要在短时间内使外国仲裁过程中的仲裁临时措施在我国获得承认与执行,我国可以在平等互利的基础上,遵循互惠原则,与其他国家和地区签订双边条约,以协定的方式解决在仲裁实践中所遇到的临时措施的域外执行问题。

第五节 外国仲裁裁决的承认与执行

尽管有《纽约公约》作为外国仲裁裁决承认与执行的审查标准,但外国仲裁裁决的承认与执行的程序制度,属于各国国内法。以我国为例,探讨我国在外国仲裁裁决司法审查上的程序制度,在此基础上指出问题并提出建议,从而有益于我国司法机关与外国仲裁的纵向积极共生关系。

《民事诉讼法》第283条对外国仲裁裁决在我国的承认与执行作了原则性规定,《最高人民法院关于适用〈中华人民共和国民事诉讼法〉的解释》(以下简称《民诉法解释》)及其他相关文件细化了上述规定,从而形成我国法院审查外国仲裁裁决申请承认与执行案件的初步程序及依据。"我国承认和执行外国仲裁裁决大致分为三种情况:一是依照我国参加的《纽约公约》承认和执行，二是依据我国缔结的双边协定的规定进行，三是依照互惠原则办理。"[①] 自 1987 年我国加入《纽约公约》以来，我国法院审查此类案件并未出现"大风波"，但《民事诉讼法》及相关文件之规定所体现的抽象性、滞后性、不全面性等问题亦颇受理论界及实务界的诟病，[②] 且外国仲裁裁决承认与执行制度，"它不仅需要一个设计良好的权利获取机制，也需要一个科学的权利执行和救济机制"[③]。尤其是在完善我国"一带一路"构建司法保障体系的过程中，完备的外国仲裁裁决承认与执行制度是不可或缺的重要组成部分。

一、外国仲裁裁决承认与执行程序的理论基础

外国仲裁裁决承认与执行程序之构建，是法院对外司法"宽、严"的一个窗口，关涉一国对司法与仲裁、当事人权益保护以及国际法与国内法关系的具体态度。

（一）司法与仲裁关系的新发展：司法监督与协助

对外国仲裁裁决进行司法审查，进而决定是否予以承认与执行，是一国司法主权的具体体现。法治的进程往往不囿于立法的局限，[④] 而更突显实践的推进，司法与仲裁的关系即如此。"从世界范围看，司法与仲裁之间的关系总体上呈现由法院对仲裁予以严格监督到适度监督、由单纯监督到监督与协助并举的基本趋向，只是具体的制度设计仍有差异。"[⑤] 国际商事仲裁的司法审查，既体现在司法对仲裁的监督，亦蕴含着司法对仲裁的协助。例如，从英国仲裁制度的发展历程来看，法院对仲裁的司法审查范围不断缩减，体现了

---

① 杜新丽：《论外国仲裁裁决在我国的承认与执行——兼论〈纽约公约〉在中国的适用》，载《比较法研究》2005 年第 4 期。

② 参见赵秀文：《民诉法关于国际仲裁规定的不足与完善》，载《法治研究》2013 年第 9 期；于喜富：《国际商事仲裁的司法监督与协助——兼论中国的立法与司法实践》，知识产权出版社 2006 年版，第 3 页；张圣翠：《论我国仲裁裁决承认与执行制度的矫正》，载《上海财经大学学报》2013 年第 1 期。

③ Jay P. Kesanand, Andres A. Gallo, Why "bad" Patents Survive in the Market and How Should We Change? —The Private and Social Costs of Patents, *Emory Law Journal*, 2006（55）：61-140.

④ 参见张敏：《司法视角下物流行业法适用统一研究》，载《中国海商法研究》2015 年第 3 期。

⑤ 于喜富：《国际商事仲裁的司法监督与协助——兼论中国的立法与司法实践》，知识产权出版社 2006 年版，第 1 页。

英国对于仲裁不断开放的态度。① 就外国仲裁裁决在我国的承认与执行的司法审查而言，该制度在实践中遇到了新的挑战：首先，国际商事仲裁所体现的公正性②、经济性③及可执行性④等价值取向使其愈发受到国际民商事活动参与者的青睐。尤其是近年来，我国企业频频遭受涉外争议的困扰，在其他国家仲裁解决时，大多数海外仲裁以失败告终，⑤ 由此引发裁决债权人向国内申请承认与执行的案件层出不穷。其次，司法的公正透明性呼唤审查的统一性。自《最高人民法院关于人民法院在互联网公布裁判文书的规定》实施以来，最高人民法院即创办了专门的裁判文书公布门户网站⑥，除上述规定第 4 条所涉及之情形外，其他案件均需要按要求在裁判文书网上予以公开，这无疑对法院审查外国仲裁裁决承认与执行案件提出了更高的要求。尽管《最高人民法院关于人民法院处理与涉外仲裁及外国仲裁事项有关问题的通知》（以下简称 1995 年《通知》）对执行法院拒绝承认与执行的案件作出了层级上报的规定，以保证执行法院司法审查的公正性。但由于缺乏严格的制度和程序，依然存在同一问题不同认定结果的现象。最后，为做好"一带一路"的司法保障工作，最高人民法院发布了《关于人民法院为"一带一路"建设提供司法服务和保障的若干意见》，其中明确提出要完善承认与执行外国仲裁裁决的司法审查程序制度的目标。⑦

事实上，我国亦应当完善相关制度，以助法院更好地完成对外国仲裁裁决承认与执行案件的司法审查。其一，任一争端解决方式均始于争议开始前的解决方式的抉择，终于争议双方权益的实现。国际商事仲裁裁决的跨国可执行性若缺少执行国的司法协助便是空谈。其二，尽管仲裁源于当事人的意

① 参见郑新颖：《上诉的英国海事仲裁裁决在中国的承认与执行》，载《中国海商法研究》2015年第 2 期。

② 参见汪祖兴：《试论仲裁的公正性与中国仲裁的监督机制》，载《现代法学》1998 年第 6 期。

③ 参见谭兵主编：《中国仲裁制度研究》，法律出版社 1995 年版，第 30 页。

④ 参见张虎：《国际贸易法专题与实务研究》，人民交通出版社 2017 年版，第 64 页。

⑤ 参见何欣荣、贾远ъ：《中国海事纠纷迭起，境外海事仲裁败诉率高达 90%》，载《经济参考报》2011 年 12 月 13 日第 8 版。

⑥ 参见中国裁判文书网，http://wenshu.court.gov.cn/。

⑦ 最高人民法院民事庭《关于人民法院为"一带一路"建设提供司法服务和保障的若干意见》起草工作小组：《最高法对"一带一路"建设的司法服务和保障——对〈关于人民法院为"一带一路"建设提供司法服务和保障的若干意见〉的解读》，载《人民法治》2015 年第 11 期。

思自治，但对仲裁裁决的执行而言，当事人自身及仲裁机构或仲裁员均无强制力，尤其是在跨国执行的情形下，唯有借助执行国的司法强制权方能实现。其三，根据"条约必须信守"的原则，履行已加入的公约或已签署的条约是我国应尽的义务。我国在加入《纽约公约》及与其他国家签署了有关承认与执行仲裁裁决的双边司法互助的民商事条约之后，通过完善国内法以履行上述公约或条约即成为我国应尽的国际义务。

（二）当事人合法权益的保障：程序公正

裁决债权人的合法权益可否得到有效保障，能否有效实现其利益，很大程度上取决于执行地法院的支持力度，而这又依赖于执行地所在国或地区的民事程序权利保障机制是否健全、是否涵盖外国仲裁裁决承认与执行程序的方方面面。"民事程序权利救济机制是切实保障当事人程序权益、实现程序公正价值的重要路径。"[1] 就我国现行的审查外国仲裁裁决承认与执行的制度而言，存在着救济程序粗疏、救济标准混乱、救济措施失衡等问题：其一，尽管依据《民事诉讼法》《民诉法解释》《最高人民法院关于执行我国加入的〈承认及执行外国仲裁裁决公约〉的通知》（以下简称1987年《通知》）、1995年《通知》、《最高人民法院关于承认和执行外国仲裁裁决收费及审查期限问题的规定》（以下简称1998年《规定》）等文件之规定，我国建构了外国仲裁裁决承认与执行的初步程序，但法院在审查具体案件时，依然存在前文所述及的审查时限、中止事由等问题；其二，由于法院审查时缺乏统一的标准，导致在外国仲裁裁决的国籍判断[2]、拒绝承认与执行的具体事由判断上，曾出现自相矛盾的结论；其三，我国《民事诉讼法》并未明确规定裁决债权人申请承认与执行外国仲裁裁决过程中的保全制度，且1998年《规定》所确定的期限及执行法院的"一裁终局"制度，均无对应机制对申请人的权益予以保障，存在有失公平之嫌。

（三）国际法与国内法的关系：《纽约公约》的国内适用

尽管从表面上看，国际法与国内法的关系主要是国际法在国内的适用问

---

[1] 潘剑锋：《论建构民事程序权利救济机制的基本原则》，载《中国检察官》2015年第17期。

[2] 参见《最高人民法院关于麦考·奈浦敦有限公司申请承认和执行仲裁裁决一案请示的复函》（最高人民法院法民二［2001］32号）；《最高人民法院关于不予执行国际商会仲裁院10334/AMW/TE最终裁决一案的请示的复函》（最高人民法院［2004］民四他字第6号）。

题，即国家如何适用国际法的问题，但就二者关系的本质而言，仍然是一种利益关系，即主要是国际社会的共同利益（国家间的共同利益和全人类的共同利益）和国家自身的利益关系。① 这种利益关系的协调与平衡即决定了一国国内适用国际法之态度，《纽约公约》及我国与其他国家所签署的条约之适用亦不能外。从宏观方面考虑，影响国际法在国内适用的因素，主要有两点："一是一国在国家层面对待国际法的政治理念；二是司法机关在对外关系中的地位和作用。"② 近年来，从我国参与《鹿特丹规则》《外国民商事判决承认与执行公约》等公约的起草及制定历程，以及我国在杭州 G20 峰会上批准《巴黎协定》并支持其尽快生效之举动，即可看出我国重视国际法作用、维护国际法权威、带头履行国际法义务之大国姿态，并以此指导国内实践，从而寻求国际法与国内法和谐共存的平衡点，促进国际利益与国内利益的并存发展。

此外，党的十八届四中全会提出的司法改革的重点之一是"人民法院依法独立公正行使审判权"，最高人民法院采取了一系列的措施以确保该目标的实现，为《纽约公约》国内适用的司法统一性提供了良好的环境。但唯有完善的制度所确定的统一程序和标准才是各地法院形成趋同裁判的有效保障。目前《纽约公约》在国内实施的配套规定尚不完备，导致法院在适用时对同一问题亦会产生多样解释。尤其是仲裁程序的送达标准及公共政策的判断两方面，在"昂佛化品有限责任公司案"③ 中，执行法院层级上报至高级人民法院后，高级人民法院认为"申请执行的仲裁裁决在仲裁过程中的送达行为应当适用《海牙送达公约》"；在"博而通株式会社案"④ 中，经层报后，北京市高级人民法院认为"由于中韩两国订有司法协助的条约，仲裁程序中是否送达的判断应当适用《中国和韩国关于民事和商事司法协助的条约》和《海牙送达公约》"。所幸，在上报至最高人民法院后，最高人民法院的批复

---

① 参见胡城军：《论国际法所调整的利益关系——兼谈国际法的本质属性及其影响》，载《时代法学》2005 年第 4 期。

② 万鄂湘主编：《国际法与国内法关系研究》，北京大学出版社 2011 年版，第 474—475 页。

③ 《最高人民法院关于"昂佛化品"合资有限责任公司申请承认并执行白俄罗斯工商会国际仲裁院仲裁裁决一案的请示的复函》（最高人民法院［2012］民四他字第 42 号）。

④ 《最高人民法院关于博而通株式会社申请承认外国仲裁裁决一案的请示的复函》（最高人民法院［2006］民四他字第 36 号）。

意见否定了北京市高级人民法院的判断，认为"审查是否符合《纽约公约》第 5 条第 1 款第 2 项的情形时，对于仲裁程序中的送达，应当依照当事人约定或约定适用的仲裁规则确定是否构成适当通知，而非《海牙送达公约》及我国与他国签署的司法协助公约"①。至于公共政策的判断，各地法院针对程序性事项、强制性规则及应承担的国际义务等方面与公共政策的关系呈现更多不同的裁判尺度和结果。②

所以，外国仲裁裁决承认与执行领域具体制度亟待重构，以完善配套规定，保障《纽约公约》在国内的有力实施。

二、我国之外国仲裁裁决承认与执行程序的制度缺陷

我国的国际商事仲裁实践发轫于 20 世纪 50 年代，彼时各项法律制度"百废待兴"，涉外性的法律更是严重滞后。直至 1986 年 12 月 2 日，我国正式加入《纽约公约》，最高人民法院随即发布 1987 年《通知》，此后，我国法院在审查外国仲裁裁决申请承认与执行案件时才有据可循。为了进一步完善相关程序，1995 年《通知》建立了对拟拒绝承认及执行案件的报告制度，1998 年《规定》对收费标准和审查期限问题作了规定，《最高人民法院关于审理仲裁司法审查案件若干问题的规定》（以下简称 2017 年《司法审查规定》）进一步对外国仲裁裁决的司法审查程序作了部分规定，《最高人民法院关于仲裁司法审查案件报核问题的有关规定》（以下简称 2017 年《司法审查报核规定》）对人民法院报核的审查作了规定。至此，我国有关外国仲裁裁决申请承认与执行制度的基本框架已经形成。然而，《纽约公约》在我国国内的适用，除了要与现有的法律体系和法律制度相衔接外，还需要依赖严密谨慎的理论支撑并经受长期考验。此外，在新的时代背景之下，外国仲裁裁决的司法审查制度亦应"与时俱进"，满足现实之需求。实践中，囿于《民事诉讼法》第 283 条原则性规定之局限，且《民诉法解释》、1987 年《通知》、2017 年《司法审查规定》及 2017 年《司法审查报核规定》等制度之设计依

---

① 参见张虎编著：《外国商事仲裁裁决在我国承认与执行案例要旨通撰》，人民交通出版社 2016 年版，第 62—94 页。

② 参见何其生：《国际商事仲裁司法审查中的公共政策》，载《中国社会科学》2014 年第 7 期。

然存在不完备之处，使得该制度在具体的实践中存在不少问题。

1. 无统一的"国籍"判断标准

涉及仲裁裁决的执行制度，在我国可分三类：其一，纯国内仲裁裁决，即争议不具有涉外因素而由国内仲裁机构所作出的裁决；其二，涉外仲裁裁决，即争议具有涉外因素但由国内仲裁机构作出的裁决；其三，外国仲裁裁决，即由国外仲裁机构作出的裁决。上述三类仲裁裁决，基于其社会影响及法律规定的差异，法院的司法审查依据亦不尽同。纯国内仲裁裁决，法院依据《民事诉讼法》第237条及《仲裁法》第63条予以审查；涉外仲裁裁决，法院依据《民事诉讼法》第274条及《仲裁法》第71条予以审查；外国仲裁裁决的司法审查依据是《民事诉讼法》第283条，即我国参加的国际公约或互惠原则。不难看出，上述三类仲裁裁决，首先以"仲裁机构所在地"为标准划分为外国仲裁裁决与国内仲裁裁决，其次依据"是否具有涉外因素"将国内仲裁裁决分为纯国内仲裁裁决和涉外仲裁裁决。后者系一国国内依据其制度安排而自主作出的对国内仲裁裁决司法审查的不同规定，完全属于一国司法主权权限，故不在讨论的范畴；前者涉及他国仲裁机构或仲裁庭所作的裁决在我国的司法审查，牵涉多国当事人及不同国家之间的利益，且有相应公约予以调整。倘若我国对仲裁裁决的国籍划分标准与其他国家不一致，将存在裁决具有双重国籍或国籍不明的问题。"在现代国际商事仲裁立法和实践中，地域标准已经成为各国判断仲裁'国籍'普遍认可的标准。"① 在国际商事仲裁的实践中，仲裁机构所在地与仲裁地相分离的现象屡见不鲜，这无疑对我国《民事诉讼法》所规定的以"仲裁机构所在地"为仲裁裁决国籍判断的标准提出了巨大挑战。

（1）在国际商事仲裁中，临时仲裁的大量存在导致以"仲裁机构所在地"为裁决国籍判断的标准无法适用。与机构仲裁相比，临时仲裁更具灵活性、保密性、专业性及高效性，使其在实践中被愈来愈多的当事人选用。然而，临时仲裁并不在仲裁机构的主持或监管下，而是经争议各方选定一位或多位仲裁员进行仲裁。依据《民事诉讼法》第283条之规定，临时仲裁所作出的

---

① 赵秀文：《论〈纽约公约〉裁决在我国的承认与执行——兼论我国涉外仲裁立法的修改与完善》，载《江西社会科学》2010年第2期。

仲裁裁决的国籍将无从判断。实践中，我国法院受理了大量在他国基于临时仲裁所作出裁决的申请承认与执行的案件。在这类案例中，我国法院非但认可了临时仲裁的效力，还以"地域"为实际标准对临时仲裁裁决的国籍进行判断，从而导致司法实践与法律规定相脱离的困境。

（2）《纽约公约》第 1 条第 1 款以"地域"及"非内国裁决"为标准确定仲裁裁决的国籍，1987 年《通知》第 1 条亦将"地域"作为外国仲裁裁决的承认与执行可否适用《纽约公约》的标准，即将其作为评判仲裁裁决国籍的判断依据。可见，《纽约公约》、1987 年《通知》所规定的确定仲裁裁决国籍的标准与《民事诉讼法》之规定不一致。

（3）根据《纽约公约》的规定，在满足如下要件时，执行地国法院在审查外国仲裁裁决的承认与执行申请时方可适用该公约："（a）申请承认的对象是仲裁'裁决'；（b）源于商事关系；（c）并且是一个'确定的法律'关系；（d）裁决是一个'外国'或'非国内'的裁决；且（e）已满足互惠要求。"[1] 我国在加入《纽约公约》时作出了"互惠保留"的申明，所以，在我国，《纽约公约》仅适用于公约裁决。对于非《纽约公约》裁决，依据《民事诉讼法》第 283 条之规定，应依据裁决所属国与我国之间的互惠原则办理。而当前，在"地域"已成为各国普遍采纳的判断仲裁裁决国籍的标准之时，若非《纽约公约》裁决所属国与我国采取不同标准判断仲裁裁决之"国籍"，将会对某一裁决的国籍判断产生分歧，从而影响互惠原则的适用。

2. 保全制度

申请承认与执行外国仲裁裁决的案件适用《纽约公约》时，针对裁决效力存疑的情形，《纽约公约》第 6 条规定了相应的担保制度，但对外国仲裁裁决申请承认与执行的过程中，执行申请人可否申请保全，《纽约公约》并无规定，而由各国国内法律予以规范。在我国，"申请承认和执行外国仲裁裁决案件属于国际司法协助的范畴，人民法院受理该类案件后采取财产保全没有相应的法律依据。"[2] 但实践中，就国外商事仲裁而言，对于此类财产保全申请

---

[1]　〔美〕加里·B. 博恩：《国际仲裁：法律与实践》，白麟、陈福勇、李汀洁、魏奎楠、许如清、赵航、赵梦伊译，商务印书馆 2015 年版，第 489 页。

[2]　刘贵祥：《关于涉外商事审判机制与法律适用的几个问题》，载刘年夫主编：《中国海事审判（2011）》，广东人民出版社 2012 年版，第 14 页。

是否受理和准许,各海事法院做法不一。① 多数海事法院予以受理并裁定准许,② 但也有案例裁定不予准许。③ 民事保全制度之目的在于防止被执行人转移、处分财产,从而保障执行程序的顺利进行。《民事诉讼法》第9章专门对一般保全作了规定,但该章适用于国内民事诉讼,对申请承认和执行外国仲裁裁决案件是否适用并无定论。这不利于保障仲裁案件中裁决债权人的权益,也与司法支持仲裁、支持执行的大背景相悖。

3. 审查程序

2017年《司法审查规定》对外国仲裁裁决申请承认与执行所涉及的管辖权、提出申请的文件要求、受理期限、对法院庭审的要求、确定仲裁协议效力应适用的法律等问题作了规定,有利于指引法院对外国仲裁裁决进行司法审查,但2017年《司法审查规定》囊括了纯国内仲裁裁决、涉外仲裁裁决及外国仲裁裁决在内的所有仲裁裁决的审查,对外国仲裁裁决司法审查的规定则略显不足。

(1)审查程序不明确。2017年《司法审查规定》出台之前,"对于国内仲裁与涉外仲裁的司法审查,我国实行双轨制。"④《民事诉讼法》并未对法院审查外国仲裁裁决的程序作出规定。2017年《司法审查规定》第11条在未区分仲裁裁决类型的前提下,对所有仲裁司法审查均规定应当组成合议庭并询问当事人。显然,法院对外国仲裁裁决的审查亦包括在内。然而,2017年《司法审查规定》只是对法院的审查作了原则性的规定。对外国仲裁裁决申请承认与执行案件的审查是否需要听证、开庭,申请执行中的第三人制度等并未涉及,这可能导致各地法院具体审查此类案件时无统一程序可循。

(2)审查期限的规定不合理。1998年《规定》对法院审查外国仲裁裁决申请承认与执行案件的期限作了一些规定:其一,对决定承认与执行的外国仲裁裁决,应在两个月内作出相应支持申请主张的裁定;其二,除特殊情况

---

① 参见吴胜顺:《论境外仲裁非海事请求保全之限制》,载《中国海商法研究》2015年第3期。

② 参见宁波海事法院(2010)甬海法保字第12号民事裁定书;上海海事法院(2010)沪海法保字第105号民事裁定书;天津海事法院(2009)津海法保字第17-1号民事裁定书。

③ 参见宁波海事法院(2010)甬海法温字第7号民事裁定书。

④ 储宁玉:《中国海事仲裁司法审查制度的检讨与完善——以"适度审查原则"为指导》,载《中国海商法研究》2015年第1期。

外，应在作出支持裁定后六个月内执行完毕；其三，对决定不予承认与执行的案件，则在受理之日起两个月内上报最高人民法院。2017 年《司法审查规定》第 9 条又对法院受理外国仲裁裁决申请承认与执行案件的期限作了规定，即人民法院应在七日内作出是否受理的决定。

上述司法解释一定程度上对执行地法院的审查期限作了规定，但实践中仍然存在不少问题：第一，"特殊情况"无统一评判标准，依据 1998 年《规定》，在执行地法院作出支持外国仲裁裁决执行申请的裁定后，"特殊情况"系法院得以延期执行完毕的法定事由，但何种情形可构成"特殊情况"？第二，因"特殊情况"产生之后，法院执行完毕的时限得以延期，但法院具体可以延期多久？第三，法院对"特殊情况"的判断及因"特殊情况"导致延期期间，当事人是否有权提出抗辩？对于上述问题，1998 年《规定》及后续的司法解释并未作出规定，从而将具体的评判完全交由执行地法院自由裁量。由于对"特殊情况"的考量系在法院确定支持裁决债权人的申请之后，一旦符合"特殊情况"的要求，即会影响其权益实现的预期，因而法院无明确评判标准，在程序上对裁决债权人不公。

（3）对执行地法院决定不予承认与执行的外国仲裁裁决，其应在受理之日起两个月内上报最高人民法院。但最高人民法院在接到下级法院上报的意见之后，1998 年《规定》及后续的司法解释对最高人民法院审查及作出答复的期限并未规定，且 1998 年《规定》对执行地法院不予承认与执行的案件，亦未规定最终的审查期限。

（4）1998 年《规定》确立的"两个月的上报期限"缺乏合理性。现实中，有些申请承认与执行外国仲裁裁决的案件涉案金额巨大，且关涉不同国家的当事人，社会影响颇大。针对这类案件，尽管执行地法院不用实体审查案卷材料，但基于执行地法院的法官资源多寡、申请材料多少、案件复杂程度等因素的影响，要求执行地法院必须在两个月内作出是否予以承认与执行的"预判"，对于一些疑难案件，两个月的期限远远不够，以至于实践中出现了对外国仲裁裁决审查长达七年的案例。①

---

① 参见陈卫旗：《对一起"马拉松"式外国仲裁裁决执行案的评析》，载《仲裁研究》2006 年第 3 期。

完善的外国仲裁裁决承认与执行制度，是适应当今国际国内变化的大趋势，提升新时代我国司法审查制度的现实需求。首先，国家立法层面：党的十八届四中全会部署了完善多元化纠纷解决机制改革的任务，党的十八届五中全会提出要构建全民共建共享的社会治理格局。多元化纠纷解决体系成为中国特色社会主义法治体系的重要组成部分。其中，仲裁制度又是多元化纠纷解决体系至关重要的一环。包括外国仲裁裁决承认与执行制度在内的完善的仲裁制度是多元化纠纷解决机制立法的应有之义。其次，社会需求：在我国大力推进"一带一路"倡议的现实背景下，国内企业"走出去"及国外企业"引进来"的机会大增，也增加了争议产生的可能性。鉴于仲裁在解决国际商事争议中的优越性，其也将成为"一带一路"倡议司法保障的重要组成部分。而完善的外国仲裁裁决承认与执行制度，能有效保障仲裁裁决债权人的利益，增加其对争议解决结果执行状况的可预见性及对我国司法的信任度。最后，司法实践：在仲裁裁决的执行制度领域，近年来，最高人民法院相继制定了 2017 年《司法审查规定》、2017 年《司法审查报核规定》及《最高人民法院关于人民法院办理仲裁裁决执行案件若干问题的规定》，这些规定为人民法院审查国内仲裁案件及涉外仲裁案件提供了良好指引，但对外国仲裁裁决承认与执行案件的司法审查涉及不多，依然存在不完善之处，有待进一步完善。

三、司法机关与外国仲裁的纵向共生：外国仲裁裁决承认与执行程序的重构

针对我国在外国仲裁裁决承认与执行程序方面存在的问题，在统一性、协调性和全面性的思想指导下，结合我国实情，应从以下方面予以完善。

（一）有关国籍的判断

国籍原本是国际法上的概念，是"一个人作为特定国家的成员而隶属这个国家的一种法律上的身份"[①]。后期，基于不同国家之间权利确认及司法保护的需要，船舶、飞机等被赋予国籍，仲裁裁决在司法监督和审查时亦因不同国籍而有所区别，且《纽约公约》以此作为仲裁裁决可否适用之前提。所以，仲裁裁决的国籍，既是其获得法律效力的根源，也是其国籍国司法机关

---

① 李浩培：《国籍问题的比较研究》，商务印书馆 1979 年版，第 5 页。

行使司法监督和审查权的依据。一个国家的法院有权对在本国进行的仲裁活动行使司法监督权，也有权根据相关法律规定对具有本国国籍的仲裁裁决予以司法审查，甚至撤销相应裁决，这也是一国司法主权之体现。而对于具有他国国籍的仲裁裁决，一国法院一般不享有司法监督权，仅当该裁决在本国申请承认及执行时方享有司法审查权，且在本国加入《纽约公约》或其他协定时，必须依据《纽约公约》或其他协定的规定予以审查。所以，仲裁裁决的国籍是仲裁理论体系中的根本性问题，应在仲裁的基本法律中予以明确。1996 年《英国仲裁法》即采取此类立法例。

《仲裁法》是我国有关仲裁制度的一般法，但由于该法主要规范国内仲裁行为，对外国仲裁裁决的承认与执行问题并未作出规定。盖因外国仲裁裁决在我国申请承认与执行的程序问题属于民事诉讼制度的范畴，一直以来，该问题均由《民事诉讼法》予以规范。但考虑到裁决的国籍系仲裁的基本理论问题，为统一标准，便利法院对仲裁裁决进行国籍认定、也为了更好地与《纽约公约》衔接，建议我国《仲裁法》在修订时，加入确定仲裁裁决国籍的条款："仲裁裁决具有裁决作出地的国籍，按照当事人约定的仲裁地予以确定。约定的仲裁地与实际仲裁作出地不一致的，以约定的仲裁地国籍为准；当事人对仲裁地没有约定的，以实际仲裁作出地国籍为准；实际仲裁作出地无法确定的，以仲裁机构所在地或仲裁进行地国籍为准。"同时，将《民事诉讼法》第 290 条中的"国外仲裁机构的裁决"改为"外国仲裁的裁决"。这样就避免了与修改后的《仲裁法》在判断仲裁裁决国籍上的冲突问题。

（二）保全制度的设置

外国仲裁的裁决申请承认与执行之前或同时提出财产保全的申请，执行地法院如何审查，应否予以批准？《纽约公约》并未作出规定，留待各国国内法予以规范。《纽约公约》第 7 条第 1 款规定："不剥夺任何利害关系人可依援引裁决地所在国之法律或条约所认许之方式，在其许可范围内，援用仲裁裁决之任何权利"。这实质上为各缔约国适时为外国仲裁裁决提供进一步的支持与协助预留了空间。

我国《民事诉讼法》对保全之规定可否适用于申请承认和执行外国仲裁裁决案件并无定论。不过在《最高人民法院关于内地与澳门特别行政区相互认可和执行仲裁裁决的安排》第 11 条、《最高人民法院关于人民法院认可台湾地区有关法院民事判决的补充规定》第 5 条中均明确规定法院需给予财产保全的协助支持。2019 年 3 月 25 日，最高人民法院审判委员会第 1763 次全体会议讨论并通过了《关于内地与香港特别行政区法院就仲裁程序相互协助保全的安排》（以下简称《仲裁保全安排》），《仲裁保全安排》共十三条，对我国内地和香港地区相互协助保全的途径、可申请保全的范围、申请保全的程序以及保全申请审查处理等问题作出了明确规定。尽管上述两项规定和《仲裁保全安排》均是我国地区之间有关仲裁裁决执行的安排，但我国多法域的特性决定了在不同法域之间的制度设计和制度创新亦可作为我国处理与其他国家类似问题的借鉴。因此，若当事人在申请承认与执行外国仲裁裁决之前或同时提出财产保全的申请，人民法院在当事人提供担保的情况下，应借鉴《仲裁保全安排》的内容，支持相关申请。所以，下面将对《仲裁保全安排》的相关内容进行简要评析。

1.《仲裁保全安排》的主要内容

《仲裁保全安排》全文共十三条，分别对我国内地与香港地区作出相互协助仲裁保全的范围、仲裁地、提出申请的时间与方式、提交申请所需要的材料以及保全的时间效力等内容作出了详细规定。

（1）仲裁保全的范围

内地人民法院接受申请的保全不仅包括财产保全、证据保全，还包括《民事诉讼法》在 2012 年修订时所新加入的行为保全。这项规定赋予了我国香港地区仲裁程序的当事人与内地仲裁程序的当事人同等的权利，是权利平等在两地交流协助中的写照，也是中央政府尽最大努力保障平等原则这一立法理念的有力证明。

由于我国香港地区处于英美法体系下，仲裁保全被称为临时措施。我国香港地区接受申请的临时措施包括在确定争议之前维持或恢复现状；采取行动防止或避免采取可能对仲裁程序本身造成目前或即将发生的损害或损害的行动；提供一种保存资产的方法，以使其后的裁决得以执行；或保留对解决争端可能有关和重要的证据；颁发强制令以禁止当事人移走或以其他方式处理资产、防止损坏或侵入行为；颁布命令指定财产接管人；等等。①

---

① 参见我国香港地区《仲裁条例》第 17 条第 2 款。

（2）我国香港地区仲裁程序与内地仲裁程序的界定

该文件所指的我国香港地区仲裁程序须具备以下两个条件：第一，我国香港地区为仲裁地。这既是《最高人民法院关于内地与香港特别行政区相互执行仲裁裁决的安排》（以下简称《仲裁执行安排》）确认的标准，也是我国香港地区司法系统一直以来确认仲裁程序籍属的标准。如果当事人要将我国香港地区作为仲裁地，必须在仲裁条款中明确约定仲裁地为香港地区。如果当事人没有约定，仲裁庭在确定香港地区为仲裁地时必须以其仲裁规则或者一定标准为依据并明确记载于仲裁裁决中。[①]　第二，仲裁程序须为机构仲裁。根据《仲裁保全安排》第 2 条的规定，仲裁程序应由有关仲裁机构或者常设办事处管理，有权向内地法院提交保全申请的仲裁机构或者常设办事处的名单由我国香港特区政府向最高人民法院提供，并且须经过双方确认。

这就意味着我国香港地区的临时仲裁程序是无法向内地人民法院提出仲裁保全的申请的。因为仲裁保全是仲裁程序中的特别程序，如果申请人在仲裁审理过程中滥用仲裁保全程序，极易对被申请人造成损失，所以应对有权申请仲裁保全协助程序的机构或常设办事处进行严格限制管理。此外，虽然临时仲裁在英美等国多年的实践下表现出了优越性，影响了许多国家将临时仲裁吸收到本国的仲裁法律中，但我国民商事仲裁立法从来没有明确承认临时仲裁这种形式，在仲裁实践中也完全没有法律保障。[②] 我国现行《仲裁法》第 16 条明确规定：仲裁协议应当具有选定的仲裁委员会。所以《仲裁保全安排》作出不接受临时仲裁程序中仲裁保全协助申请的规定也是与我国的法律体系保持兼容统一的体现。也正是因为我国内地目前不存在临时仲裁，所以该文件所指的内地仲裁程序只有仲裁程序由内地的仲裁机构管理这一个要求。此外，根据我国香港地区《仲裁条例》[③]，仲裁地在境外但由内地仲裁机构管理的仲裁程序也可以向我国香港地区法院申请保全，即我国香港地区法院并未对内地仲裁程序的仲裁地加以限制。

---

① 参见高晓力：《司法应依仲裁地而非仲裁机构所在地确定仲裁裁决籍属》，载《人民司法（案例）》2017 年第 20 期。

② 参见周振：《论我国在国际商事仲裁中承认临时仲裁的立法必要性》，载《法制与社会》2014年第 5 期。

③ 参见我国香港地区《仲裁条例》第 45 条第 2 款：原诉讼庭可应任何一方的申请，就已在或将在中国香港地区或香港地区以外地方的任何仲裁措施，批给临时措施。

（3）申请保全的时间和管辖法院

依据《仲裁保全安排》第3条①与第6条②，我国香港地区仲裁程序的当事人应向内地相应的中级人民法院提出仲裁保全申请，内地仲裁程序的当事人则向香港特别行政区高等法院提出仲裁保全申请。二者提出申请的时间应当在仲裁庭受理仲裁案件之前或者仲裁程序结束前。

（4）保全申请的提交和转交

依据《仲裁保全安排》第7条，内地仲裁程序的当事人应当依据香港特别行政区相关法律规定，直接向香港特别行政区高等法院提交保全申请、支持申请的誓章、附同的证物、论点纲要以及法庭命令的草拟本。香港地区仲裁程序的当事人在有关机构或者常设办事处受理仲裁申请后向内地法院提出保全申请的，应当由该机构或者常设办事处转递其申请。

（5）《仲裁保全安排》与现有法律的关系

根据《仲裁保全安排》第11条的规定，本安排不减损内地和香港特别行政区的仲裁机构、仲裁庭、当事人依据对方法律享有的权利。因为《仲裁保全安排》签署的目的是为内地和香港地区仲裁保全协助提供便利，而非限制内地和香港地区的仲裁机构、仲裁庭、当事人在仲裁保全程序中的权利。分属不同法系的内地与香港地区在法律规定上有着较大的客观差异，在求同存异的基础上，《仲裁保全安排》未规定的内容，不应影响内地和香港地区仲裁程序当事人根据对方法律已经享有的权利。

2.《仲裁保全安排》的国内影响

（1）对内地的影响

第一，《仲裁保全安排》填补了内地和香港地区之间区际司法协助的一项空白。根据我国香港地区《仲裁条例》的规定，香港地区一直以来都可以对包括内地在内的其他法域的仲裁程序提供保全协助。但内地方面在《民事诉讼法》《仲裁法》等相关的法律规定中，除了一些商事等特殊类型的案件之

---

① 《仲裁保全安排》第3条规定：香港仲裁程序的当事人，在仲裁裁决作出前，可以参照《民事诉讼法》《仲裁法》以及相关司法解释的规定，向被申请人住所地、财产所在地或者证据所在地的内地中级人民法院之一申请保全。

② 《仲裁保全安排》第6条规定："内地仲裁机构管理的仲裁程序的当事人，在仲裁裁决作出前，可以依据香港特别行政区《仲裁条例》《高等法院条例》，向香港特别行政区高等法院申请保全。"

外，基本上不能对包括香港地区在内的其他法域的仲裁程序提供保全协助，这在很大程度上影响了当事人选择在香港地区仲裁的积极性。《仲裁保全安排》在仲裁程序保全这一司法领域将香港地区仲裁程序和内地仲裁程序平等对待，在允许香港地区仲裁程序的当事人向内地人民法院申请仲裁保全的同时，内地仲裁程序的当事人亦可向香港地区法院申请作出临时措施的裁定，打破了内地和香港地区对仲裁保全的法域限制，是将我国法律体系建设得更加完善所迈出的重要一步。除此之外，《仲裁保全安排》是我国内地与包括香港地区在内的其他法域所签署的第一份关于仲裁保全方面司法协助的文件，不仅是我国司法领域作出的一次伟大尝试，更是日后我国与香港地区之外的法域开展类似司法协助活动的范本。

第二，《仲裁保全安排》对可申请仲裁保全范围、申请仲裁保全的具体程序、仲裁保全申请的适用法律等方面作了全面详细的规定，为当事人提供了详细且准确的法律指导。在《仲裁保全安排》实施后，内地和香港地区法院可以通过程序性的预防救济措施来保障仲裁裁决不会因另一方当事人通过转移财产等手段难以执行，更加有效地维护了当事人的合法权益，也为内地仲裁程序的申请人向香港地区申请准许临时措施提供了更加充足有力的法律保障。

第三，《仲裁保全安排》贯彻了以仲裁地为标准确定仲裁程序归属地的理念，这是对仲裁地法律意义认识的又一次深化。近年来，以仲裁机构的所在地为标准确定仲裁裁决籍属的种种缺陷日益显现，以仲裁地为标准确定仲裁裁决的籍属成为学术界与实务界的主流观点。因此，仲裁双方当事人在订立仲裁协议时，对仲裁地越来越重视。《仲裁保全安排》不仅采取以仲裁地为标准确定仲裁程序归属地的主流观点，还应用了"在何地申请保全就参照何地保全规定"的原则，减少了跨法域申请保全的陌生感，为日后《仲裁法》中仲裁地、仲裁籍属与跨法域仲裁保全等内容的修改指明方向。

第四，随着《仲裁保全安排》不断深入执行，也给内地仲裁行业带来现实的发展道路以及广阔的发展空间。中共中央办公厅、国务院办公厅印发的《关于完善仲裁制度提高仲裁公信力的若干意见》中明确指出，要从内部结构建设、制度改革创新、加大支持监督等方面提高仲裁服务国家全面开放和发展战略的能力。要围绕京津冀协同发展和雄安新区建设、长江经济带发展、粤港澳大湾区建设、国家自由贸易试验区建设、海南自由贸易港建设等重大发展战略,建立"一带一路"国际商事争端解决仲裁机制和组织,以此来提升国内仲裁委员会的国际竞争力,加强国际仲裁法律制度研究,探索国际投资争端仲裁。① 可以说,《仲裁保全安排》的执行将给内地仲裁行业发展不断带来更深层次的机遇与挑战。

(2) 对我国香港地区的影响

第一,香港地区与内地间的新临时措施执行安排让香港地区仲裁在内地享有执行优势。《仲裁保全安排》的生效令香港地区成为唯一具有让仲裁程序当事人直接向内地法院申请临时措施的具体机制的司法管辖区。随着我国对推动共建丝绸之路经济带与推动粤港澳大湾区建设战略方针的大力落实,市场上存有在仲裁程序开始至结束期间资产损耗风险的疑虑,而《仲裁保全安排》对于寻求最终在内地执行仲裁裁决的当事人而言是一条改变市场规则的法例。允许内地和香港地区法院就仲裁保全申请相互协助,尤其是允许财产保全协助,有利于内地和香港地区仲裁程序保全措施的拓展和落实,切实解决了在香港地区仲裁却无法保全对方的内地财产这一问题。与此同时,《仲裁保全安排》亦扩大了在内地解决相关争议的当事人涉足香港地区资产的范围。综上而言,随着大湾区和"一带一路"沿线贸易的不断增长,《仲裁保全安排》的出台对仲裁地位于香港地区和内地的仲裁都是好事,标志着香港地区将领先于其他无法通过特殊安排在内地执行法院判决的司法管辖区,进一步巩固其在"一带一路"倡议中争议解决的首选地位。②

第二,《仲裁保全安排》为"一国两制"方针提供了"事不避难、求同存异"的思路。在一国之内,不同法域乃至不同法系之间开展司法协助,比起国际司法协助更具挑战性。香港地区作为世界金融中心之一,在"一国两制"的便利政策下蓬勃发展,对处理多元化法律纠纷不仅有着大量实践经验,也培养了大批高素质的法律专业人员。虽然香港地区有着完整有序的法律体系与优秀的司法环境,但是由于跟内地的相关司法互助未能完备,使得许多

---

① 参见《关于完善仲裁制度提高仲裁公信力的意见》,www. gyac. org. cn/ArtcleDetail. aspx? ID = 904。

② 参见何芬兰:《香港进一步巩固一带一路争议解决中心地位》,载《国际商报》2019 年 2 月 11 日第 5 版。

当事人选择香港地区进行仲裁的积极性受到打击。《仲裁保全安排》的出台基本实现了民商事领域司法协助安排的全面覆盖，大大增强了香港地区仲裁的吸引力。国家的"一带一路"倡议带来了庞大机遇，使法律服务市场拓展至各个新兴经济体。得益于得天独厚的地理位置和"一国两制"的政治优势，香港地区在"一带一路"长期发展过程中将担任重要角色。《仲裁保全安排》让香港地区更积极推动粤港澳大湾区的建设，促进国际和内地投资者分别进入和走出大湾区城市。随着大湾区的发展以及内地、国际案件的数量在香港地区这一仲裁中心的不断爆发式增长，国际级的知名仲裁中心将先后在香港地区设立常设办事处，各种国际仲裁资源也将在香港地区汇聚。

此外，《仲裁保全安排》的出台，将进一步增加我国内地和香港地区仲裁作为争议解决方式的优势。较之我国内地和香港地区之间的民商事诉讼程序协助，2008 年《最高人民法院关于内地与香港特别行政区法院相互认可和执行当事人协议管辖的民商事案件判决的安排》与 2019 年《最高人民法院、香港特别行政区政府关于内地与香港特别行政区法院相互认可和执行民商事案件判决的安排》（以下简称《互认安排》），均没有把保全裁定列为可认可与执行的判决范围之内。① 虽然日后我国内地和香港地区在诉讼保全事宜上应会作出相关安排，但目前而言，在香港地区的诉讼程序中向内地法院申请保全缺乏直接的法律依据，这使得仲裁程序在保全方面的优势将更为明显。

3.《仲裁保全安排》的国际影响

《仲裁保全安排》的生效不仅表明我国要将香港地区打造成为世界一流的国际仲裁中心的决心，也意味着我国向国际社会表明支持仲裁的态度。《互认安排》的签署是我国内地和香港地区关于民商事诉讼案件司法协助合作的最新进展。《互认安排》将认可和执行范围扩展到不具有排他性书面管辖协议的民商事案件，在案件类型上除了八类特殊的民商事案件外，基本将民商事纠纷的各类案件全部纳入互认范围。但《互认安排》明确规定了互认的"判决"类型仅为实体裁判。这意味着内地法院作出的保全裁定以及香港地区法院作出的禁诉令和临时救济命令等程序性救济措施均不能得到相互认可与执

---

① 参见蔡镇顺、杨云君：《中国内地与香港民商事判决相互承认与执行问题的探讨》，载《广东外语外贸大学学报》2008 年第 5 期。

行的法律支持。因此，对于香港地区与内地的当事人来说，选择向香港地区法院提起诉讼来解决纠纷便不能享受到内地法院在保全方面的协助。①

相比诉讼，香港地区仲裁则借助1999年《仲裁执行安排》与本次《仲裁保全安排》两个法律文件，彻底打破了阻碍我国内地和香港地区当事人选择仲裁程序解决纠纷的两个关键因素——执行与保全。《仲裁保全安排》的出台，在《仲裁执行安排》的基础上，为香港地区仲裁当事人向内地法院申请保全提供了法律支持，使得选择香港地区仲裁比选择香港地区诉讼具有保障程序性救济的天然优势。这既是在"一国两制"基本原则之内给香港地区提供比其他国家和地区更加紧密的协助，更是向国际社会释放支持仲裁的积极信号，表明我国完善仲裁制度、提升我国仲裁在国际社会上仲裁公信力的坚定信念。

（三）审查程序

根据2017年《司法审查规定》第11条之规定，申请承认与执行外国仲裁裁决案件的审查，法院应当组成合议庭并询问当事人。对于询问的方式并未作出规定，亦即法院既可以书面询问也可将当事人传讯到庭之后当面询问。实务中，天津海事法院在审查"韦斯顿瓦克公司"②一案中便组成合议庭对案件公开进行了听证审理。也有的地方法院并不主持双方当事人开庭审理，而仅对当事人递交的材料进行文件审查后，便作出最终的裁定。由于外国仲裁裁决的执行结果关系不同国家当事人的切身利益，而法院的这一裁定又是终局裁定，一旦出错，当事人也无从救济。如果申请承认与执行外国仲裁裁决的案件也一律需要公开审理，当事人就可在开庭的过程中阐释其主张，维护其权益，法官亦可就案件与《纽约公约》的规定是否相符进行充分调查，如此一来，一方面保护了当事人的诉权，另一方面亦有利于法院作出更公正的裁定。

针对外国仲裁裁决的承认与执行案件的审查期限，包括各级法院和最高人民法院接到上报后审查的期限，建议由原来规定的两个月改为三个月，因

---

① 参见《〈关于内地与香港特别行政区法院相互认可和执行民商事案件判决的安排〉简评》，www.tongsherg.com/news/news/136。

② 参见《最高人民法院关于韦斯顿瓦克公司申请承认与执行英国仲裁裁决案的请求的复函》（〔2012〕民四他字第12号）。

特殊情况需要延长的，由法院院长批准，可以延长，但不得超过六个月。对于法院审查时的"特殊情况"，必须以列举的方式予以明确，以增加可预测性和可判断性。

第六节　国际和解协议的跨境执行

由于各国对国际商事调解的立法和实践差异较大，因而《新加坡调解公约》并未为各国适用《新加坡调解公约》的具体程序作出明确规定，[①]《国际和解协议示范法》亦没有规定和解协议的执行程序，而是建议各国自行拟定相关条款。[②]

自我国加入《纽约公约》后，最高人民法院发布的一系列司法解释基本确立了我国承认与执行外国仲裁裁决的制度框架，包括申请需提交的文件、受理期限、管辖法院、申请费用、审查期限、审查方式、适用法律、内部报核等内容。鉴于调解和仲裁同为国际争议解决方式所具有的相似性，我国可以参照适用《纽约公约》的经验，通过立法或司法解释规定和细化国际和解协议的执行程序。

一、国际和解协议执行的申请程序

1. 申请救济需提交的文件

与《纽约公约》不同，由于调解具有灵活性，因此《新加坡调解公约》规定了当事人需要提交的文件，希望通过这一规定提高执行过程的确定性和易操作性。[③] 根据《新加坡调解公约》第 4 条第 1 款的规定，当事人最少需要提交两种文件，一是由各方当事人签署的书面和解协议；二是显示和解协议产生于调解过程的证据。

（1）当事人签署的书面和解协议

根据《新加坡调解公约》的要求，当事人提交的和解协议必须为书面形

---

① 参见《新加坡调解公约》第 3 条第 1 款。

② 参见《贸易法委员会国际商事调解和调解所产生的国际和解协议示范法》第 14 条。

③ See Eunice Chua, The Singapore Convention on Mediation—A Brighter Future for Asian Dispute Resolution, *Asian Journal of International Law*, 2019（9）：199.

式，但不限制具体的形式。因此，我国法院在对和解协议的形式进行要求时，需要注意以下两点：

首先，未经调解员签名的和解协议符合《新加坡调解公约》第 4 条第 1 款的规定。商事调解制度具有多元性，不同国家对商事调解的制度要求具有明显的地域性。在有些法域中，调解员被要求避免在和解协议上签字，从而减少调解员干涉当事人意思自治的概率；① 在有些法域中，开具证明的调解员有可能并未参与和解协议的起草，甚至有可能只参与了调解的部分过程。② 因此，若主管机关要求和解协议上必须有调解员的签名，有可能导致和解协议得到救济的门槛被实质性地提高，从而违反《新加坡调解公约》的规定。

其次，未包含在一份文件内的和解协议符合《新加坡调解公约》第 4 条第 1 款的要求。诚然，若当事人权利义务的规定散见在几份文件中，并且经过来回修改才最终确定，将大幅增加法院的审查难度。根据《新加坡调解公约》第 5 条第 1 款第 2 项第 1 目，和解协议"无法履行"是拒绝准予救济的理由之一，由于我国法院对执行依据的可执行性要求较高，③ 该等"和解协议"可能难以根据我国现行规则得到认可。然而，即使法院需要通过阅读长篇累牍的邮件确认当事人的真实意思，这也是法院应尽的义务，不能仅以此为由拒绝救济。④

因此，我国需要针对和解协议的灵活性，根据《新加坡调解公约》确认对和解协议"可执行性"的要求，需要明确在当事人权利义务可以明确的情况下，和解协议的形式并非拒绝准予救济的理由。

---

① See Timothy Schnabel, The Singapore Convention on Mediation: A Framework for the Cross-Border Recognition and Enforcement of Mediated Settlements, *Pepperdine Dispute Resolution Law Journal*, 2019（19）: 31.

② 新加坡《调解法》第 3 条对"调解"的定义为，调解员协助各方当事人：（1）确认争议焦点；（2）探索并提供解决争议的办法；（3）与当事人沟通，或（4）自愿达成协议。

③ 根据我国《最高人民法院关于人民法院办理仲裁裁决执行案件若干问题的规定》，仲裁裁决或仲裁调解书应当具有明确的权利义务主体、明确的金钱给付数额或计算方法、明确的标的物和履行行为。

④ See Timothy Schnabel, The Singapore Convention on Mediation: A Framework for the Cross-Border Recognition and Enforcement of Mediated Settlements, *Pepperdine Dispute Resolution Law Journal*, 2019（19）: 28-29.

（2）显示和解协议产生于调解过程的证据

由于和解协议可能在调解、谈判或其他非正式讨论之后达成，而无需经过调解员的确认，① 因此主管机关需要"和解协议产生于调解过程的证据"来辅助判断涉案和解协议是否满足产生于调解过程这一条件。

然而，这一文件要求在执行过程中可能出现以下问题：

一是证明的真实性。由于和解协议的国际性和灵活性，不同法域不同地域对于调解员的签字和证明要求不同，因此，来自不同法域的当事人提交的证明类型和证明内容可能大相径庭，如何通过此类证明确保和解协议确实经过了调解过程，避免虚假调解的出现，是对我国司法机关的一大考验。

二是证明的形式。《新加坡调解公约》规定除明文列举的文件外，当事人可提交其他任何可为主管机关接受的证据。有学者认为向调解员付款的证明或者当事人约定将争议提交调解的协议等文件也可以作为上述证据提交。② 然而，"当事人约定将争议提交调解的协议"等证明方式，虽然能够证明和解协议的达成与调解存在关联，但不等同于调解程序的启动，并不足以证明调解过程的发生。因此，何种文件能够得到我国的认可，尚待立法或司法解释确认。

2. 其他文件

《新加坡调解公约》第 4 条第 3 款规定，主管机关可要求当事人提供任何必要的文件，以核实本公约的要求已得到遵守。但需要明确的是，这一规定并非允许主管机关要求当事人提交任何文件，主管机关要求提交的其他文件与《新加坡调解公约》的要求相关，从而避免提高依据《新加坡调解公约》执行和解协议的门槛。譬如上文提及的要求和解协议有调解员的签名，或是要求当事人出示调解员的资质认证证明等文件，都与《新加坡调解公约》的要求无关从而不被允许。

在我国承认与执行外国仲裁裁决的司法实践中，我国法院通常要求当事人提交：（1）经公证认证的仲裁裁决书；（2）申请执行书；（3）主体资格材

---

① See Eunice Chua, The Singapore Convention on Mediation—A Brighter Future for Asian Dispute Resolution, *Asian Journal of International Law*, 2019（9）：199.

② See Timothy Schnabel, The Singapore Convention on Mediation：A Framework for the Cross-Border Recognition and Enforcement of Mediated Settlements, *Pepperdine Dispute Resolution Law Journal*, 2019（19）：32.

料；（4）被申请人的财产线索等文件。① 但在公证认证方面，虽然《最高人民法院关于人民法院执行工作若干问题的规定（试行）》确实要求外国仲裁裁决的执行申请应当提交经认证或公证的文本，但2018年生效的《司法审查报核规定》并未将公证认证纳入仲裁申请执行应当提交的文件的要求中，有学者认为这一规定在某种程度上取消了提交经过公证认证的仲裁裁决书这一要求。②

需要明确的是，上述要求并未提高申请承认与执行外国仲裁裁决的门槛，而是我国法院依据《纽约公约》承认与执行外国仲裁裁决的实践需要。譬如主体资格材料与财产线索，均是为锁定执行目标提供的协助。事实上，我国尚未有以提交的文件不符合要求而拒绝承认与执行外国仲裁裁决的司法实践——只要当事人在申请承认与执行的期限内递交申请，且在事后补正相关文件。③

因此，我国在外国仲裁裁决承认与执行过程中要求当事人提交的其他文件，并未提高执行门槛。我国可以借鉴上述文件要求，进一步细化《新加坡调解公约》项下当事人需要提交的文件，同时免除不必要的文件，以达到《新加坡调解公约》"从速行事"的要求。

3. 管辖法院

在管辖法院方面，《民事诉讼法》规定外国仲裁裁决应当向被执行人住所地或被执行人财产所在地的中级人民法院申请执行。④ 这一规定确立了外国仲裁裁决承认与执行的级别管辖与地域管辖的基本原则。

《最高人民法院关于人民法院办理仲裁裁决执行案件若干问题的规定》对这一规则进行了调整——在坚持以中级人民法院管辖为原则的基础上，授权基层人民法院管辖执行标的较小的案件，同时明确对于申请不予执行的案件，仍由中级人民法院负责。据统计，在司法实践中大多数标的额较小的执行案

---

① 参见《最高人民法院关于人民法院执行工作若干问题的规定（试行）》（法释〔1998〕15号），第20、21条。

② 参见沈伟：《中国仲裁司法审查制度——缘起、演进、机理和缺陷》，载《〈上海法学研究〉集刊》2019年第17卷。

③ 参见刘贵祥、沈红雨：《我国承认和执行外国仲裁裁决的司法实践述评》，载《北京仲裁》2012年第1期。

④ 参见《中华人民共和国民事诉讼法》第283条。

件都交给基层人民法院管辖。①

针对执行国际和解协议的案件，也可以借鉴这一以中级人民法院管辖为原则、以基层人民法院管辖为例外的做法，由此达到繁简分流——既能节约司法资源、提高执行效率，也能慎重处理当事人有异议的案件，从而确保调解制度的稳定性。

二、司法机关与调解的纵向共生：国际和解协议的司法审查程序

参照《司法审查报核规定》第1条的规定，申请承认与执行或申请撤销仲裁裁决的案件，均属于仲裁司法审查案件。因此，申请援用与执行国际和解协议的案件，也属于法院司法审查的范围。

1. 审理机构

在审理机构方面，根据《最高人民法院关于仲裁司法审查案件归口办理有关问题的通知》（以下简称《归口办理通知》），最高人民法院要求各级人民法院将"审理涉外商事案件的审判庭"作为专门业务庭，统一办理相关司法审查案件。②

上述做法值得我国调解制度借鉴。和解协议的规定通常具备较高的灵活性，附条件、附期限的约定等情况较为普遍。而由于我国实行审执分离制度，法院执行庭不负责案件实体内容的审理，因而对申请执行的案件的可执行性要求较高。③ 然而，这并不符合《新加坡调解公约》对可执行性的要求——法院只有在确实无法明确和解协议约定的救济内容时才有权对该和解协议拒绝准予救济，不能仅仅因为该协议起草不当或约定不明而拒绝。④ 同时，对于约定内容较为复杂的和解协议，案件繁多、执行压力大的执行庭往往难以进

---

① 参见戴月、赵天沅、项潇雁：《支持与监督并行：新规下的仲裁裁决执行》，http://www.kwm.com/zh/cn/knowledge/insights/understanding-china-judicial-authority-s-policy-20180305，www.pku/aw.cn/ful/text_form.aspx/falltext_fom.aspx/Gid=1778410654&=lawfirmartides。

② 参见《最高人民法院关于仲裁司法审查案件归口办理有关问题的通知》（法〔2017〕152号）第1条。

③ 参见《最高人民法院关于适用〈中华人民共和国民事诉讼法〉的解释》（法释〔2015〕5号）第463条。

④ Timothy Schnabel, The Singapore Convention on Mediation: A Framework for the Cross-Border Recognition and Enforcement of Mediated Settlements, *Pepperdine Dispute Resolution Law Journal*, 2019（19）：48.

行全面细致的审查，保证执行结果公正合法。

因此，指定专门机构办理和解协议执行案件，可以将和解协议的灵活性特点和执行程序的确定性要求结合起来，统一裁判尺度，提高调解司法审查质量。

但是，需要指出的是，由于通知中并未指明具体承办仲裁司法审查案件的业务部门，目前《归口办理通知》尚未在实践中落到实处。譬如，北京地区的法院目前仍由执行裁判部门负责仲裁司法审查案件。①

2. 国际和解协议保全制度的建立

虽然保全制度并非《新加坡调解公约》所规定的内容，但国际和解协议与外国仲裁裁决同理，都需要保全制度来维护当事人的合法权益。相较于仲裁裁决的高程序性和高权威性，和解协议具有简便性和灵活性的特点，更有利于当事人利用暂时达成和解协议的时间差，实现转移财产、抽逃资金、避税、洗钱或者侵害第三人等目的。这一现象已在我国司法实践中出现。② 因此，不少学者建议在国际和解协议的执行过程中引入保全制度。③

首先，对于我国的保全制度是否适用外国仲裁裁决或国际和解协议这一问题，虽然基于体系解释，我国《民事诉讼法》将保全制度规定在第九章之中，而非关于涉外程序的第四编之中，因此我国保全制度不能适用于外国仲裁裁决或国际和解协议的救济过程之中。但有学者认为，根据《民诉法解释》第163条的规定，适用执行前保全制度的一大条件是存在生效的法律文书，而《新加坡调解公约》确立的直接执行原则意味着缔约国应当推定和解协议的有效性和可执行性，因此《新加坡调解公约》项下的和解协议属于《民诉法解释》第163条项下的生效法律文书，从而得以适用我国的保全制度。④

---

① 参见《北京市法院执行局局长座谈会（第八次会议）纪要——关于仲裁裁决执行与不予执行申请审查若干问题的意见》，http://bj1zy. chinacourt. gov. cn/article/detail/2018/09/id/3490882. shtml，2021年2月15日访问。

② 参见温先涛：《〈新加坡公约〉与中国商事调解——与〈纽约公约〉〈选择法院协议公约〉相比较》，载《中国法律评论》2019年第1期。

③ 参见孙巍：《〈新加坡调解公约〉与我国法律制度的衔接》，https://www. sls. org. cn/levelThreePage. html? id=10450；梁修齐：《我国调解制度与〈新加坡调解公约〉的衔接问题初探》，载《东南司法评论》2019年第12期。

④ 参见梁修齐：《我国调解制度与〈新加坡调解公约〉的衔接问题初探》，载《东南司法评论》2019年第12期，第488页；孙巍：《〈新加坡调解公约〉与我国法律制度的衔接》，https://www. sls. org. cn/levelThreePage. html? id=10450，2021年2月15日访问。

其次，虽然我国并未明确赋予当事人就外国仲裁裁决申请保全的权利，但已有法院根据实际需要对外国仲裁裁决的执行作出保全裁定，① 外国也有根据《纽约公约》第 7 条的规定承认与执行原本可拒绝救济的裁决的案例。② 有学者认为，《纽约公约》第 7 条的规定就是"为外国仲裁裁决获得进一步司法协助所预留的空间"。③ 因此，同样可以参照上述司法实践，准予当事人就国际和解协议申请保全。

上述观点或许可以作为国际和解协议申请保全的理论依据，但若我国可以通过立法或司法解释的方式，明确赋予当事人针对外国仲裁裁决和国际和解协议案件申请保全的权利，将更进一步保障当事人的合法利益，促进国际商事争议解决的发展。

3. 审查方式

在审查的性质上，根据《新加坡调解公约》第 3 条的规定，主管机关应该对相关案件进行形式审查，仅有权根据《新加坡调解公约》第 5 条规定的条件进行实质审查。④ 然而，根据 2021 年修改的《最高人民法院关于仲裁司法审查案件报核问题的有关规定》，上级法院认为案件事实不清是重新询问当事人或将案件退回下级法院的理由之一。⑤ 这一规定有可能导致法院将司法审查的内容扩展至实体方面。

因此，在国际和解协议的救济过程中，需要严格依照《新加坡调解公约》的规定进行形式审查，仅在和解协议出现《新加坡调解公约》第 5 条规定的相关情形时，才有权进行实质审查。

在审查的形式上，《新加坡调解公约》并未进行限制。⑥ 根据《最高人民

---

① 参见《民生轮船股份有限公司上海分公司与炫海航运株式会社申请诉前财产保全案》，上海海事法院（2009）沪海法民认字第 1 号《民事裁定书》。

② 参见刘炯：《〈纽约公约〉与〈新加坡调解公约〉主要条款对比评析》，http://jtc. zhihedong fang. com/? p = 4573。

③ 张虎：《外国仲裁裁决在我国承认与执行程序的重构》，载《法学杂志》2018 年第 10 期。

④ 参见赵平：《论多元化纠纷解决机制下的〈新加坡调解公约〉》，载《经贸法律评论》2019 年第 6 期。

⑤ 参见《最高人民法院关于仲裁司法审查案件报核问题的有关规定》（法释〔2021〕21 号）第 6 条。

⑥ See Timothy Schnabel, The Singapore Convention on Mediation: A Framework for the Cross-Border Recognition and Enforcement of Mediated Settlements, *Pepperdine Dispute Resolution Law Journal*, 2019（19）: 39.

法院关于审理仲裁司法审查案件若干问题的规定》第 11 条的规定，法院应当组成合议庭并询问当事人，但没有规定"询问"的具体方式。在司法实践中，有些法院会进行公开听证，而有些法院则仅对当事人提交的材料进行书面审查。

在国际和解协议的救济过程中，可以在一定程度上给予法院决定审查方式的自由，由法院根据案件的复杂程度、当事人是否提出实质审查请求、是否存在虚假调解的可能性等因素，决定具体的审查方式。由此达到保证公平正义与履行"从速行事"的义务之间的平衡。

4. 法院内部报核制度

目前，我国对拟拒绝承认与执行外国仲裁裁决规定了内部报核制度。与《纽约公约》相似，《新加坡调解公约》对于拒绝准予救济的理由也进行了严格限制。同时，由于调解自愿性的特点，拒绝依据和解协议准予救济相比仲裁裁决将会更进一步干涉当事人意思自治原则，拒绝执行和解协议的决定应当更加慎重。因此，我国可以参照《纽约公约》的经验，将拟拒绝对和解协议准予救济的案件纳入内部报核范围。同时，考虑在内部报核过程中允许当事人向各级法院提出抗辩，以增加司法审查过程的透明度。①

---

① 参见孙巍：《〈新加坡调解公约〉与我国法律制度的衔接》，https://www.sls.org.cn/levelThreePage.html? id = 10450。

第五章

"一带一路"争端解决共生机制
的构建设想及路径

自习近平总书记在 2013 年提出"一带一路"倡议以来，该倡议已在国际上得到了广泛赞同和认可。2017 年年底，联合国大会、安理会等联合国不同机构多次将"一带一路"倡议写进有关决议和文件。[①] 截至 2020 年 11 月，我国已经与 138 个国家、31 个国际组织签署 201 份共建"一带一路"合作文件。[②] 足见"一带一路"倡议早已从规划到实施，并已进入纵向推进、深入构建的阶段。一是由于"一带一路"倡议涉及主体众多，从公法主体上来说，不仅包括地域上的沿线国家或地区，还向所有有志于共商、共建、共享"一带一路"倡议的其他国家、地区以及国际组织开放；就私主体而言，不仅包括参与"一带一路"倡议实施的法人和其他社会组织，还包括与之相关的自然人。二是"一带一路"倡议包含内容广泛，不仅涵括传统的经济、贸易及投资，还包括人文、政治等领域的交流。有学者将其概括为"五通三同"："五通"即"政策沟通、设施联通、贸易畅通、资金融通、民心相通"，"三

---

① 参见朱伟东：《关于建立"一带一路"争端解决机制的思考》，载《法治现代化研究》2018 年第 3 期，第 100 页。

② 参见《我国已与 138 个国家、31 个国际组织签署 201 份共建"一带一路"合作文件》，http://www.gov.cn/xinwen/2020-11/17/content_ 5562132. htm。

同"即"利益共同体、命运共同体和责任共同体"。① 三是"一带一路"倡议影响全面、长远,不仅影响所有参与"一带一路"倡议构建中的国家或地区以及国际组织的利益,还可能对全人类的共同命运及社会福祉产生深远影响。所以,随着"一带一路"倡议的深度实施,必定会衍生出各式各样的争议。

近年来,围绕"一带一路"构建过程中所产生的争议如何予以解决的问题,学界及实务界已发出不少建设性声音和建议。例如,建立专门国际商事法庭②、建立国际仲裁中心③、构建"一带一路"多元争端解决中心④、推动联合仲裁和建设沿线国家或地区间的国际仲裁机构⑤等。上述建议,除已实现的外,以推动联合仲裁和建设沿线国家或地区间的国际仲裁机构最为切实可行,笔者亦对此表示赞同。我国已于2018年设立国际商事法庭;2020年,中国国际经济贸易仲裁委员会推动建立"一带一路"北京宣言合作机制,已与30家国内外仲裁机构商定合作方案,打造国际仲裁机构合作新平台;⑥ 截至2021年,中国国际贸易促进委员会、中国国际商会调解中心已与意大利、美国、英国、加拿大、马来西亚、泰国、新加坡、韩国、日本以及我国香港地区、澳门地区等多个国家和地区的21个相关机构签署合作协议,建立合作关系。⑦ 对于争端解决机制的构建模式有三种代表性观点:一是依托"一带一路"的多边公约或联合声明创设附属的争端解决机构;二是在前述公约无法短期内达成的情况下,由我国主导创设面向"一带一路"沿线国家或地区间的专门争端解决中心;三是在对设立专门争端解决中心的功效尚不敢太过乐

---

① 参见初北平:《"一带一路"多元争端解决中心构建的当下与未来》,载《中国法学》2017年第6期,第85页。

② 参见漆彤、芮心玥:《论"一带一路"民商事争议解决的机制创新》,载《国际法研究》2017年第5期,第35—43页。

③ 参见黄进:《建立中国现代仲裁制度的三点构想》,载《中国法律评论》2017年第3期,第184—188页。

④ 参见初北平:《"一带一路"多元争端解决中心构建的当下与未来》,载《中国法学》2017年第6期,第72—90页。

⑤ 参见袁发强:《"一带一路"背景下国际民商事争议解决机制之建构》,载《求是学刊》2018年第5期,第82—90页。

⑥ 参见《贸仲委2020年工作总结和2021年工作计划(文字版)》,http://www.cietac.org/index.php? m = Article&a = show&id = 17428。

⑦ 参见《中国国际贸易促进委员会/中国国际商会调解中心简介》,https://adr.ccpit.org/articles/25。

观的情况下，由我国相关部门牵头联合国际知名或"一带一路"沿线有代表性的争端解决机构成立"一带一路"争端解决联盟。[①] 可以说，"一带一路"争端解决机制的构建取得了相当成就。

如前所述，"一带一路"倡议内容广泛，由此产生的争议亦存在较大差异，有传统的涉外民事争议、牵涉国家的投资争议、与政府相关的税收争议等，最多的应该还是国际商事争议。所以，要想构建一个囊括所有争议、"毕其功于一役"的解决机制，牵扯面太广、难度太大，几乎难以实现。仅以"一带一路"倡议构建过程中的商事争端解决为依据，探讨与之相适应的争端解决共生机制。

第一节 构建"一带一路"争端解决共生机制的指导思想

"法的制定的指导思想是指贯彻立法活动整个过程中的理论基础和思想准则，它关系立法活动的方向性、根本性和全局性的问题。它既是立法经验的理论概括和思维抽象，又是立法活动的思想指导和最高准则。"[②] 构建"一带一路"争端解决共生机制同样如此，明确了指导思想之后，在模式的选择、具体路径的设计和规则的拟定上，才不会出现方向性的偏差、根本性的错误。

一、共商、共建、共享

所谓"共商"，是指在尊重差异的基础上协商，世界的事情由各国协商。在党的十九大报告中，习近平总书记指出："中国秉持共商共建共享的全球治理观，倡导国际关系民主化，坚持国家不分大小、强弱、贫富一律平等。"[③]"一带一路"涉及众多国家和地区，历史背景、社会意识形态各不相同，要解决不同国家或地区之间的争议问题，就需要各方尊重差异，在平等的基础上

---

① 参见初北平：《"一带一路"多元争端解决中心构建的当下与未来》，载《中国法学》2017 年第 6 期，第 72 页。

② 沈宗灵主编：《法理学（第四版）》，北京大学出版社 2014 年版，第 239 页。

③ 习近平：《决胜全面建成小康社会夺取新时代中国特色社会主义伟大胜利——在中国共产党第十九次全国代表大会上的报告》，人民出版社 2017 年版，第 66 页。

共同参与、解决问题。无论是国内事务还是国际事务的解决都离不开协商，共商理念蕴含着尊重、平等、包容的精神，强调国际社会民主化。只有坚持共商原则，才能扩展合作空间，寻求各方利益的最大公约数，将各方不同的主张转化为世界治理的共识。

"共建"意味着只要有意愿的国家或地区，均可共同参与到"一带一路"争端解决机制的构建中来，只有大家互利合作、各施所长、优势互补才能充分促进该机制的建设、长远发展。习近平总书记"共商共建共享全球治理观"中的"共建"是共同但又有区别地共建，由于各国在经济发展现状和综合实力上存在差别，各国应该在同一目标下承担共同但有区别的责任，提高发展中国家代表性和发言权，赋予各国平等参与规则制定的权利，争取更加均等的公平发展机会。在"一带一路"深入构建的今天，各参与方之间是休戚与共、相互依存的关系，国家和地区以及所有参与其间的主体均可参与建设，积极做出自主性贡献。

"共享"即共同享有"一带一路"各项建设的成果。共享理念是习近平针对新时期国内外形势提出的具有鲜明特色的治理观念，一方面中国发展进入新时代，共享理念是人民对美好生活向往的回应，是实现伟大复兴中国梦的前提；另一方面，共享发展理念是对国际格局变化的反映，充分展示新兴市场国家和发展中国家的意愿和利益，有效平衡发达国家和发展中国家之间的关系，推动世界格局朝向合理化、公平化方向发展。

构建"一带一路"争端解决共生机制，应当坚持"习近平共商共建共享全球治理观"，"共商共建共享"理念应当贯穿于构建"一带一路"争端解决共生机制的始终。在这个过程中，中国不谋求领导、不享受独家利益，在方案的设计、规则的拟定、争议解决人员的配备等方面，完全遵从协商、共同决定的原则，在"一带一路"争端解决共生机制建成后，完全对所有有志于参与"一带一路"倡议实施的成员和主体开放，共享成果。

二、平等互利

"一带一路"倡议和建设体现了中国传统文化历来以"和为贵"为主线的思想：一方面是"和而不同"，承认众多个体的个性和多样性；另一方面是"和谐共生"，承认不同的个体不仅都平等拥有自己的生存权利，而且还需要在同一个和平安定的环境中共生共处。① 正如 2019 年 11 月习近平总书记在同希腊总统帕夫洛普洛斯会谈时提出：人类应该秉持和追求高尚的情操，而不是奉行利己主义，一味追逐赤裸裸的利益。中国人自古以来信奉"己所不欲，勿施于人""天下为公""和谐万邦"的理念，中国绝不会搞国强必霸，也不认同你输我赢的零和游戏，因为中国人从来没有这种文化基因，也没有这种野心。②

构建"一带一路"争端解决共生机制，首先，所有参与成员享有平等的机会，并可根据自身情形提出自己的主张和要求；其次，所有寻求"一带一路"争端解决共生机制救济的主体，均平等享有相应程序权利；最后，所有"一带一路"参与者的权益共同受到"一带一路"争端解决共生机制的保障。

第二节　构建"一带一路"争端解决共生机制的价值取向

"一带一路"争端解决共生机制的价值取向是"一带一路"争端解决机制研究中的基本理论问题，也是其存在的原因和根据，更是其自身内、外部发展的逻辑起点和归宿。因而，价值取向从理论层面上决定和影响着"一带一路"争端解决机制的规则设置、实践运作，并且为将来形成制度保障提供原则和依据。在商事争议解决领域，跨国民事诉讼、商事仲裁与商事调解，这些不同机制因受争议类型、政策支持和习惯偏好等影响而存在融合的局限性和作用的有限性。因此，构建"一带一路"争端解决共生机制作为一种融合机制亦可成为一个不错的选择。然而，争议解决的需求是多元的，制度供给必须在保持法律秩序安定性的前提下相机而动。这种相机变动则有赖于多元争议解决方式之间的合理横向融合及纵向监督与协助机制的构建，该机制之构建应坚持以下价值取向。

---

① 参见施杭齐、刘玉安：《论"一带一路"建设的可持续发展基础》，载《国际观察》2020 年第 1 期，第 155 页。

② 参见《中国为什么绝不会走上"国强必霸"的道路》，https://www.ccdi.gov.cn/yaowen/201911/t20191112_204238.html。

一、坚持积极共生理念

不同生物可以一定方式密切地生活在一起而形成彼此共生的关系。由这种关系生成六类利弊模型：（1）互利共生，各方均赢；（2）偏利共生，一方得益，一方无损；（3）无关共生，双方均无益无损；（4）寄生，一方寄附于另一方身内或表面，双方形成利害关系；（5）竞争共生，各方均受损；（6）偏害共生，一方有害，他方无损。在这六种模式中，后三种存在共生的消极后果，是一种消极共生；与其对应的是，前三种类型则呈现积极或者偏于中性，是一种积极共生。① 在以一定方式将诉讼、仲裁及调解融合形成彼此共生关系时，要克服诸如寄生、竞争共生与偏害共生等三种消极共生现象，而倾向于将共生限定在相互有利的范围内，以构建互利的积极共生关系。在具体的构建中，体现在：

（一）司法支持仲裁

随着《纽约公约》在世界范围内取得巨大成功，支持仲裁的理念在各国立法和司法中得到充分体现。为了增进国际商事交往、吸引国际商事仲裁在本国进行，各国法院普遍奉行支持仲裁的司法政策，对仲裁的监督与干预作用明显弱化，对仲裁予以"适度"的司法监督成为各国立法者与法院普遍的价值取向。支持仲裁原则主张以支持仲裁健康、顺利发展为出发点，法院最大限度地作出有利于仲裁的处理，可不介入的绝不介入，以最大限度地发挥仲裁在解决国际商事纠纷中的优势和功能。② 在仲裁程序进行过程中，法院强化对仲裁的支持和协助，弱化对它的监督和控制。在仲裁结果出来后，除符合法律规定的情由外，法院不轻易撤销仲裁裁决，并支持仲裁裁决的执行。

（二）适度的司法监督

一方面，由于仲裁及调解的结果一旦作出后，当事人无权申请再次审理，这样就难以避免因违反程序而导致结果不公正的情形，因而，司法监督有其存在的必要性。在政治国家与市民社会分离的过程中，意思自治下的仲裁制

---

① 　参见郑景元：《合作社商人化的共生结构》，载《政法论坛》2016 年第 2 期，第 29 页。

② 　参见朱科：《试论国际商事仲裁司法审查的基本原则》，载《河南社会科学》2016 年第 11 期，第 54 页。

度是国家司法权向社会的"归还"与"下落",[①] 是国家公权力的让渡。仲裁和调解始于当事人的自我选择,终于当事人的自我约束,但毫无约束的意思自治并非是法治所追求的。仲裁和调解的民间性、契约性与私力救济的性质,决定其需要司法的支持与协助,只有置于司法监督之下,方能实现个人意思自治与国家主权强制、当事人个体正义与社会公共正义的和谐与平衡。另一方面,司法监督应当严格依法进行、适度监督。第一,司法监督应偏向被动性。在仲裁裁决及和解协议作出前,只有在当事人主动申请的情况下,司法机关方可介入,只有在法律规定的条件满足后,才能允准当事人的相应申请。裁决作出后,是否可撤销,以及针对外国仲裁裁决是否可以承认和执行,只有在申请人提出撤销的申请、承认与执行外国仲裁裁决的申请后,司法机关方可予以审查。且只有在被申请执行的当事人举证证实了相关公约或法律规定的条件后,才能拒绝承认与执行。第二,司法监督应侧重于"程序监督",即司法机关在审查撤销裁决、拒绝承认与执行外国仲裁裁决时,对仲裁庭所进行的事实认定及法律适用问题不予审查,而只审查仲裁庭的程序是否符合当事人的约定及法律的规定。

二、遵循专业性

一直以来,仲裁及调解均强调专业性,并以此作为其吸引争议解决的优势。遵循专业性原则,其一,有利于体现商事争议商事性的特质。在"一带一路"倡议推进的过程中,涉及专业性强的领域必将不断涌现,如重大桥梁、码头建设工程项目、高端科技及生物工程合作争议等,若无这些领域的专业知识,远难胜任。其二,遵循专业性原则可以避免文化、地域、法律等差异化的影响,由于当事人在争议产生前或产生后可以通过意思自治选择解决争议的人员,这就不会受到因解决争议人员固定化的影响。其三,专业性有利于争议结果的执行以及当事人诉求的实现。一般而言,专业性案件的裁决者往往具有一定的知名度,其专业性亦获广泛认可,当事人一旦作出选择,对其作出的相应决定亦易于接受,并主动执行。

---

① 参见马长山:《国家、市民社会与法治》,商务印书馆 2002 年版,第 127 页。

三、尊重当事人意思自治

意思自治是仲裁与调解的立足点和依据，是仲裁、调解制度产生、运行的基本原则，同时也是"一带一路"争议解决机制的重要原则。意思自治原则即契约自治或契约自由原则。从根本上讲，意思自治是一种法哲学理论，此原则的主旨则是当事人意志决定论，即当事人有权依其自我意志作出自由选择，并可以而且应该对依其自我意志作出的选择负责，从而当事人的自我意志是约束其契约关系的准则，即人的意志可以依其自身的法则去创设自己的权利义务。① 在各式争议解决机制产生之初，几乎都曾出现过"追求争端解决效率"与"尊重当事人意思自治"之间的冲突与矛盾的探讨，然而，争端解决效率固然值得追求，但对于效率的追求不应以牺牲意思自治为代价。当事人的意志不仅是权利义务的渊源，而且是其发生的根据。意思自治的理论基础是"私法自治"理论，罗马法曾深刻阐述道，公法的规范不得由个人之间协议而变更，而私法的原则是"协议就是法律"（即私法规范可以由私人的协议变更）。这一原则的法律精髓就是：自己是自己的立法者，自己是自己的执法者。即作为意思自治的最基本的体现和实现的契约，对于缔约人本人来说就是法律。② 争端解决的整个过程，即是一个遵循当事人意思自治的过程，具体体现为：

第一，在"一带一路"争议解决机制内，采取仲裁还是调解解决当事人之间的争议，必须源于争议各方的意思自治，即便采取诉讼方式，表面上是争议各方未选择仲裁、调解的结果，也传达了争议各方不愿意通过仲裁或调解来解决其争议的一种心理状态，除非当事人本欲以调解或仲裁解决其争议，之后却因相关选择不符合法律之规定而被认定为无效。此外，意思自治在当事人选择争议解决方式时还体现在当事人可以协商一致，在诉讼或仲裁过程中进行调解，亦可在调解过程中转向仲裁。

第二，当事人的意思自治除了表现在争议解决方式的自愿选择之外，还体现在争议解决的整个程序之中，包括从达成选择争议解决方式的合意到最

---

① 参见尹田：《论意思自治原则》，载《政治与法律》1995 年第 3 期，第 38 页。
② 参见邱本、崔建远：《论私法制度与社会发展》，载《天津社会科学》1995 年第 3 期，第 54 页。

终争议解决结果的实现的整个过程。例如，仲裁及调解庭的组成、仲裁及调解的特殊程序、使用的语言、实体争议及争端解决条款所适用的法律等。总之，在争议解决的过程中，除法律强制规定限制当事人意思自治外，一般会尊重当事人的合意。

第三，意思自治也为当事人最终履行争议解决的结果提供了理论依据，有利于结果的顺利实现。意思自治是仲裁制度存在和发展的基石。意思自治主张既然争议起于个人，那么争议的解决也应该尊重个人意志，无需国家权力的介入便可实现有效的自我执行令成本效益最大化。基于此，以仲裁为代表的民间纠纷解决制度应运而生。国际商事仲裁的首要原则是当事人意思自治原则，当代国际仲裁最显著的特征就是当事人在仲裁中享有广泛的程序自由。[1] 争议解决协议是当事人意思自治的结果。不论是规范外国仲裁裁决承认与执行的《纽约公约》，还是规定基于调解所产生的国际和解协议的承认与执行的《新加坡调解公约》，前提均是当事人自愿对相关争议解决方式作出选择，否则便无法适用《纽约公约》《新加坡调解公约》。

四、兼顾公平与效率

作为解决当事人之间争议的方式，不论是诉讼、仲裁，还是调解，其首要目标是公平地解决当事人之间的争议，因为公平是程序制度的首要价值目标，程序真正永恒的生命基础在于其公平性。[2] 其次是效率，市场经济作为一种对社会资源进行高效、合理配置的经济模式，除了渴求一种以公平作为基本价值目标的争议解决机制以外，还要求这种机制具有同市场经济相契合的新的价值，以提高资源优化配置的水平，通常这个新的价值目标被概括为"经济"或者"效益"。其实，公平和效率是所有争端解决方式追求的共同目标。在纵深推进"一带一路"倡议实施的今天，一个高效、公平的"一带一路"争端解决机制，已成为"一带一路"构建发展的客观要求；立足"一带一路"争端解决机制自身的发展，也应该将公平、效率之平衡作为自身追求的目标，而且这种追求是没有止境的。否则，"一带一路"争端解决机制就必

---

① 参见杨玲：《国际商事仲裁程序研究》，法律出版社 2011 年版，第 74 页。
② 参见裴普：《仲裁制度的法理辨析》，载《河北法学》2008 年第 11 期，第 80 页。

将失去其生存、发展的空间。其一，离开了公平的效率必定毫无意义；其二，从某种意义上来说，离开了效率的公平所造成的不经济亦会导致对于仲裁当事人最终的不公平；其三，抛却了效率，当事人甚至就不会想到这一类争议解决机制。

五、尊重司法主权与平等解决争议

"一带一路"倡议体现了以共同发展为核心、以开放包容为特色、以宏观政策协调和市场驱动为两轮的战略思路，是一种新型的国际合作模式，体现了中国的国际合作理论特色追求，即以命运共同体为指向、以共同利益为前提、以共赢为目标、以积极承担大国责任为重要条件。[①]"一带一路"推行开放且非排他的合作模式。在"一带一路"倡议的框架下，中国不会直接挑战由美欧等发达经济体主导的现有国际制度、规范和价值观，但会以"一带一路"沿线发展中国家的共同价值观、利益和经验为基础，尝试创设地区秩序和制度安排，对既有国际制度进行适时的补充与改革。中国并不期望"独唱"，而是追求通过"合唱"的方式将达成共识的合作模式规范化，不断总结国际合作经验，在成熟的时机制定统一的国际规范。将来构建的"一带一路"争端解决机制亦将遵循此理，在坚持意思自治、公平与效率原则的基础上，其并不具备超越某一主权国家或地区而凌驾于国家或地区之上的地位。"一带一路"争端解决机制是在尊重各主权国家司法主权的基础上，平等对待并解决当事人之间争议的一个平台。

首先，当事人选择"一带一路"争端解决机制解决其争议，并不能成为其规避本国法律强制性规定的理由。例如，不得因选择在境外解决争议，适用他国法律而逃避其应承担的纳税、环境保护和劳工救助等方面的义务。

其次，选择"一带一路"争端解决机制解决其争议时，不会因当事人的选择而逃避争议解决的司法监督。例如，只要某一争议在一国内进行仲裁或调解，该国的司法机关便有权依法对其程序和相关事项予以干预、监督和审查。

最后，"一带一路"倡议实施过程中的争议，往往牵涉不同国家或地区之

---

① 参见门洪华：《"一带一路"规则制定权的战略思考》，载《世界经济与政治》2018年第7期，第21页。

间的当事人，由于此类争议具有涉外因素，这就要求"一带一路"争端解决机制必须平等对待任一方当事人。同时，对争议解决所在地的国家及争议解决结果执行地的国家而言，不论争议主体是否是本国当事人，其均不得对非本国之当事人施加较本国当事人更重的额外负担，需对其平等对待和保护。

第三节 "一带一路"争端解决共生机制的构建 内容及实践路径

就国内的商事争议解决机制而言，我国于 2018 年分别在深圳和西安设立的国际商事法庭已经将诉讼、仲裁及调解融为一体，推动建立诉讼与调解、仲裁有效衔接的多元化纠纷解决机制，形成便利、快捷、低成本的"一站式"争端解决中心，旨在为"一带一路"建设参与国或地区当事人提供优质高效的法律服务。在此之前，2004 年，阿联酋设立了迪拜国际金融中心法院；2015 年，新加坡设立了新加坡国际商事法庭；2018 年，德国的法兰克福法院引入国际商事法庭。除此之外，荷兰、哈萨克斯坦、澳大利亚、比利时等国也陆续设立商事法庭。[①] 然而，这些实践均立足于某一国国内的司法体系，要达到跨国的约束力，依然需要通过国家间签署双边或多边协定实现。

一、"一带一路"争端解决共生机制的构建内容

可分两个阶段进行：

第一阶段主要是实现横向共生阶段。构建"一带一路"争议解决中心，需要借助一个国际性的平台，且该平台已被"一带一路"参与主体广泛接受和认可。在该平台上，构建一个中立的、面向所有参与"一带一路"倡议建设主体的包含仲裁及调解相结合的"一带一路"争端解决中心。

对于平台的选择，有学者建议在"亚洲基础设施投资银行"（亚投行）下建立相应的争议解决机制[②]，但考虑到亚投行是政府间性质的组织，倘若额

---

① 参见杨临萍：《"一带一路"国际商事争端解决机制研究——以最高人民法院国际商事法庭为中心》，载《人民司法》2019 年第 25 期，第 34 页。

② 参见南锦林、徐婧琳：《亚投行争议解决机制架构设想》，载《国际工程与劳务》2017 年第 5 期，第 76 页。

外增加其他机制，既需要更多时日去谈判、协商，亦可能影响设置亚投行的主要目的。而丝路基金是依照《公司法》，按照市场化、国际化、专业化原则设立的中长期开发投资基金，以此为平台，有利于"一带一路"争端解决中心的中立化、大众参与和接受的程度。

第一，"一带一路"争端解决中心运作模式方面："一带一路"争端解决中心在丝路基金的平台下，具有完全独立的国际非营利法人地位。丝路基金的董事会或管理机构并非"一带一路"争端解决中心的管理部门，不得对该中心处理争议指手画脚，而主要是为"一带一路"争端解决中心案件的处理提供办公场所、卷宗管理及案件存档等各方面服务。

第二，"一带一路"争端解决中心机制的设置方面：在仲裁机制的设置上，参照国际通行的做法，分设机构仲裁与临时仲裁，以机构仲裁为主，临时仲裁为辅，为争议双方提供灵活公正的争议解决机制。在调解机制的设置上，借鉴新加坡国际调解中心的运作方式。在仲调衔接机制的设置上，原则上完全尊重当事人意思自治，在最终结果作出前，仲裁与调解之间可以自由转换。

第三，"一带一路"争端解决中心规则拟定方面：要单独拟定仲裁规则、调解规则以及仲调衔接规则。上述规则的拟定，尤其是仲调衔接规则，需要注意程序性制度之设计，尤应注意其先后的统一性、与其他制度的协调性及所规定内容的全面性，还要处理好现在的"立"和将来可能的"改""废"的关系。笔者在第三章对仲调衔接机制作了详述，在此不再赘述，但将来规则的拟定应处理好自愿性、融合性、专业性、公正性之间的关系，同时确保"一带一路"争端解决中心秉承自愿、公正、开放的原则，兼顾效率、经济性地处理当事人间的争议。

第四，"一带一路"争端解决中心争议解决专业人员的选定方面：资格上，"一带一路"争端解决中心只是总体规定各争议解决专业人员的任职要求，且对调解员应规定较仲裁员更高的要求和标准，然后由理事会成员自行确定遴选标准，并推荐符合要求的争议解决专员；在人数上，根据理事会成员的联合决议确定各理事会成员国推荐人员的比例，再根据相应比例确定具体的人数。

第五，"一带一路"争端解决中心管理方面："一带一路"争端解决中心的管理机构,可以通过成员间的理事会方式实现共同管理,由各国或地区商会派代表组成理事会。[①] 理事会下设执行委员会,执行委员会人员由理事会选聘,"一带一路"争端解决中心的日常管理及行政事务由执行委员会负责。执行委员会下设财务与行政事务部、程序管理事务部和争议专员事务部。同时,设置秘书处,具体的日常工作由秘书处负责。

第六,"一带一路"争端解决中心的办公地点:办公地点分为主要办公地和各分支机构办公地。主办公地与丝路基金管理委员会在同一办公地点;各地分支机构或派驻机构则根据实际情况,由理事会决定在各成员内设立。

第二阶段主要是实现"一带一路"争端解决机制纵向共生的阶段。由于"一带一路"争端解决中心并不超越某一国家主权而凌驾于主权国家或地区之上,其是在尊重国家司法主权的基础上,平等对待并解决当事人争议的一个平台。因而,不论是仲裁还是调解均应接受争议解决地及执行地所在国家或地区司法机关的司法监督。可以待上述争议解决中心运转成熟并获得一定声誉后,在成员间通过协商,先以"示范规则"的形式统一各成员国司法机关对上述机制形成裁决或和解协议的司法审查标准,最后形成多边协定以供各成员共同遵守。

二、"一带一路"争端解决共生机制的实践路径

上述两个阶段中任一阶段的实现,均不可能一蹴而就,而需要长远规划、周密部署、坚持不懈地分类别、分步骤进行。

首先,在上述第一阶段实施的过程中,坚持"先民间后官方"的路径。"一带一路"争端解决中心的构建,应当主要着眼于国际合作,而非单纯寄希望于完美的制度设置及国内法律规范的完善。由于"一带一路"争端解决中心将是一个全新的机构,在建立前,先由沿线国家或地区的专家学者讨论、建议争端解决机构的框架、适用的原则、运作模式。为了扩大其影响,尤其是为"一带一路"建设的参与者所接受,除了其先进的规则制度设置外,尚需与"一带一路"参与国或地区内的其他争端解决机构开展合作。通过合作,

---

① 参见袁发强:《"一带一路"背景下国际民商事争议解决机制之建构》,载《求是学刊》2018年第5期,第89页。

提高"一带一路"争端解决中心的声誉,待其被"一带一路"建设的参与者广泛接受后,再以政府协商的方式引导、确立"一带一路"争端解决中心作为"一带一路"争议解决主要结构的地位。

其次,在上述第二阶段实施的过程中,坚持"先双边后多边"的路径。为减少阻力,可由有意愿的国家彼此先达成双边协议予以实施,待时机成熟后形成多边体制。"一带一路"争端解决机制纵向共生的形成,必须依赖于争议解决地及争议结果执行地的司法监督与协助。在推动"一带一路"倡议实施的同时,针对不同国家对"一带一路"争端解决中心所作出的争议结果司法监督不一致的情形,我国可考虑与"一带一路"参与国或地区开展双边谈判,争取达成统一的司法监督标准,形成相应的司法协助协定。在此基础上,尝试在已达成一致意见的多数国家中发起多边协定的谈判,进而形成相应的多边协助体制。最终,通过条约化、制度化的形式使"一带一路"争端解决共生机制落地,从而为"一带一路"倡议的顺利推进提供良好的法治环境和制度保障。

最后,上述任一阶段的实现,都离不开国际法治人才的参与。于我国而言,在纵深推进"一带一路"构建的过程中,要想为国际社会提供更多的公共产品,更需要加大涉外法治人才培养的力度和步伐。

总　结

"一带一路"倡议实施过程中,参与者间的争议可否得到公正、有效的解决,关乎参与者的积极性,乃至影响"一带一路"倡议的推进进度。在多元争端解决机制共存的前提下,构建有效的横向规制及合理的纵向监督的共生机制,将有利于发挥其效能、实现解决争议的终极目的。

在现阶段,"一带一路"沿线国家或地区间商事争议的解决主要依靠国内、双边和多边协定规定的机制进行,途径主要是诉讼和仲裁。基于交易习惯、制度差异及追求自利等诱因,可能出现以下消极共生现象:其一,竞争。基于多种缘由,平行诉讼、平行仲裁以及对同一争议同时存在诉讼和仲裁的情形依然存在,且彼此评判并不一致,致使争议难以最终解决。其二,互斥。司法诉讼解决双边途径不顺畅,多边机制匮乏。有关民事诉讼已生效的国际公约加入的国家并不多，致使"一带一路"沿线多数国家或地区间司法诉讼缺乏合作，互认机制缺失。其三，寄生。"一带一路"沿线国家或地区中，有些国家或地区仲裁的独立性依然不够，司法审查的权限过宽，致使仲裁寄生于诉讼，公正性存疑。

多元争端解决机制间的横向积极共生，需要相应的竞争规则予以规制。其一，对于国际商事仲裁的司法审查，《纽约公约》已取得巨大成功。但对于调解的审查、仲裁与调解的关系，尚缺乏双边、多边规则予以保障。其二，新加坡、我国香港地区、上海自贸区在仲裁与调解、调解与诉讼的横向积极共生上已取得巨大成效，有助于"一带一路"争端解决机制的构建。"一带一路"倡议实施过程中的争议是多样的，制度供给必须在保持国际关系稳定性的前提下相机变动，这就有赖于多元争端解决横向共生的构建。

多元争端解决机制间的纵向积极共生体现在司法的合理监督。其一，我国已与多个国家签署并开展多元争议解决机制方面的合作，足证运用调解、仲裁解决"一带一路"倡议实施过程中的争议具有良好的基础。其二，"一带一路"倡议的实施需要有力的司法保障，而公正高效的争端解决机制是其重要的一环。因此，构建独立的"一带一路"争端解决机制是完善司法保障的一条有效路径。其三，合理地纵向调整可以助推司法保障体系的完善，使争议之解决具有可预见性，促进积极共生关系的良性发展。

总之，"一带一路"倡议下的争端解决共生机制，应当坚持共商共建共享、平等互利的指导思想；坚持积极共生、遵循专业性、尊重当事人意思自治、兼顾公平与效率、尊重司法主权与平等解决争议的理念。在具体构建"一带一路"争端解决共生机制时，可分两个阶段进行：第一阶段主要是实现横向共生阶段，构建一个中立的、面向所有参与"一带一路"倡议建设主体的包含仲裁及调解相结合的"一带一路"争端解决中心。第二阶段要实现"一带一路"争端解决机制的纵向共生，需待上述争端解决中心运转成熟并获得一定声誉后，在成员间通过协商先以"示范规则"的形式统一各成员司法机关对上述机制形成裁决或和解协议的司法审查标准，分阶段、分步骤，通过条约化、制度化的方式最终实现构建目标。

实　践　篇

第六章

《新加坡调解公约》及其
签订后的调解制度

在国际商事纠纷领域，调解是重要的争议解决方式之一。当事人合意解决纠纷是调解的一大吸引力，有利于当事人之间维持长期合作关系。事实上，国际商事调解在第二次世界大战前一直是当事人更加倾向选择的争议解决方式。[①] 然而，《纽约公约》生效后，国际商事仲裁裁决在《纽约公约》成员国之间的承认与执行得到了保障，从而使得国际商事仲裁取代了国际商事调解成为更受欢迎的争议解决方式。相比之下，由于各国对和解协议的执行问题规定不一，当事人通过调解达成的和解协议法律效力不一，国际商事调解的发展一度陷入困境。

因此，制定有关国际和解协议的援用与执行的公约这一计划，在联合国贸易法委员会（以下简称"贸法会"或"工作组"）中被提上了日程；[②] 在制定过程中，各国对是否要将可作为判决或裁决执行的和解协议排除在适用范围之外，《新加坡调解公约》是否具有自动适用效力、主管机关在何种情形

---

① See S. I. Strong, Beyond International Commercial Arbitration? The Promise of International Commercial Mediation, *Washington University Journal of Law & Policy*, 2014 (11): 12.

② UNCITRAL, Planned and Possible Future Work—Part III, Proposal by the Government of the United States of America: Future Work for Working Group II, UN Doc. A/CN.9/ 822, 2014, p. 3.

下可以就调解员的不当行为拒绝准予救济等争议焦点进行了激烈讨论;① 2018年12月,《新加坡调解公约》审议通过;2019 年 8 月,中国签署加入该公约。

第一节　《新加坡调解公约》的适用范围

由于《新加坡调解公约》尚无官方评论或解释报告,因此不少国外学者结合工作组的讨论记录,补充介绍了《新加坡调解公约》的立法背景,如工作组存在争议的问题以及最终的解决方法,② 进一步明确《新加坡调解公约》条款内容的内涵和外延,譬如"调解""国际性""可执行性""调解员的不当行为"等概念。③ 同时对《新加坡调解公约》是否可以适用于国际投资争端领域这一问题进行讨论。④ 我国学者也结合国内制度背景,对《新加坡调解公约》的条款内容进行了初步分析。⑤

根据《新加坡调解公约》第 1 条和第 2 条的规定,《新加坡调解公约》的适用条件可以总结为:(1)经由"调解"产生,且不可作为判决或裁决执行的和解协议;(2)具有国际性;(3)具有商事性。正如前文所述,由于上述条款具有原则性和概括性的特点,为便于《新加坡调解公约》在我国的施行,需要结合我国相关法律法规及司法实践,明确其内涵和外延,并对其规定进行细化。

---

① See Timothy Schnabel, The Singapore Convention on Mediation: A Framework for the Cross-Border Recognition and Enforcement of Mediated Settlements, *Pepperdine Dispute Resolution Law Journal*, 2019 (19): 7.

② 同上.

③ 同上; See Eunice Chua, The Singapore Convention on Mediation—A Brighter Future for Asian Dispute Resolution, *Asian Journal of International Law*, 2019 (9): 195-205.

④ See Christina G. Hioureas, The Singapore Convention on International Settlement Agreements Resulting from Mediation: A New Way Forward, *Ecology Law Quarterly*, 2019 (46): 61-70.

⑤ 参见孙巍编著:《〈联合国关于调解所产生的国际和解协议公约〉立法背景及条文释义》,法律出版社 2018 年版;温先涛:《〈新加坡公约〉与中国商事调解——与〈纽约公约〉〈选择法院协议公约〉相比较》,载《中国法律评论》2019 年第 1 期, 第 198—208 页;赵平:《论多元化纠纷解决机制下的〈新加坡调解公约〉》,载《经贸法律评论》2019 年第 6 期, 第 49—60 页;陶南颖:《〈新加坡调解公约〉之简析》,载《东南司法评论》2019 年第 12 期, 第 458—469 页;战蒉:《"一带一路"倡议下国家间民商事争议调解机制研究——以〈新加坡调解公约〉与我国法律制度联系为出发点》,载《赤峰学院学报(汉文哲学社会科学版)》2019 年第 12 期, 第 30—35 页。

一、和解协议

根据《新加坡调解公约》第 1 条和第 2 条规定，"和解协议"必须满足经由"调解"产生、且不可作为判决或裁决执行这两个要件。

（一）经由"调解"所产生的和解协议

根据《新加坡调解公约》的规定，"和解协议"（settlement agreement）特指经过"调解"（mediation）达成的解决争议的协议，"调解"必须有第三方参与，且该第三方必须为无法对当事人强加解决办法（即没有司法裁判权）的中立第三方。公约的适用对象即为"经调解所产生的国际和解协议"（international settlement agreements resulting from mediation）。

然而，在中文语境下，"和解"与"调解"并非同一概念。"和解"强调当事人达成的争议解决结果，而不论和解过程如何；[1]"调解"强调有第三方参与的争议解决过程，而不论调解结果如何。[2] 因此，厘清为何《新加坡调解公约》同时采用"调解"和"和解"两个词语，有助于理解"和解协议"这一概念。

实际上，《新加坡调解公约》使用的是"settlement agreement"一词，即"解决争议的协议"。这一词汇并未强调争议的解决过程，与中文语境下的"和解"一词含义相通。因此，"和解协议"实际上是当事人行使处分权对其权利义务进行安排的"解决争议的协议"。[3] 由此，《新加坡调解公约》项下的"和解协议"自然包含由第三方参与而达成的解决争议的协议（即由调解达成的协议）。因此，在中文语境下，《新加坡调解公约》将经过"调解"达成的解决争议的协议称为"和解协议"的做法并无不当。

然而，我国"调解协议"与"和解协议"的定义并不统一。相关学术论著中，有的参照仲裁中"仲裁协议"的用法，把当事人约定将相关争议提交调解的协议称为"调解协议"；有的将通过法院调解、人民调解达成的解决争

---

[1]　"和解"指当事人不再争执或仇视，归于和好。

[2]　"调解"指由第三方参与消除纠纷的过程。

[3]　参见王利明：《论和解协议》，载《政治与法律》2014 年第 1 期，第 49 页。

议的协议称为"调解协议";① 有的将"调解"理解为经过法院或仲裁庭参与的争端解决过程,将"和解"理解为在法官或仲裁员之外的第三方的协助下或是由当事人自行沟通所达成的争议解决过程。②

为厘清"调解协议"与"和解协议"二词在我国法律制度下的内涵和外延,可以参考我国法律法规中的用法。根据我国《民诉法解释》第 148 条的规定可知,我国法律确实区分当事人自行和解达成的"和解协议"与经调解达成的"调解协议"两种情况。③ 但事实上,在《中华人民共和国人民调解法》(以下简称《人民调解法》)、《最高人民法院、司法部关于开展律师调解试点工作的意见》《最高人民法院关于人民调解协议司法确认程序若干规定》等法律法规中,由人民调解组织、行政调解组织、社会调解组织、调解人或者调解工作室等参与的调解达成的解决争议的协议,均被称为"调解协议"。因此,在我国法律制度中对"调解协议"和"和解协议"二词的定义更为准确的说法是——"调解协议"系指经由法律认可的第三方参与的解决争议的协议,而"和解协议"是指当事人自行达成或在未经法律认可的第三方协助下达成的解决争议的协议。

此时,根据《新加坡调解公约》的定义和我国现有法律制度的定义,同一个解决争议的协议可能在《人民调解法》项下被称为"调解协议",而在《新加坡调解公约》项下被称为"和解协议"。因此,我国立法机关或司法机关确有必要明确"调解协议"和"和解协议"的定义,以避免概念混乱的现象出现。

(二)不可作为判决或裁决执行的协议

《新加坡调解公约》第 1 条第 3 款将"经由法院批准或系在法院相关程序过程中订立的协议"以及"可作为判决或裁决执行的协议"排除在公约的适用范围外。这一规定,主要是为了避免《新加坡调解公约》与《选择法院协

① 参见李祖军:《调解制度论:冲突解决的和谐之路》,法律出版社 2010 年版,第 328 页。
② 参见温先涛:《〈新加坡公约〉与中国商事调解——与〈纽约公约〉〈选择法院协议公约〉相比较》,载《中国法律评论》2019 年第 1 期,第 200—201 页。
③ 《最高人民法院关于适用〈中华人民共和国民事诉讼法〉的解释》第 148 条规定,不允许法院就和解协议或者调解协议的内容制作判决书。

议公约》或《纽约公约》的适用产生竞合（overlap）。① 根据这一规定，由于以调解书或裁决书形式结案的和解协议具有直接执行力，因而属于《选择法院协议公约》或《纽约公约》的适用范围，无法适用《新加坡调解公约》。

但同时工作组也担心这一规定导致和解协议获得救济缺口的产生。为此，工作组明确了调解过程中法官或仲裁员的单纯参与（也即无法对当事人强加争议解决办法时）不影响《新加坡调解公约》的适用。② 即使和解协议的调解过程经过诉讼或仲裁，只要最终没有经过法院批准或者无法作为判决或裁决执行，也属于《新加坡调解公约》的适用范围。③

这一缺口问题在我国同样存在。譬如我国的委托调解制度，其调解过程与法院、仲裁庭密切相关。但在调解过程中，调解员无权对争议当事人强加解决办法，当事人最终达成的和解协议需要经过司法确认程序才能获得强制执行力。④ 按照工作组的解释，该制度下达成的和解协议属于《新加坡调解公约》的适用范围。然而，若机械解释"在法院相关程序过程中订立的协议"这一要求，则委托调解达成的和解协议有可能因涉及法院程序而无法适用《新加坡调解公约》。⑤ 与之相反，在我国的委托调解制度下，若当事人达成和解协议并选择通过调解书形式结案，则明显被排除在《新加坡调解公约》的适用范围之外。⑥

综上所述，《新加坡调解公约》项下的"和解协议"，系指经由任何第三方（除有权对案件作出判决或裁决的法官或仲裁员外）参与调解而达成的解决争议的协议。但在确定《新加坡调解公约》的适用范围时，我国需要明确以下两个问题：（1）如何区分《新加坡调解公约》项下的"和解协议"与我

---

① See Timothy Schnabel, The Singapore Convention on Mediation: A Framework for the Cross-Border Recognition and Enforcement of Mediated Settlements, *Pepperdine Dispute Resolution Law Journal*, 2019（19）：25-26.

② UNCITRAL, Report of Working Group II（Arbitration and Conciliation）on the Work of its Sixty-fourth Session, UN Doc. A/CN. 9/867, 2016.

③ 参见温先涛：《〈新加坡公约〉与中国商事调解——与〈纽约公约〉〈选择法院协议公约〉相比较》，载《中国法律评论》2019 年第 1 期，第 204 页。

④ 参见《最高人民法院关于人民法院特邀调解的规定》（法释〔2016〕14 号）第 19 条。

⑤ 参见陈胜、张逸飞：《〈新加坡调解公约〉对我国多元化商业纠纷解决机制的促进作用》，https://mp. weixin. qq. com/s/PN5ELXMp_ PEGQK6HXRCj8Q。

⑥ 根据《最高人民法院关于人民法院特邀调解的规定》（法释〔2016〕14 号）第 20 条，除以调解书形式结案外，当事人还有权选择撤诉。

国法律制度下的"调解协议"和"和解协议";(2)具备中国特色的多元化调解类型是否可以适用《新加坡调解公约》。

二、国际性

根据《新加坡调解公约》第 1 条第 1 款的规定,"国际性"的认定采用当事人营业地原则、和解协议义务履行地原则以及最密切联系原则相结合的标准。需要注意的是,这一"国际性"指向和解协议的国际性,而非调解过程的国际性。①

在我国法律制度中,"国际性"因素被称为"涉外因素"。② 在认定何为涉外因素时,我国仲裁制度借鉴了我国国际私法的相关规定③——根据《最高人民法院关于〈中华人民共和国涉外民事关系法律适用法〉若干问题的解释》第 1 条以及《民诉法解释》第 522 条的规定,我国系根据主体、客体和法律事实发生地等因素来判断"涉外因素"的存在。这一认定标准与《新加坡调解公约》的规定相似。同时,在司法实践中,法院在西门子与上海黄金置地案④、宁波新汇与美康国际案⑤等判例中确立的在上述标准之外的确定"涉外因素"的考察因素亦可以作为我们判断和解协议"国际性"的辅助标准。

---

① See Eunice Chua, Enforcement of International Mediated Settlement Agreements in Asia: A Path Towards Convergence, *Asian International Arbitration Journal*, 2019(1): 5.

② 参见温先涛:《〈新加坡公约〉与中国商事调解——与〈纽约公约〉〈选择法院协议公约〉相比较》,载《中国法律评论》2019 年第 1 期,第 22 页。

③ 参见《最高人民法院关于审理仲裁司法审查案件若干问题的规定》(法释〔2017〕21 号)第 12 条。

④ 在该案中,虽然双方当事人均为在中国注册的公司法人,标的物与法律事实发生地均在我国境内,但法院认为,由于双方当事人注册地均在上海自贸试验区区域内,且均为外商独资企业,因此对"涉外性"的主体范围进行扩大解释,认定该案具有涉外性质。参见《西门子国际贸易(上海)有限公司诉上海黄金置地有限公司申请承认和执行外国仲裁裁决(上海市第一中级人民法院(2013)沪一中民认(外仲)字第 2 号)民事裁定书》。

⑤ 在该案中,由于涉案标的物为在保税区内的未清关货物,法院认为,按照海关管理制度,保税区内未清关货物属于境外货物,从而认定该案具有涉外因素。参见《宁波新汇国际贸易有限公司与美康国际贸易发展有限公司申请撤销仲裁裁决案(北京市第四中级人民法院(2015)四中民(商)特字第 00152 号)民事裁定书》。

三、商事性

在"商事性"方面，我国在加入《纽约公约》时即进行"商事保留"，声明我国仅对"契约性和非契约性商事法律关系"所引起的争议适用该公约，具体为涉及合同、侵权等经济权利义务关系，但不包括"外国投资者与东道国政府之间的争端"（以下简称"国际投资争端"）。① 在认定"商事性"因素时，《新加坡调解公约》也曾借鉴我国在《纽约公约》的适用过程中设立的具体标准。

然而，《新加坡调解公约》没有直接规定"商事性"因素，也没有将"商事性"因素列作保留条款，而是通过反向列举将消费、劳务、家事等与人身权利相关的纠纷排除在其适用范围之外。由此产生一个问题：由国际投资争端所产生的和解协议，可否适用《新加坡调解公约》？

若类推我国在国际商事仲裁领域的做法，似乎国际投资争端并不具有"商事性"。然而《新加坡调解公约》与《纽约公约》的情况并不相同：

首先，《新加坡调解公约》对商事性的界定范围相较于其他公约更宽松。《新加坡调解公约》并没有明确排除调解过程中政府主体的参与，相反，工作组认为在一定情况下，《新加坡调解公约》可适用于国际投资争端，尤其是建设工程和自然资源开发纠纷。② 同时，除《新加坡调解公约》外，《国际和解协议示范法》和《调解规则》对"商事性"的界定也较为宽松。③

其次，应当考虑调解与仲裁的区别。通过调解解决当事人的争议，能够最大限度维护争议当事方的友好关系，实现互利共赢。因此，在当前推进"一带一路"倡议的时代背景下，承认因国际投资争端达成的和解协议可以适用《新加坡调解公约》，将有利于"一带一路"沿线国家或地区的合作发展，

---

① 参见《最高人民法院关于执行我国加入的〈承认及执行外国仲裁裁决公约〉的通知》第 2 条。

② See Timothy Schnabel, The Singapore Convention on Mediation: A Framework for the Cross-Border Recognition and Enforcement of Mediated Settlements, *Pepperdine Dispute Resolution Law Journal*, 2019（19）: 22-23.

③ See Kim M. Rooney, Conciliation and Mediation of International Commercial Disputes in Asia and UNCITRAL's Working Group on the International Enforcement of Settlement Agreements, *Asian Dispute Review*, 2016（8）: 197.

也有利于保护我国投资者的合法利益。我国近期的法规政策也都表明我国鼓励通过调解解决国际投资争端的态度。①

因此，为了法律适用的明确性，也为了促进通过调解解决国际投资争端这一争端解决方式，因国际投资争端达成的和解协议应当被允许适用《新加坡调解公约》。

第二节　我国商事调解制度现状

我国的商事调解法律尚处于立法空白状态，其适用亦无例可循。但是根据北京仲裁委员会、北京国际仲裁中心组织编写发布的实务研究系列报告——《中国商事争议解决年度观察》② 所载相关信息，我国近年来在商事调解领域制度建设、体系构建、国际化和在线化发展等方面作出了极大努力，并已经取得一定成绩，我国的商事调解机制适用日益向着专业化、国际化发展完善。

一方面，我国不断出台关于调解的政策性文件和规定。③ 《民事诉讼法》初次将"先行调解"确立为民事审判的基础性原则之一，为调解在解决民事纠纷中施展重要作用奠定了法律基础；《中共中央关于全面推进依法治国若干重大问题的决定》提出要"完善调解、仲裁、行政裁决、行政复议、诉讼等有机衔接、相互协调的多元化纠纷解决机制"；中共中央办公厅、国务院办公厅联合印发的《关于完善矛盾纠纷多元化解决机制的意见》明确提出，要在人民法院的保障下推动各领域成立商事调解组织，为商事调解提供专业性服务，促进对调解协议法律效力的依法确认，使其具有可承认性和执行性，提高和约束特邀调解员的技能和行为规范，提升调解员的业务素质和调解程序

---

① 最高人民法院《关于人民法院进一步深化多元化纠纷解决机制改革的意见》第 16 条鼓励采用调解、仲裁等多元化纠纷解决机制，解决"一带一路"建设争端；中国国际经济贸易仲裁委员会的《国际投资争端仲裁规则》以及《深圳国际仲裁院仲裁规则》规定仲裁院可受理投资者与东道国国际投资争端。

② 北京仲裁委员会、北京国际仲裁中心自 2013 年开始，每年出版一辑《中国商事争议解决年度观察》，该书从调解、仲裁及分类各项特殊争议解决予以分析。

③ 参见北京仲裁委员会、北京国际仲裁中心编：《中国商事争议解决年度观察（2017）》，中国法制出版社 2017 年版。

的公信力，不仅为我国商事调解的未来指明方向，还为今后中国商事调解立法设立了政策性依据；2016 年出台的《最高人民法院关于人民法院进一步深化多元化纠纷解决机制改革的意见》和《最高人民法院关于人民法院特邀调解的规定》为调解制度的推广适用和商事调解的专业化建设提供了指导依据。近年来，我国逐步建立起商事调解领域专业性规范之必要性的意识，在推动我国商事调解立法方面给出了积极指向。

另一方面，我国商事调解组织逐渐成立并趋向成熟化。中国国际贸易促进委员会（中国国际商会调解中心）商业行业委员会于 2018 年 11 月 18 日正式设立，经中外当事人的申请，这一商事调解专业机构通过线下或线上模式开展服务业和消费品领域的商事纠纷调解。其设立标志着我国第一个面向服务业和消费品领域的国家级、国际性商事调解机构正式面世。① 目前，该中心以地方与行业贸促机构为依托，已先后设立 50 家分支机构，基本构建了覆盖全国的调解工作网络，致力于实现其"打造成为中国一流、在亚太地区具有影响力的、面向服务业领域的商事调解机构"的美好愿景。需要关注的是，《新加坡调解公约》明确将消费关系中产生的争议排除在适用范围之外，② 然而贸促会调解中心仅仅向服务业和消费品领域开放。也就是说，在日后二者结合适用的实践中，我们可以期待服务业领域结合适用的相关案例。2018 年，我国商事调解机构发展迅速——北京融商"一带一路"法律与商事服务中心主管的融商"一带一路"国际商事调解中心陆续在陕西和粤港澳大湾区自贸区成立调解室③并加深在各自自贸区的服务建设，将国际商事调解融入"一带一路"服务机制，为"一带一路"参与者营造平和稳定的贸易环境和争端化解环境，从法律服务方面推动"一带一路"的优质进行。同时，"一带一路"贸易交往中涌现出的多样化贸易实现模式和地区间日益深化的互联互通，

---

① 参见中国国际贸易促进委员会调解中心官网。

② 《新加坡调解公约》第 1 条第 2 款规定："本公约不适用于以下和解协议：（a）为解决其中一方当事人（消费者）为个人、家庭或者家居目的进行交易所产生的争议而订立的协议；（b）与家庭法、继承法或者就业法有关的协议。"

③ 参见"一带一路"服务机制 BNRSC：《陕西自贸区设立"一带一路"服务机制办公室、"一带一路"国际商事调解中心调解室》，http://www.bnrsc.com/Home/Article/detail/id/363.html；《"一带一路"服务机制和"一带一路"国际商事调解中心进驻粤港澳大湾区暨"一带一路"法律服务集聚区》，http://www.bnrsc.com/Home/Article/detail/id/389.html。

也会为国际商事调解中心提供更广大的运行平台和更明确的方向指引。随着"一带一路"的深入发展，中国商事调解也将会在专业化和国际化方面进一步提升。重庆自贸试验区和广东自贸试验区横琴片区均设立了商事调解中心，旨在为自贸区的国内外商事主体提供多领域的调解救济，打造法治化、国际化、便利化的营商环境。此外，根据最高人民法院和中华全国归国华侨联合会共同发布的《关于在部分地区开展涉侨纠纷多元化解试点工作的意见》中关于进一步健全调解组织建设的决定，包括浙江、上海、海南、云南在内的多省、自治区、直辖市均在建立具有民办非企业单位性质的涉侨纠纷调解中心这一规划方向上进行探索。根据最高人民法院和中国证券监督管理委员会共同发布的《关于全面推进证券期货纠纷多元化解机制建设的意见》关于建立证券期货纠纷特邀调解组织的决定，我国专攻证券期货纠纷的专业性调解组织也将逐渐建立并日益精细化。

在多元化纠纷解决机制改革道路上还有很长的路要走，商事调解专业领域的制度和体系还有很多内容需要构建和完善，我国在此方面作出的努力有目共睹并不断追求进步和提高。我国民商事调解法律制度存在诸多不完善的情况，尤其在签署《新加坡调解公约》之后，我国民商事调解法律制度完善程度将直接影响与《新加坡调解公约》的衔接情况。正确认识我国民商事调解制度的现状，有利于我国完善配套制度，促进调解在民商事纠纷解决中的适用。同时，也有利于我国针对《新加坡调解公约》对现状进行调整。调解制度的不完善很有可能导致当事人放弃调解或者迫使当事人选择他国进行调解。①

一、有关法律的缺陷

我国主要依照《人民调解法》和《民事诉讼法》中的调解部分对相关法律纠纷进行解决，辅以具体条例和规定进行补充。同时，在具体领域，我国法律也对调解进行了相关规定，如《中华人民共和国劳动争议调解仲裁法》

---

① 参见葛黄斌：《〈新加坡公约〉的普惠红利是一把双刃剑》，载《法制日报》2019年2月19日第3版。

《中华人民共和国农村土地承包经营纠纷调解仲裁法》及《企业劳动争议协商调解规定》等。然而我国法律在调解领域仍然存在空白和漏洞，规定的不细致也导致在实践中出现诸多问题，一些规定与《新加坡调解公约》的冲突将对二者的衔接带来障碍。

《人民调解法》规定由人民调解委员会对双方当事人进行调解，并由司法行政部门对调解工作进行指导，[1] 体现了较强的"行政主导色彩"，[2] 尽管这使得国内纠纷的调解更具效率，但在国际商事事项上，会使得外方有顾虑，从而不愿在中国进行调解，这不利于我国在国际民商事调解领域的发展。除此以外，我国《民事诉讼法》采用"事清则明"的"裁判式调解"，[3] 这使得双方当事人的自愿受到了限制，调解的优势无法完全发挥，对于外方当事人缺少足够的吸引力。[4]

同时，在我国，在人民法院的主持下作出的调解书是直接具有强制执行力的，在人民调解委员会的主持下作出的调解协议必须经过司法确认才具备强制执行力，而《新加坡调解公约》中并没有对这二者进行区分，只是规定当事人的请求是依赖于和解协议的，在这个方面如何与我国法律相衔接便是一个问题。

除此之外，我国并未规定可用于调解或者不可用于调解的一般性规定。《新加坡调解公约》将适用范围限制在国际商事领域，并规定了不适用该公约的事项，[5] 同时规定若本国法认为争议事项不可调解可作为法院拒绝准予救济的理由。[6] 而由于我国在这方面的法律缺失，很有可能导致我国对不愿调解的

---

① 参见《中华人民共和国人民调解法》第 5 条："国务院司法行政部门负责指导全国的人民调解工作，县级以上地方人民政府司法行政部门负责指导本行政区域的人民调解工作。"

② 参见唐琼琼：《〈新加坡调解公约〉背景下我国商事调解制度的完善》，载《上海大学学报（社会科学版）》2019 年第 4 期，第 119 页。

③ 参见陆晓燕：《"裁判式调解"现象透视——兼议"事清责明"在诉讼调解中的多元化定位》，载《法学家》2019 年第 1 期，第 101—111 页。

④ 参见唐琼琼：《〈新加坡调解公约〉背景下我国商事调解制度的完善》，载《上海大学学报（社会科学版）》2019 年第 4 期，第 119 页。

⑤ 参见《新加坡调解公约》第 1 条第 2 款：本公约不适用于以下和解协议：（a）为解决其中一方当事人（消费者）为个人、家庭或者家居目的进行交易所产生的争议而订立的协议；（b）与家庭法、继承法或者就业法有关的协议。

⑥ 参见《新加坡调解公约》第 5 条第 2 款：（b）根据公约该当事方的法律，争议事项无法以调解方式解决。

事项不得不进行调解。①

二、司法确认程序的现状

司法确认程序是为了赋予由有关调解机构主持双方当事人自愿签订的调解协议以强制执行力，这也是为了提高司法效率，节约司法资源而推出的法律制度。我国有关调解的司法确认法律规定出现较晚，且内容极少，在 2010 年《人民调解法》颁布后，我国才算正式确立了调解协议的司法确认制度。②随后在 2012 年将其纳入《民事诉讼法》，但相关规定却仍不完善。

在我国关于司法确认程序的规定中，双方当事人必须共同提出申请该程序才能启动，尽管实践中存在单方提出司法确认申请法院受理的情况，但当另一方当事人表示不愿接受司法确认，法院又驳回了申请方的申请。因此，若一方当事人在签订调解协议后因反悔而不愿履行，又或者拖延履行，从而拒绝进行司法确认，那么调解协议便失去了意义，当事人只能利用调解协议的合同性质向人民法院进行起诉，调解的高效便捷的特性也就无法发挥，这也背离了调解的初衷。尽管这可以防止一方当事人恶意签订调解协议，但这完全可以在司法确认的审查过程中进行排除。通过司法确认赋予调解协议强制执行力本就是为了防止一方当事人的恶意行为，将审查的权力交由法院从而进行最终的定论，在这个过程中，双方当事人必须共同进行申请司法确认便显得多余，这也给了当事人逃避责任的机会。这也与《新加坡调解公约》的规定不符，在该公约中并没有将这种情况列为法院可以拒绝准予救济的事由，这便造成我国法律与该公约衔接上的混乱。

三、调解机构及调解员的现状

在我国，调解的起步较晚，很多制度仍在摸索当中。其中，调解机构和调解员作为调解程序中必不可少的组成部分，相关制度仍有很大的进步空间。尽管我国目前存在的调解方式各有各的优势，但在无法有效衔接之前，单个

---

① 参见唐琼琼：《〈新加坡调解公约〉背景下我国商事调解制度的完善》，载《上海大学学报》（社会科学版）》2019 年第 4 期，第 119—120 页。

② 参见梁修齐：《我国调解制度与〈新加坡调解公约〉的衔接问题初探》，载《东南司法评论》2019 年第 1 期，第 484 页。

优势无法体现，甚至会对其他调解方式的发展造成阻碍。[①]

除了人民调解委员会以及法院调解外，我国目前的商事调解中心主要有北京融商"一带一路"国际商事调解中心、中国贸促会（中国国际商会）调解中心、上海经贸商事调解中心等。[②] 但各中心规模和内部的规定却远远达不到国际化的要求和弥补《新加坡调解公约》落地后产生的市场空缺，而人民调解委员会除了行政色彩过于浓重以外，对于调解员的要求也过于宽松。例如，2018 年发布的《关于加强人民调解员队伍建设的意见》中，对于行业性、专业性的人民调解委员会的调解员只需要具有大专以上学历。[③] 调解员的专业水平和道德素质对于调解程序来说至关重要，调解员的水平直接影响调解机构的水平，一个拥有优秀调解员队伍的调解机构才能够在国际上立足。不断接近并超越发达国家的调解机构，让国内外的当事人信任并愿意选择中国的调解机构为他们解决纠纷，这对于我国的商业发展以及在国际上的影响力是有积极作用的。除此之外，人民调解委员会的行政色彩和法院的司法属性也使得外国当事人不愿选择在我国进行调解，这对于我国的发展是不利的，调解的灵活、方便、自愿决定了其最终还是应当归于市场。

我国于 2016 年提出建设"一站式"纠纷解决平台，并积极筹建，在 2019 年提出"完善诉调一体对接机制"。[④] 到 2020 年年底，全国法院一站式多元解纷机制基本健全，一站式诉讼服务中心全面建成。这的确有利于中国在《新加坡调解公约》落地后的发展。同时根据"一站式"纠纷解决平台关于人员的配置以及在相关规定中的定位，这是一个充满潜力的平台，有利于我国调解制度的国际化程度更进一步。尽管目前在专业程度和国际化水平上仍有欠缺，但在相应制度的引导和支持下，这个平台会在《新加坡调解公约》落地后发挥应有的作用。

----

① 参见龙飞：《论多元化纠纷解决机制的衔接问题》，载《中国应用法学》2019 年第 6 期，第 132 页。

② 参见刘潇：《〈新加坡调解公约〉与我国多元纠纷解决机制的衔接》，载《人民法院报》2020 年 2 月 21 日第 6 版。

③ 参见唐琼琼：《〈新加坡调解公约〉背景下我国商事调解制度的完善》，载《上海大学学报》（社会科学版）2019 年第 4 期，第 121 页。

④ 《最高人民法院关于建设一站式多元解纷机制、一站式诉讼服务中心的意见》。

第三节 《新加坡调解公约》在我国的适用分析

解决《新加坡调解公约》在我国的适用问题是构建与《新加坡调解公约》衔接的法律制度的先决条件。在我国，国内和解协议并不具有直接执行力，只能通过申请司法确认、申请公证或申请支付令等方式获得救济（以下简称"国内和解协议救济制度"）。① 而《新加坡调解公约》第 3 条、第 5 条确立的"直接执行机制"② 决定了我国不能将上述制度直接适用于《新加坡调解公约》项下的国际和解协议。

此时，《新加坡调解公约》确立的国际和解协议救济制度（以下简称"国际和解协议救济制度"）与我国已有的国内和解协议救济制度的关系如何，二者应当如何适用，何者优先适用的问题尚待明确。

《新加坡调解公约》如何与我国现有法律制度衔接的问题。在适用范围方面，有学者认为应当放宽对调解主体的限制，承认个人调解；③ 在拒绝准予救济的理由方面，有学者认为我国应当明确准予救济的实体要件；④ 在配套制度方面，不少学者对管辖法院、审查机构、保全制度、调解员队伍建设等制度的确立提出了意见。⑤ 需要指出的是，由于《新加坡调解公约》与《纽约公约》的框架内容存在较多相似之处，并且我国已经建立承认与执行外国仲裁

---

① 根据《最高人民法院关于建立健全诉讼与非诉讼相衔接的矛盾纠纷解决机制的若干意见》的规定，当事人可以申请公证机关赋予调解协议强制执行效力，可以根据有关规定向法院申请支付令，也可以向法院申请确认调解协议的效力。

② 参见杨秉勋：《〈新加坡调解公约〉与我国调解制度的新发展》，载《人民调解》2020 年第 1 期，第 35 页。

③ 参见梁修齐：《我国调解制度与〈新加坡调解公约〉的衔接问题初探》，载《东南司法评论》2019 年第 1 期，第 480—489 页。

④ 参见孙巍：《〈新加坡调解公约〉与我国法律制度的衔接》，https：//www. sls. org. cn/levelThree Page. html？id = 10450；温先涛：《〈新加坡公约〉与中国商事调解——与〈纽约公约〉〈选择法院协议公约〉相比较》，载《中国法律评论》2019 年第 1 期，第 198—208 页。

⑤ 唐琼琼：《〈新加坡调解公约〉背景下我国商事调解制度的完善》，载《上海大学学报（社会科学版）》2019 年第 4 期，第 116—129 页；赵平：《〈新加坡调解公约〉与中国调解法律体系的衔接》，载《中国律师》2019 年第 9 期，第 44—46 页；杨秉勋：《〈新加坡调解公约〉与我国调解制度的新发展》，载《人民调解》2020 年第 1 期，第 34—36 页。

裁决的制度框架,① 因此可以通过借鉴我国适用《纽约公约》的经验, 讨论我国法律制度如何与《新加坡调解公约》衔接。但由于国际商事调解制度的特殊性, 在参考《纽约公约》的适用经验时, 需要注意以下四点: 其一, 国际性认定。由于《纽约公约》采用仲裁地标准, 通常由当事人明确约定, 而《新加坡调解公约》采用需要根据属人法确认的以当事人营业地为主的判断标准, 因此对 "国际和解协议" 的判断存在更多的不确定性。② 其二, 程序性要求。在不予承认与执行、拒绝准予救济的理由方面, 由于仲裁结果较大程度取决于仲裁员能否独立依据正当程序作出裁决, 因此《纽约公约》更加关注仲裁程序的正当性;③ 而在商事调解过程中, 和解协议由当事人合意达成, 调解员与调解过程对最终的和解结果影响不大, 因此《新加坡调解公约》对调解程序的要求较低。④ 其三, 执行依据不同。由于仲裁裁决是基于仲裁员的意志作出的, 而调解协议是基于当事人的意志作出的, 因此和解协议的内容和形式具有灵活性的特点。在《新加坡调解公约》中, 法院会审查和解协议条款, 通过意思解释等方式确认条款的内容,⑤ 并对和解协议的可执行性作出要求。其四, 调解员与仲裁员的行为规范。由于调解灵活性和保密性的特点, 调解员的行为规范要求与仲裁员并不相同。例如, 工作组曾借鉴仲裁制度, 对调解员提出了平等对待（fair treatment）的要求,⑥ 然而当事人有可能同意选择与各方关系密切的第三方或者对案情有一定了解的第三方进行调解, 以便提高调解质量、加快调解速度; 在调解过程中, 调解员可以与当事人私下

---

① 参见《最高人民法院关于执行我国加入的〈承认及执行外国仲裁裁决公约〉的通知》;《最高人民法院关于人民法院处理与涉外仲裁及外国仲裁事项有关问题的通知》;《最高人民法院关于承认和执行外国仲裁裁决收费及审查期限问题的规定》;《最高人民法院关于审理仲裁司法审查案件若干问题的规定》;《最高人民法院关于仲裁司法审查案件报核问题的有关规定》;《最高人民法院关于仲裁司法审查案件归口办理有关问题的通知》;《最高人民法院关于人民法院办理仲裁裁决执行案件若干问题的规定》。

② 参见刘炯:《〈纽约公约〉与〈新加坡调解公约〉主要条款对比评析》, http://jtc. zhihedong fang. com/? p = 4573。

③ 同上。

④ See Bruno Zeller, Leon Trakman, Mediation and Arbitration: the Process of Enforcement, *Uniform Law Review*, 2019（2）: 452.

⑤ 同上.

⑥ Settlement of Commercial Disputes International Commercial Conciliation: Preparation of an Instrument on Enforcement of International Commercial Settlement Agreements Resulting from Conciliation, UN Doc. A/CN. 9/WG. II/WP. 198, 2016.

交流沟通，甚至有可能只用一分钟时间与一方当事人进行沟通，但花费一小时与另一方当事人进行沟通。① 因此，对调解员的行为很难通过简单的独立性和中立性原则进行约束。实际上，对于何种情况可以认定调解员存在利益冲突这一问题，国际社会尚未达成共识。②

如前所述，由于《纽约公约》与《新加坡调解公约》具有的相似性，因此我国可以参照适用《纽约公约》的实践，明确《新加坡调解公约》与我国国内和解协议救济制度的适用问题。

一、《纽约公约》在我国的适用经验

根据最高人民法院 2017 年《司法审查规定》③，对适用《纽约公约》的外国仲裁裁决，应当依据《纽约公约》的规定确定是否不予承认与执行，但对我国国内仲裁机构作出的非涉外仲裁裁决适用《民事诉讼法》第 237 条的规定，对我国国内仲裁机构作出的涉外仲裁裁决适用《民事诉讼法》第 274 条的规定。

由此可以看出，我国采用了"多轨制"的衔接方式④区分外国仲裁裁决、涉外仲裁裁决和国内仲裁裁决，并适用不同的法律规范。由此，对于不同类型的仲裁裁决，其不予承认与执行的理由并不相同，其司法审查的内容与方式也不相同。譬如，我国根据《纽约公约》第 1 条第 2 款的规定承认通过临时仲裁作出的外国仲裁裁决，⑤ 但对于国内仲裁裁决和涉外仲裁裁决则只承认由仲裁机构作出的裁决。⑥

此外，也有学者提出"单轨制"的构想——参照《新加坡调解公约》，

---

① 《贸易法委员会国际商事调解和调解所产生的国际和解协议示范法》第 7 条规定调解员有与当事人分别面谈或联系的权利；中国国际贸易促进委员会（中国国际商会）调解中心《调解规则》第 20 条第 1 款第 1 项亦有类似规定。

② See Ashutosh Ray, Is Singapore Convention to Mediation what New York Convention is to Arbitration, arbitrationblog. kluwerarbitration. com/2019/08/31/is-singapore-convention-to-mediation-what-new-york-conventio n-is-to-arbitration/, p. 3.

③ 参见《最高人民法院关于审理仲裁司法审查案件若干问题的规定》第 16 条、第 17 条。

④ 参见梁修齐：《我国调解制度与〈新加坡调解公约〉的衔接问题初探》，载《东南司法评论》2019 年第 1 期，第 486 页。

⑤ 参见《最高人民法院关于适用〈中华人民共和国民事诉讼法〉的解释》第 545 条。

⑥ 参见《中华人民共和国仲裁法》第 16 条第 2 款。但需要注意的是，我国目前已经在自贸区有限引入临时仲裁制度。

将我国的司法确认程序修改为直接执行机制，由此，国内和解协议与国际和解协议均可以通过直接执行机制申请救济。[①] 这种衔接模式可以有效避免出现法律规避的局面，也有利于促进我国国内商事调解的发展。但由于该模式对我国国内调解制度调整幅度较大，在我国尚且对仲裁裁决的承认与执行实行"多轨制"的情况下，被立法机关或司法机关采纳的可能性较小。

因此，参照我国适用《纽约公约》的实践，更为可行的方法是采用"多轨制"的衔接方式执行和解协议：针对国际和解协议，适用国际和解协议救济制度；针对国内和解协议，则适用国内和解协议救济制度。

二、《新加坡调解公约》的特殊性

虽然借鉴我国适用《纽约公约》的实践有助于解决《新加坡调解公约》在我国的适用问题，然而，对比《纽约公约》和《新加坡调解公约》的规定可以发现：由于《纽约公约》通过"仲裁地"的概念确认其适用范围，因此在区分某一仲裁裁决应当适用《纽约公约》还是适用国内仲裁裁决制度时不会出现竞合的情况；但由于《新加坡调解公约》通过"国际性"的概念确认其适用范围，而我国国内和解协议救济制度的适用范围并未排除具有国际性（即涉外因素）的和解协议，此时可能产生《新加坡调解公约》确立的国际和解协议救济制度与国内和解协议救济制度竞合的情况。因此，我国立法机关或司法机关需要明确在出现竞合情况时，二者如何适用、何者优先适用这一问题。

（一）《新加坡调解公约》自动适用且优先适用

根据《新加坡调解公约》第 8 条第 1 款第 2 项的规定，《新加坡调解公约》的适用前提是当事人合意选择适用。因此，对于在我国作出的具有国际性的和解协议而言，《新加坡调解公约》与我国国内和解协议救济制度处于"双规并行"的关系——当事人既可以选择根据《新加坡调解公约》寻求救

[①]　参见杨秉勋：《〈新加坡调解公约〉与我国调解制度的新发展》，载《人民调解》2020 年第 1 期，第 36 页；梁修齐：《我国调解制度与〈新加坡调解公约〉的衔接问题初探》，载《东南司法评论》2019 年第 1 期，第 486 页。

济，也可以选择根据我国国内制度寻求救济。然而，《新加坡调解公约》第 8 条系保留条款，只有缔约国明确作出声明时，《新加坡调解公约》的适用条件才会变成合意选择适用。

根据《新加坡调解公约》第 8 条的规定可以推知，在当事人没有明示选择的情况下，《新加坡调解公约》具有自动适用性。[①] 结合我国《民事诉讼法》第 260 条确立的国际民商事条约直接适用且优先适用的原则，[②] 可以得出结论：在当事人没有明示选择的情况下，《新加坡调解公约》将自动适用且优先适用于符合条件的和解协议。

（二）当事人有权协议排除《新加坡调解公约》的适用

但是，对于当事人是否有权排除《新加坡调解公约》的适用这一问题，《新加坡调解公约》并未明确。在其他国际民商事条约中，《联合国国际货物销售合同公约》（以下简称 CISG）赋予了当事人协议排除其适用的权利；而《纽约公约》则没有该规定。

对于这一问题，学界的观点并不一致。有学者认为，《纽约公约》作为国际统一程序法公约，其适用具有强制性，从而当事人无权选择或排除该公约的部分或全部内容；而 CISG 作为国际统一实体法公约，其适用更遵从当事人意思自治原则，因此当事人具有排除该公约适用的权利。《新加坡调解公约》第 8 条第 1 款第 2 项将当事人合意选择适用公约作为保留条款的规定，说明了在缔约国没有作出保留的情况下，无论当事人在和解协议之中进行何种规定，《新加坡调解公约》都将自动适用。[③] 但也有观点认为，根据《新加坡调解公约》第 5 条第 1 款第 4 项 "若准予救济将有悖和解协议，则主管机关有权拒绝准予救济该和解协议" 的规定，当事人有权在和解协议中排除《新加

---

① Timothy Schnabel, The Singapore Convention on Mediation: A Framework for the Cross-Border Recognition and Enforcement of Mediated Settlements, *Pepperdine Dispute Resolution Law Journal*, 2019 (19): 56.

② 参见赵相林主编：《国际民商事争议解决的理论与实践》，中国政法大学出版社 2009 年版，第 361 页。

③ See Eunice Chua, The Singapore Convention on Mediation—A Brighter Future for Asian Dispute Resolution, *Asian Journal of International Law*, 2019 (9): 203.

坡调解公约》的适用。①

综上可以看出，当事人有权在和解协议中排除《新加坡调解公约》的适用。

首先，这一解释符合《新加坡调解公约》第 5 条第 1 款第 4 项尊重和解协议的约定的意旨。国际商事调解自愿性和平等性的特点决定了当事人可以自由决定作为执行依据的和解协议的内容。因此，当事人自然有权在和解协议中对和解协议的救济方式（包括但不限于申请救济的地域、申请救济的方式）进行约定，自然有权在和解协议中排除《新加坡调解公约》的适用。

其次，这一观点并不违背《新加坡调解公约》第 8 条第 1 款第 2 项的规定。该项规定确立的《新加坡调解公约》的自动适用性，与当事人在和解协议中排除《新加坡调解公约》的权利并不冲突。这一观点可以通过 CISG 的规定得到佐证——CISG 在确认其具有自动适用性的基础上，赋予当事人协议排除适用的权利。② 因此，将该规定理解为"无论当事人在和解协议之中进行何种规定，《新加坡调解公约》都将自动适用"并不准确。

因此，对《新加坡调解公约》的条款更为准确的理解是，根据《新加坡调解公约》第 5 条第 1 款第 4 项的规定，当事人有权在和解协议中排除《新加坡调解公约》的适用。

第四节 我国商事调解与《新加坡调解公约》的衔接

2018 年 9 月 19 日，商务部条法司举办《新加坡调解公约》研讨会，最高人民法院、司法部、外交部、国资委等部门和部分仲裁机构、学者、律师参加会议，就该公约的意义、作用、影响以及其与我国现行法律法规衔接等问题全面探讨、交换意见。在联合国国际贸易法委员会审议通过公约草案三

---

① See Ashutosh Ray, Is Singapore Convention to Mediation what New York Convention is to Arbitration, arbitrationblog. kluwerarbitration. com/2019/08/31/is-singapore-convention-to-mediation-what-new-york-conventio n-is-to-arbitration/; Bruno Zeller, Leon Trakman, Mediation and Arbitration: The Process of Enforcement, *Uniform Law Review*, 2019（1）：45; Timothy Schnabel, The Singapore Convention on Mediation: A Framework for the Cross-Border Recognition and Enforcement of Mediated Settlements, *Pepperdine Dispute Resolution Law Journal*, 2019（19）：49.

② 参见《联合国国际货物销售合同公约》第 1 条、第 6 条。

个月后召开专家会议研究衔接适用问题，充分体现了我国政府部门对于我国加入《新加坡调解公约》的重视以及对于我国商事调解领域法律空缺现状将加以弥补和完善的积极态度。

2020年1月15日，商务部外贸司负责人在采访中表示，2019年中国外贸逆势增长，交出了一份合格答卷，贸易规模、国际市场份额双双迈上新台阶。据海关统计，2019年，中国进出口总额达到31.54万亿元人民币，比2018年增长3.4%，进出口、出口、进口规模均创历史新高，出口占国际市场比重稳步提升。① 截至目前，中国已连续12年成为全球第二大进口市场，进口额占全球进口总额的10%以上，更成为120多个国家和地区的主要贸易伙伴。而且，随着"一带一路"倡议的推广与深化，中国对外贸易将持续繁荣发展，其实现形式也将日益向着现代化、多元化的方向转变。在国际贸易和中国外贸发展迅猛的双重背景下，以平和的方式简化贸易往来中的摩擦和纠纷，并最大限度保障商事关系当事人利益，成为我国商事法律实务追求的目标。

中国于2019年8月7日成为《新加坡调解公约》签约国。此公约提供的国际法律平台使得人民法院根据缔约国的程序规则以及公约规定的条件执行国际商事调解达成的和解协议以解决国际商业纠纷成为可能。如何在国际法背景下制定和完善我国商事调解法律机制，使其与《新加坡调解公约》实现有效的衔接适用，为广大国内和国际商事关系当事人提供低成本、高效率、优成果的法律服务，是现阶段我国法律工作的重要课题。

自《新加坡调解公约》通过以来，关于我国法律制度与其衔接问题引发了我国实务专家和学者的热烈讨论。联合国贸易法委员会观察员代表以及学科领域内诸多学者提出建议和意见，商务部条法司温先涛处长也在2018年8月召开的"首届雄安仲裁论坛"上就《新加坡调解公约》这一议题发言②并在《中国法律评论》发表文章，表示中国国内法律与其配套适用主要应从以下五方面着手：一是建立鼓励机制，使当事人体会依靠调解解决争议的便宜

---

① 参见《商务部外贸司：2019年中国外贸逆势增长贸易规模、国际市场份额双双迈上新台阶》，http://china.cnr.cn/NewsFeeds/20200115/t20200115_524939389.shtml。

② 参见刘文鹏：《发挥仲裁优势，助力雄安建设——"2018首届雄安仲裁论坛"成功举办》，http://www.bjac.org.cn/news/view?id=3267。

之处；二是取消对调解主体的限制，在传统的机构调解基础上将专设调解和个人调解包含其中；三是取消对调解主体资质要求的规定，扩大调解员的主体范围，且与仲裁员、法官相分离；四是明确对和解协议准予救济的实体要求，使我国法律现有规定与公约内容相配套；五是及时声明和明确《新加坡调解公约》对中国香港和澳门地区的适用，避免日后可能出现的涉港澳案件的法律适用问题。① 相比较而言，律师的建议主要着眼于实务领域当事人申请、保全、和解协议效力认定等程序性问题，高校学者的研究主要集中于调解机制、调解组织以及调解员等专业性问题，而商务部、贸促会官方更加注重国家层面机制体系建立、组织人员主体明确等制度性问题。

尽管中共中央、国务院和最高人民法院均通过政策性文件和司法解释在多元化纠纷解决机制的法律建设方面作出了纲领性的方向指导，但在实务领域，能够作为商事调解案件解决依据使用的相关规定数量甚微。我国商事调解法律体系尚未建立，我们能够遵循的专业性法律文件仍处于空白状态。这种空白状态使得我国在适用《新加坡调解公约》的过程中会面临由于规定不明而导致的歧义和争议，从而影响案件解决效率，损害当事人利益。推动我国专业化、体系化、全面化的"商事调解法"立法，是在我国积极、有效适用《新加坡调解公约》的重中之重。而且，从我国官方机构及其人员的表态中，我们或可将"推动商事调解专业立法"认定为未来我国商事调解领域的大势趋向。

以《新加坡调解公约》与我国商事调解法律之比较为基础，能够从我国国内立法这一单一层面上对其在我国落地后的衔接适用提出建议。

一、实现衔接的必要性

《新加坡调解公约》的落地意味着国际商事调解达成的和解协议司法执行力的提升和国际流动性的增强，国际商事调解制度成为继国际司法制度、国际商事仲裁制度之后被国际社会广泛认可的又一国际商事纠纷解决机制，开

---

① 参见梁修齐：《我国调解制度与〈新加坡调解公约〉的衔接问题初探》，载《东南司法评论》2019 年第 1 期，第 483 页。

辟了全新的国际争端和平解决的国际法路径,[①] 开启了国际商事纠纷解决的崭新局面,为国际贸易、融资等经济活动提供了重要的国际法保障,为国际性商事活动的有序开展乃至全球经济形势的回暖注入了动力。

自中国共产党十八届三中全会提出推进国家治理体系和治理能力现代化的改革总目标以来,以"社会治理"逐渐取代"社会管理"的观念日益普及和深入,2019 年 1 月召开的全国政法工作会议进一步提出要加快推进社会治理现代化,加快推进政法领域全面深化改革,深化公共法律服务体系建设。法治轨道上的社会治理,要求我国强化法律在权利救济和纠纷解决中的权威性作用,建立健全依法维权和化解纠纷机制。在多元化纠纷解决机制的改革中,商事调解扮演了重要角色。商事调解所具有的高度尊重当事人意思自治、方式灵活便捷、包容扩展性强、效率高、效果好的独有优势,使得商事调解不仅能够作为纠纷解决程序独立运作以定分止争,还能够与诉讼和仲裁兼容对接,成为我国多元化纠纷解决机制的亮点。[②]

在国际和国内双重背景下,我国签署《新加坡调解公约》并积极推动其与我国商事调解制度有效衔接具有重要的意义。

(一)有利于改善我国的营商环境,推动"一带一路"倡议的深入发展[③]

随着"一带一路"倡议在我国周边国家甚至全球范围的发展,我国投资者、外贸从业者越来越多地与国外商事主体建立商事关系,商事交往空前繁荣,商事纠纷也随之激增,建设法治保障保证争端的高效解决是完善"一带一路"倡议内容的重要一环。商事调解制度所体现出的"和"之内涵与"一带一路"确立的"共商、共享、共建"宗旨同根同源,而且相较于司法审判、商事仲裁而言具有程序简单、费用低廉的不可比拟的优势,实现《新加坡调解公约》与我国商事调解制度的衔接能够为我国和外国商事主体提供更为国际

---

① 参见刘敬东:《〈新加坡调解公约〉对我国的意义及影响》,http://www.124.gov.cn/2019/0918/802281.shtml。

② 参见北京仲裁委员会、北京国际仲裁中心编:《中国商事争议解决年度观察(2019)》,中国法制出版社 2019 年版,第 29 页。

③ 参见宋锡祥、田聪:《"一带一路"视野下国际商事争端解决机制的构建》,载《海峡法学》2019 年第 2 期,第 26 页。

化的争端解决平台，对于"一带一路"参与者来说无疑是一项法律红利。①

（二）有利于我国专业性商事调解制度的建立和涉外法律机制的完善②

实现《新加坡调解公约》与我国相关制度的适用，要求我国现有法律体系的完善和升级——专业性商事调解组织的建立和完善、商事调解规则的制定和规范、调解员的任用和专业化培训、商事调解法律的制订和改进并与国际法接轨等一系列问题是《新加坡调解公约》对我国商事领域的立法和司法环节提出的要求。在实践中逐渐落实上述问题，一方面是对我国现有法律体系的补充和完善，另一方面是我国政法领域改革的重要内容。

（三）是我国推动落实全球经济治理变革的重要一环③

习近平总书记在谈及中国参与全球治理时表示："中国将积极参与全球治理体系建设，努力为完善全球治理贡献中国智慧，同世界各国人民一道，推动国际秩序和全球治理体系朝着更加公正合理方向发展。"④ 在国际规则制定方面，"我们不能当旁观者、跟随者，而是要做参与者、引领者，在国际规则制定中发出更多中国声音、注入更多中国元素，维护和拓展我国发展利益"。积极投身近半个世纪以来国际商事领域最具影响力的国际公约的谈判、起草和出台全过程并提出建议和意见，在其中贡献东方智慧和中华传统文化"和为贵"之精髓，是我国引领并参与国际规则制定的重要标志，是我国积极投身全球治理并逐步将中国话语权适用于国际法治实践的重要体现；在《新加坡调解公约》指导下，推动我国国内相关法律规定和政策的调整与改进，是我国将全球治理与国家发展相融合的积极证明。

（四）体现了我国对于多边主义的坚持⑤

2019 年，中美贸易战引发全球关注，在"美国优先"政策的引领之下，

---

① 参见刘敬东：《〈新加坡调解公约〉对我国的意义及影响》，http://www.124.gov.cn/2019/0918/802281.shtml。

② 参见胡仕浩：《中国特色多元共治解纷机制及其在商事调解中的应用》，载《法律适用》2019 年第 19 期，第 11 页；王芳：《商事调解——高效解决涉外商事纠纷的钥匙》，载《人民调解》2019 年第 7 期，第 33—35 页。

③ 参见刘敬东：《〈新加坡调解公约〉对我国的意义及影响》，http://www.124.gov.cn/2019/0918/802281.shtml。

④ 习近平：《在庆祝中国共产党成立 95 周年大会上的讲话（2016 年 7 月 1 日）》，http://news.12371.cn/2016/07/01/ARTI146738324086458.shtml。

⑤ 参见叶强：《〈新加坡公约〉用调解精神维护多边主义》，载《世界知识》2019 年第 18 期，第 48 页。

霸权主义和单边主义色彩在国际贸易投资领域多有体现，最为显著的就是由美国势力影响的 WTO 上诉机构成员遴择程序受阻，使得 WTO 纠纷解决机制形同虚设，多边贸易体制面临挑战。在紧张的国际政治背景之下，《新加坡调解公约》的产生本身就是多边主义和国际法治的发声。作为最大的发展中国家，多年来，中国在维护多边主义、确保国际法得到切实遵守以及和平解决国际争端等方面发挥的巨大作用，得到其他发展中国家以及国际社会的认可和赞赏，① 我国首批签署并积极实现《新加坡调解公约》与国内法的对接是对"确立调解所产生的国际和解协议可为法律、社会和经济制度不同的国家接受的框架，将有助于发展和谐的国际经济关系"这一观念的认同和支持，更是对多边主义的坚持。

二、立法层面上的具体举措

（一）国际法层面

作为国际法的坚定维护者和建设者，② 我国在推动立法与国际公约接轨时，首先需要国际法层面上的借鉴。

1. 对《新加坡调解公约》的借鉴

《新加坡调解公约》产生的目的在于促进国际商事调解的适用并构建起一套能够直接执行经调解产生的国际商事和解协议的机制，一方面鼓励国际商事关系当事人选择调解而非诉讼或仲裁的方式解决商事关系中产生的争端，另一方面对国际法层面上调解执行领域基本空白状态进行补充和改善。目前，我国并没有制定或出台专门性的商事调解法律，针对基于商事关系产生的纠纷适用的调解规则往往以《民事诉讼法》第 8 章以及《人民调解法》中的相关规则为借鉴。业界和学界呼吁在现行司法体制改革尤其是多元化纠纷解决机制改革的大背景下推动"商事调解法"立法，目的在于弥补我国在商事调解领域的立法缺失，明确和规范我国商事调解规制，为我国境内商事关系当事人以及跨境商事关系当事人的争端解决提供便利和保障。

---

① 参见《专家：中国是国际法的坚定维护者和建设者》，http://ws.workercn.cn/32843/201907/30/190730002642197.html，2021 年 7 月 5 日访问。

② 参见《外交部：中国始终是国际法的坚定维护者和建设者》，https://baijichao.bandu.com/s?id=1640470904346715247&wfr=spder&for=pc。

无论是国际法层面上的缔约行为，还是国内法层面上的立法行为，目的都在于弥补商事争议解决中法律规范之空缺，丰富和规范商事争议解决途径，以保障商事关系主体利益，为商事交往提供有力的法律支撑。

实现我国立法与《新加坡调解公约》的有效衔接，最重要的是在结合我国现有法律法规内容和商事调解实务领域已经出现或预计出现的问题的基础上吸收借鉴公约的相关条款内容，在弥补我国立法空白的同时最大限度上保持与公约的一致性。

2. 对《国际和解协议示范法》的借鉴

21 世纪初，国际贸易在全球化大背景下迅猛发展，当事人以友好方式代替诉讼解决纠纷的情形在国际和各国国内商事实践中日益增多，联合国大会第五十二次全体会议通过《国际商事调解示范法》以及《示范法颁布和使用指南》，为当事人间渐渐开始普及适用、越来越多国家开始进行针对性立法活动的调解规范作出国际法指引。作为商事调解法律制定和完善的指导性文件，虽然其内容不具有法律约束力，但仍是包括我国在内的全球各个国家进行国内商事调解立法的重要依据，为国内制度规范和国际法律文件的协调和统一提供了方向指引。

2018 年，联合国贸易法委员会对《国际商事调解示范法》作了修正，新增了关于国际和解协议执行的内容，《国际商事调解示范法》由此更名为《国际和解协议示范法》。"相信对《国际和解协议示范法》的修订将大大有助于各国加强关于利用现代调解方法的立法并制订目前尚不存在的此类立法"，"建议所有国家鉴于统一调解程序法律的可取性以及国际商事调解实践的具体需要，在修订或通过本国与调解相关的法律时对《示范法》给予积极考虑，并邀请已使用《示范法》国家向委员会通报相关情况"。《国际和解协议示范法》对于作为《新加坡调解公约》的缔约国且正在进行全面司法体制改革并已经意识到调解区别于诉讼和仲裁之显著优势的我国，在制订和规范关于商事调解的国内立法过程中将起到重要的指导作用，为我国国内立法与国际法律衔接奠定良好的基础。

3. 对《纽约公约》的借鉴

20 世纪 60 年代末落地的《纽约公约》为国际商事仲裁的有序、高效进行构建了框架，极大地推动了国际商事仲裁的发展，使得国际商事争议解决的水平和效率大大提升，切实维护了国际商事交往中当事人的利益，被称为

"最成功的国际商事立法"。同为旨在促进商事争议解决的法律文件,《纽约公约》的宗旨、原则以及执行实践中的经验对于《新加坡调解公约》和我国商事调解立法均有借鉴价值。

签字加入《纽约公约》时,我国并没有能够与其衔接适用的国内法律规定,与现阶段《新加坡调解公约》在我国的适用所面临的情形基本一致。1991 年《民事诉讼法》第二十八章就涉外仲裁作出了规制,1994 年《仲裁法》对我国仲裁程序的适用范围和程序作了更为详尽的规定,并设置第七章专章规定涉外仲裁的适用范围、程序规则等问题。在加入《纽约公约》的大背景下,我国逐步构建并完善具有中国特色的国际化仲裁体系,为涉外仲裁和国内仲裁当事人提供法律依据和司法支持。我国在仲裁领域的成长经历能够为商事调解体系的建立提供有效的经验借鉴。①

针对以上国际法律文件的内容条款,我国在立法过程中可以或应当在以下三方面加以借鉴运用:

第一,关于"调解"和"调解员"的界定。

《国际和解协议示范法》第 1 条以及《新加坡调解公约》第 1、2 条均明确了国际商事调解的适用范围和定义。二者在"调解"的定义上具有一致性,均强调,调解是当事人在一名或多名无权强加争议解决办法的调解员或调解人的协助下友好解决争议的过程,也就是说二者均认同没有实质性决定调解结果作用的第三人在调解程序进行的过程中具有协助的作用。我国现行《人民调解法》没有对调解员参与调解作出规定,但《最高人民法院关于人民法院进一步深化多元化纠纷解决机制改革的意见》和《最高人民法院关于人民法院特邀调解的规定》中明确指出要建立健全特邀调解制度,建立特邀调解员名册,也就是说,在我国的商事调解立法中,明确"调解"以及"调解员"之概念具有必要性。

就"调解员"的任用而言,《国际和解协议示范法》项下的调解员是指经当事人请求而参与争议解决程序的一名或多名自然人;我国正在建立的特邀调解体系中的"调解员"是由人民法院在行政等各个调解领域吸纳的切合

---

① 参见温先涛:《〈新加坡公约〉与中国商事调解——与〈纽约公约〉〈选择法院协议公约〉相比较》,载《中国法律评论》2019 年第 1 期,第 198—208 页。

条件的调解组织或者个人，在接受人民法院立案前委派或者立案后委托时促使当事人达成调解协议的特邀调解组织或者特邀调解员；《新加坡调解公约》则没有对调解员之任用作出规制。在针对"调解员"的定义规范中，我国应当对《国际和解协议示范法》和《新加坡调解公约》均倡导的调解员的协助作用加以重视，也即将"调解员无权将争议解决方法强加于当事人"的观念吸收加入我国商事调解的立法之中，以落实商事调解以当事人意思自治为主。除了在调解程序中的中立身份和协助作用外，调解员的资质也是我国立法应当加以明确的内容。我国现行特邀调解体系下的特邀调解员是否有权主持国际性商事调解，没有被录入调解员名册的自然人是否能够经当事人选择而具备调解员身份，律师、法官和仲裁员是否需要进一步资质考核才能从事国际商事调解抑或可以直接凭借其现有身份直接担任，我们期待在立法中得到针对以上问题的解答。

第二，关于和解协议执行方式的完善。

相较于《新加坡调解公约》采用的直接执行方式，目前，和解协议或调解协议在我国主要通过以下五种方式进行执行：其一，由人民法院制作具有强制执行力的调解书；[①] 其二，由仲裁庭制作具有强制执行力的调解书或裁决书；[②] 其三，向人民法院申请对调解协议进行司法确认；[③] 其四，向人民法院申请支付令；[④] 其五，向公证机关申请强制执行公证。[⑤] 以明确和解协议执行力为基础的、与《新加坡调解公约》接轨的国际商事调解和解协议执行方式的改进和完善，是未来立法过程中需要解决的问题，对这一问题的明确将提高在我国申请承认和执行的和解协议的执行效率，提升我国商事调解水平。

第三，关于拒绝救济事由的调整与完善。

《新加坡调解公约》第5条规定了拒绝准予救济的五种理由，《最高人民法院关于人民调解协议司法确认程序的若干规定》第7条内容与《新加坡调

---

①　参见《中华人民共和国民事诉讼法》第93—97条。

②　参见《中华人民共和国仲裁法》第51、52条。

③　参见《中华人民共和国人民调解法》第31—33条；《最高人民法院关于人民调解协议司法确认程序的若干规定》第7—9条；最高人民法院、司法部《关于开展律师调解试点工作的意见》第12条。

④　参见《中华人民共和国民事诉讼法》第214—217条。

⑤　参见《中华人民共和国民事诉讼法》第238条。

解公约》的内容基本相似，但是，《最高人民法院关于人民法院办理仲裁裁决执行案件若干问题的规定》第 3 条明确的人民法院可以裁定驳回仲裁裁决执行申请的情形，相较于《新加坡调解公约》和《最高人民法院关于人民调解协议司法确认程序的若干规定》更加具体和严苛。

鼓励当事人以《新加坡调解公约》为依据选择在我国执行和解协议，我国立法不宜对不予承认和执行和解协议的情形作出比其更加严苛的规定。① 因此我国对于国际商事调解和解协议拒绝救济事由的规定可以以《新加坡调解公约》为基础，同时参考《关于人民法院办理仲裁裁决执行案件若干问题的规定》的内容，结合我国司法确认和执行之实践，加以调整和完善。

（二）国内法层面

随着调解程序的普遍应用，进行专门性国内立法成为趋势。早在 1896 年，英国政府就制定并出台《调解法》以解决其在丧失世界工业霸权、经济形势由盛转衰时期劳资争议激增的大背景下不断加剧的劳资冲突。② 美国新泽西州于 2004 年出台并实施了《统一调解法案》，推动了调解程序在美国民商事甚至刑事法律案件中的适用。需要特别加以重视的是加拿大安大略省在 2010 年出台的《商事调解法案》，这是目前全球首部国内商事调解领域专门性法律，对其他国家的商事调解立法和程序完善都有着极为重要的借鉴意义。此外，美国仲裁协会、美国律师协会和冲突解决协会共同采用的《调解员行为示范规范》③ 以及 2004 年发布的《欧洲调解员行为守则》④ 等被行业协会、专业性机构认可并采用的文件内容对于我国立法框架的构建和立法内容的国际化、专业化均可提供借鉴。在"百年未有之大变局"的背景下，我国致力于建设中国特色社会主义法治体系，推动我国商事调解立法，要在遵守国际法的基础之上结合我国实际情况，做到与国内现有法律法规之间的协调。

---

① 参见赵平：《〈新加坡调解公约〉与中国调解法律体系的衔接》，载《中国律师》2019 年第 9 期，第 46 页。

② 参见刘金源、胡晓莹：《1896 年〈调解法〉与英国集体谈判制的发展》，载《探索与争鸣》2016 年第 2 期，第 99—103 页。

③ See Model Standards of Conduct for Mediators, American Arbitration Association（AAA），the American Bar Association（ABA）and the Association for Conflict Resolution（ACR）.

④ See European Code of Conduct for Mediators.

1. 协调商事调解与诉讼、仲裁的关系，完善并规范其结合适用

"在这个复合体系中，三者并不是对立的竞争关系，而是共同发挥作用，以尽可能多地解决国际民商事法律问题"①，有学者创造性地将国际诉讼、国际仲裁和国际调解喻为"国际争议解决旅游目的地（international dispute resolution tourist destination）"②。由此可见作为"国际争端解决方案之基石"③的调解与诉讼、仲裁结合适用的重要性。尽管我国在商事调解领域处于立法空白状态，《民事诉讼法》第9条、第49条以及《仲裁法》第51条均对将诉讼和仲裁程序与调解相结合加以允许和提倡。2018年11月21日发布的《最高人民法院国际商事法庭程序规则（试行）》规定，原告在起诉时表示同意审前调解的，可以暂不收取案件受理费，原告不同意调解的，予以正式立案，进一步引导当事人积极选择调解定分止争。我国在争端解决中积极推动调解程序的选择适用并将其与诉讼程序和仲裁程序相衔接，为"商事调解法"立法应当对于调解与诉讼和仲裁程序之结合适用问题加以关注和规范作出了提示。

结合实践经验，我们应当对于"仲调对接"给予更多的关注。仲调对接，即仲裁与调解相衔接和结合，国内仲裁机构对此一直高度重视并积极开展实践，积累了可观的实践成果，在国际上被称为缘起于中国的"东方经验"。近年来，许多仲裁机构在修订仲裁规则的过程中增加或改进了仲调对接的相关规定，或着手制定并施行独立于仲裁规则的调解规则。深圳国际仲裁院于2018年11月发布新版《深圳国际仲裁院仲裁规则》④，允许当事人申请仲裁庭依据争议双方订立的和解协议、调解协议内容快速作出裁决书、调解书或申请撤销案件，也即，经由深圳国际仲裁院主持达成的和解协议和调解协议

---

① See Sundaresh Menon, International Commercial Courts: Towards a Transnational System of Dispute Resolution, Opening Lecture for the DIFC Courts Lecture Series 2015, https://www.supremecourt.gov.sg/docs/default-source/default-document-library/media-room/opening-lecture—difc-lecture-series-2015.pdf.

② See Eunice Chua, Feel the Earth Move: Shifts in the International Dispute Resolution Landscape, http://mediationblog.kluwerarbitration.com/2018/08/14/feel-earth-move-shifts-international-dispute-resolution-landscape/? doing_ wp_ cron = 1594458979. 6468040943145751953125.

③ See Katia Fach Góme, Catherine Titi, *Mediation in International Commercial and Investment Disputes*, Oxford University Press.

④ 参见《特区国际仲裁：新规则、新突破——深圳国际仲裁院发布新版仲裁规则》，http://www.sohu.com/a/283931358_ 120054630。

能够直接转化为仲裁机构作出的裁决书。此外，前文所提及的中国海事仲裁委员会制定的《调解规则》则是对现行《仲裁规则》的完善和补充。

除了适用规则层面的对接，仲裁机构在与专业调解机构开展合作这一层面也作出不懈努力。2018年4月，上海银行业纠纷调解中心与南京仲裁委员会签署关于建立仲调对接合作机制的合作协议，① 同年10月，北京仲裁委员会、北京国际仲裁中心继2017年与中证小投资者服务中心签订仲调对接合作框架协议②后，与融商"一带一路"商事调解中心签署《关于建立仲裁与调解相衔接的"一带一路"多元化纠纷解决机制之合作协议》，③ 中国国际经济贸易仲裁委员会也于同月与融商"一带一路"商事调解中心签署关于仲调结合的合作协议。④

我国仲裁机构不仅在纵向上改进自身传统的仲调对接机制，还逐渐建立并加大与外部独立调解机构间的横向合作，这种商事领域仲裁与调解的有效联动互通，是多元化纠纷解决机制的重要构成，对于国际商事争议的高效化解具有极大的积极意义，我国应当大力支持国际商事纠纷和国内商事纠纷仲裁对接机制的建立、发展和规范。

2. 协调"商事调解"和"国际商事调解"的关系

如前文所言，《仲裁法》是在我国签字加入《纽约公约》的大背景下诞生的国内立法，其内容和章节构成是我国推进落实"商事调解法"立法的重要参考。其一，该法第3条规定了不得仲裁的情形，对于仲裁程序的适用的除外情形以穷尽式列举的形式进行了明确，将此方法用于商事调解立法能够明确我国商事调解法律的适用范围，减少和避免法律适用的误区；其二，该法第三章和第六章规范了仲裁协议的内容、有效性以及其执行，为解决由调解产生的和解协议在我国司法认定中的有效性及其执行提供了借鉴；其三，该法第七章专章规定了涉外仲裁，将具有涉外因素的仲裁与国内仲裁相区别，

① 参见《上海银行业纠纷调解中心与我委建立仲调对接合作机制》，http://ac. nanjing. gov. cn/zczx/gzdt/201804/t20180428_ 5383049. html。

② 参见《北京仲裁委员会2017年度工作报告》，http://www. bjac. org. cn/news/view? id = 3137。

③ 参见《中国国际经济贸易仲裁委员会与北京融商"一带一路"国际商事调解中心签署仲调对接合作协议》，http://www. cietac. org/index. php? m = Article&a = show&id = 15632。

④ 参见尹通：《北京仲裁委员会、北京国际仲裁中心与北京融商"一带一路"法律与商事服务中心暨"一带一路"国际商事调解中心签署合作协议》，http://www. bjac. org. cn/news/view? id = 3314。

为我国在商事调解立法过程中如何将立法内容做到国内和国际的有效衔接提供了解决方案。

就商事调解的范围而言，《国际和解协议示范法》对"商事"一词作出了广义解释，① 以涵盖由于商业性质的所有各种关系而发生的事项，无论这种关系是否属于合同关系，而在此基础上的调解程序所针对的争议类型是由合同引起的或与合同或其他法律关系有关的，也就是说，《国际和解协议示范法》以穷尽式列举的方式规定了能够适用商事调解法律的法律关系之情形；不同的是，《新加坡调解公约》用排他性列举的方式将消费者为个人、家庭或家居目的进行交易所产生的纠纷以及基于家庭法、继承法或就业法所产生的纷争排除在商事争议范围之外，相较于《国际和解协议示范法》而言，排除了广义商事关系中涉及个人消费、家庭、继承以及就业关系的内容；我国现行有效的法律文件尚未对"商事关系"作出清晰明确的定义，但结合法理学知识和我国法律体系，可以将我国政策性文件以及司法解释中所出现的"商事调解"一词中的"商事"指代的范围解读为商主体所做的商行为，在此基础上所形成的法律关系往往受《公司法》《保险法》等系属我国商经法体系的具体法律所约束。《消费者权益保护法》第 37 条和第 39 条规定了消费者协会和其他依法成立的调解组织负责消费者和经营者产生的消费者权益争议，对《新加坡调解公约》中排除的"当事人（消费者）为个人、家庭或者家居目的进行交易所产生的争议"加以解决；《劳动争议调解仲裁法》第二章对于劳动纠纷所产生的调解程序作出专章规制，对《新加坡调解公约》中排除的"与就业法有关的争议"加以明确。也即，我国现行法律将本属于我国商经法约束的却被《新加坡调解公约》排除于"商事"之外的消费关系和劳动关系同样排除于我国商事调解法律适用范围之外。在适用范围的问题上，商事调解立法可以参考仲裁领域衔接适用国际商事仲裁的经验。《最高人民法院关于执行我国加入的〈承认及执行外国仲裁裁决公约〉的通知》根据《纽约公约》第 1 条第 3 款的规定作出了商事保留，声明我国仅对按照中国

---

① 《贸易法委员会国际商事调解和调解所产生的国际和解协议示范法》规定："商业性质的关系包括但不限于下述交易：供应或交换货物或服务的任何贸易交易；分销协议；商业代表或代理；保理；租赁；工程建造；咨询；工程；许可证交易；投资；融资；银行；保险；开发协议或特许权；合营企业和其他形式的工业或商业合作；航空、海路、铁路或公路客货运载。"

法律属于契约性和非契约性商事法律关系①所引发的争议适用该公约，与《国际和解协议示范法》对"商事"之定义②基本一致，均对该词进行了扩大解释。我国应当尽可能与《国际和解协议示范法》对"商事关系"之广义解释统一，以尽量涵盖与商事有关的争议，使得我国商事调解能够更广泛与国际商事调解相结合，为更多争端主体提供多元化的纠纷解决途径。

3. 协调我国商事调解组织运行实际并将其规范化

《国际和解协议示范法》和《新加坡调解公约》均未涉及商事调解组织的相关内容，但调解组织却在我国多有设立，这一问题需要在国际法背景下结合我国实际加以规范。

根据调解组织依据当事人之选择主持并协助调解程序之完成的作用，可以将我国调解组织在调解程序中担当的角色类比于《国际和解协议示范法》和《新加坡调解公约》中的"调解员"，也就是说，在我国，经广义解释，符合资质的自然人和依法能够从事商事调解工作的调解机构均能以"调解员"之身份参与商事调解。目前，我国并未在国家层面确立专门的商事调解组织，也没有制定统一的商事调解规则，依照现行有效的法律法规可以主持商事调解的机构包括人民法院、仲裁机构、行业协会（如证券业协会）、行政机关（如专利管理机关、商标管理机关）以及民间商事调解机构，包括商会和调解中心等，这些调解机构在调解过程中所依照的调解规则参差不一、良莠不齐，以其名义作出的调解协议之有效性在人民法院依法确认时具有不确定性。这种情况不仅为人民法院的有效性审查造成了阻碍，也间接降低了当事人解决争端的效率。鉴于调解组织所具有的区别于自然人的专业性和组织性，与其

---

① 《最高人民法院关于执行我国加入的〈承认及执行外国仲裁裁决公约〉的通知》规定："所谓契约性和非契约性商事法律关系"，具体的是指由于合同、侵权或者根据有关法律规定而产生的经济上的权利义务关系，例如，货物买卖、财产租赁、工程承包、加工承揽、技术转让、合资经营、合作经营、勘探开发自然资源、保险、信贷、劳务、代理、咨询服务和海上、民用航空、铁路、公路的客货运输以及产品责任、环境污染、海上事故和所有权争议等，但不包括外国投资者与东道国政府之间的争端。

② 《贸易法委员会国际商事调解和调解所产生的国际和解协议示范法》规定："商事"指包括契约性和非契约性的一切商事关系，以使其涵盖所有具有商业性质的关系所产生的争议。商业性质的关系包括但不限于下述交易：供应或交换货物或服务的任何贸易交易；分销协议；商业代表或代理；保理；租赁；工程建造；咨询；工程；许可证交易；投资；融资；银行；保险；开发协议或特许权；合营企业和其他形式的工业或商业合作；航空、海路、铁路或公路客货运载。

相关的内容应当在立法过程中加以特殊规定。

其一，商事调解组织的资质认定。在商事调解机构资质的官方认证方面，我国已有初步成果，可以将已有内容囊括入我国的立法内容之中。据不完全统计，截至 2020 年 2 月 20 日，经我国官方书面文件认证具备从事专业性商事调解或国际商事调解业务的已经成立的调解组织主要有前文所提及的中国贸促会（中国国际商会）调解中心、融商"一带一路"国际商事调解中心、自由贸易试验区商事调解中心、涉侨纠纷调解中心和证券期货纠纷特邀调解组织，以及被纳入最高人民法院"一站式"国际商事纠纷解决平台中的中国贸促会调解中心和上海经贸商事调解中心。立法过程中，我国应当将具有专业性的商事调解与人民调解和行政调解相分离，使得"商事调解法"独立于《劳动争议调解仲裁法》等其他非商事领域调解规则存在；将从事商事调解的组织与从事其他类型法律关系纠纷调解工作的组织相分离，将商事调解组织完全独立于人民调解委员会和从事劳动纠纷调解和行政争议调解的组织；明确商事调解组织成立的统一资质标准和认证方式，使得我国商事调解组织具有一定的行业专业性并遵循同等的行业规范和调解规则，为当事人选择调解组织主持商事调解提供方向指导。

其二，商事调解组织适用调解规则的规范。[①] 目前，我国并没有统一适用的商事调解规则，对其适用往往由当事人的选择、调解组织的制定和选择或者相关政策性文件所规定。2017 年，商务部与我国香港地区代表签署《内地与香港〈关于建立更紧密经贸关系的安排〉投资协议》（以下简称《CEPA 投资协议》），选择调解作为争议解决的方式，其调解机制下被批准处理香港地区（内地）投资者与内地（香港地区）一方争端的中国贸促会（中国国际商会）调解中心通过并施行《中国国际经济贸易仲裁委员会〈CEPA 投资协议〉投资争端调解规则》，成为选择调解解决纠纷的受《CEPA 投资协议》所保护的内地和香港地区当事人调解程序进行的规则遵循。2018 年 10 月 1 日，《中国海事仲裁委员会海事调解中心调解规则》正式施行，成为选择在此解决争

---

① 参见安文靖：《我国商事调解立法改革刍议——兼论国际商事调解立法对我国的启示》，载《商业时代》2010 年第 3 期，第 89 页。

端的当事人进行调解的规则依据。① 在立法过程中，我国应当就商事调解组织对调解规则的适用问题作出相应规定，明确调解组织是否有权制定并适用独立的调解规则，规范调解组织调解规则制定和选择的基本原则，避免因不同调解机构适用不同调解规则而导致存在差异较大调解结果的情形，从而为当事人在调解规则适用这一角度对于调解组织的选择创造更大余地。

4. 协调现有法律规定以明确和解协议之执行力②

《新加坡调解公约》制定的目的之一即为构建起一套能够直接执行经调解订立的国际商事和解协议的机制，在这一宗旨的引领下，其采用直接执行的原则，不要求主管机关对和解协议加以审查。

《关于在部分地区开展涉侨纠纷多元化解试点工作意见》和《关于全面推进证券期货纠纷多元化解机制建设的意见》决定，经涉侨纠纷调解中心和证券期货纠纷特邀调解组织主持调解所达成的和解协议或调解协议需要经当事人申请由人民法院依法确定协议效力。两份强调和解协议之司法确认的文件均出台于 2018 年，不难发现，在我国现行司法框架下，对于我国不进行司法审查而直接执行之期待并不具有现实性。

但在我国司法实践中，和解协议能够直接被执行之情况确实存在。2018年 6 月，《最高人民法院关于设立国际商事法庭若干问题的规定》决定设立国际商事法庭并成立国际商事专家委员会，以贯彻落实《关于建立"一带一路"争端解决机制和机构的意见》，在设立专业性商事纠纷诉讼渠道的大背景下，同年 11 月 13 日，《最高人民法院办公厅关于确定首批纳入"一站式"国际商事纠纷多元化解决机制的国际商事仲裁及调解机构的通知》，将中国贸促会调解中心和上海经贸商事调解中心作为首批纳入"一站式"国际商事纠纷多元化解决机制的调解机构。当事人可以选择其一进行调解，经二者调解达成调解协议的，国际商事法庭可以直接依照法律规定和当事人要求出具调解书或制作判决书。也就是说，被纳入"一站式"机制的两个调解组织的调解

---

① 参见《中国海仲制定〈调解规则〉，贡献争议解决的"东方智慧"》，http://www.cmac.org.cn/index.Php? id＝289。

② 参见北京仲裁委员会、北京国际仲裁中心编：《中国商事调解年度观察（2019）》，中国法制出版社 2019 年版，第 32—34 页。

成果能够得到最高司法机关的认可，直接转化为国际商事法庭开具的调解书或裁决书。可是，上述情形下具有执行力的和解协议系属于《新加坡调解公约》第 1 条第 3 款规定的除外情形，不能为其在我国的适用提供有效衔接。

　　针对这一问题，我国立法可以从以下三个角度入手解决和完善。第一，司法机关可以借鉴承认和执行外国仲裁裁决程序，将报核制度加入立法内容。对于涉外涉港澳台案件需要作出否定和解协议效力、撤销或不予承认、认可、执行和解协议的案件，下级人民法院均要逐级报核，最终由最高人民法院审核。这一做法有助于统一国际商事调解和解协议的承认与执行标准，保障国际商事调解案件的执行。特别是最高人民法院的介入一定程度上提高了国际商事调解和解协议执行案件的司法水平，有利于吸引国际商事关系当事人积极选择适用调解程序解决争端。第二，可以将《民事诉讼法》中承认和执行外国判决、仲裁裁决和裁定部分以及司法确认部分加以修改，使其适用于和解协议之承认与执行，将现有的执行标准和执行程序在一定程度上同等适用于商事调解程序之中，减少适用新执行规则带来的不确定性问题，保障和解协议执行效率，为商事争议当事人节省时间成本。第三，最高人民法院国际商事法庭可以就《新加坡调解公约》项下国际和解协议之承认与执行作出补充规定，尽最大可能以最快的速度和最宽松的司法审查确认标准确认和执行依《新加坡调解公约》申请执行的和解协议，最大限度实现《新加坡调解公约》在我国的积极有效适用，为国际商事关系争议当事人提供最为便利的争端解决渠道。

第七章

涉外仲裁条款效力案例编撰

一、未明确约定仲裁机构

1. 日本双叶被服有限会社申请确认仲裁协议效力案

申请人：日本双叶被服有限会社；被申请人：辽阳广林服装有限公司。

案件援引：《最高人民法院关于申请人日本双叶被服有限会社申请确认仲裁协议效力案件的请示的复函》（2004 年 9 月 8 日〔2004〕民四他字第 30 号）。

裁判要旨：在当事人没有约定确认该仲裁条款效力的准据法，对仲裁地点也没有明确约定的情况下，应根据法院地法律，即我国法律确定该仲裁条款的效力。根据《仲裁法》第 18 条的规定，当事人约定的仲裁条款并没有明确约定仲裁机构；且当事人之间又未能就仲裁机构达成补充协议，应当认定该仲裁条款无效。

2. 宝源贸易公司与余建国买卖合同中仲裁条款效力案

申请人：宝源贸易公司；被申请人：余建国。

案件援引：《最高人民法院关于宝源贸易公司与余建国买卖合同中仲裁条款的请示的复函》（2007 年 11 月 29 日〔2007〕民四他字第 38 号）。

裁判要旨：涉外仲裁协议依据我国法律作为准据法对效力予以判断时，若双方约定的仲裁机构不存在，又不能达成补充协议，根据《仲裁法》第 18 条的规定，该仲裁条款应被认定为无效。

3. 烟台绿丰环保设备有限公司与荣升集团（香港）有限公司解除合同纠纷仲裁条款效力案

原告：烟台绿丰环保设备有限公司；被告：荣升集团（香港）有限公司。

案件援引：《最高人民法院关于对烟台绿丰环保设备有限公司与荣升集团（香港）有限公司解除合同纠纷一案中仲裁条款效力问题请示的复函》（2011年10月27日［2011］民四他字第48号）。

裁判要旨：（1）当事人未约定确认仲裁协议效力所适用的准据法，亦未约定仲裁地，按照《仲裁法司法解释》第16条的规定，应适用法院地法作为审查仲裁协议效力的准据法。

（2）当事人虽然在合同中约定了仲裁作为解决争议的方式，但并未约定仲裁机构，也没有约定仲裁地，属于对仲裁机构约定不明的情形。根据《仲裁法》第18条的规定，可以认定仲裁协议无效。

4. 中远航运股份有限公司诉中设国际商务运输代理有限责任公司租船合同纠纷所涉仲裁条款效力案

原告：中远航运股份有限公司；被告：中设国际商务运输代理有限责任公司。

案件援引：《最高人民法院关于中远航运股份有限公司诉中设国际商务运输代理有限责任公司租船合同纠纷一案所涉仲裁条款效力问题的请示的复函》（2009年11月6日［2009］民四他字第37号）。

裁判要旨：涉案仲裁条款虽约定在北京仲裁，但并未选定仲裁委员会，也没有证据表明当事人之间就选定仲裁机构达成补充协议。根据《仲裁法》第16条第2款、第18条的规定，该仲裁条款因没有约定仲裁机构而无效。

5. 益轩（泉州）轻工有限公司与台湾地区居民瞿安勤买卖合同纠纷管辖权异议案

上诉人：（原审被告）瞿安勤；被上诉人：（原审原告）益轩（泉州）轻工有限公司。

案件援引：《最高人民法院关于益轩（泉州）轻工有限公司与台湾人瞿安勤买卖合同纠纷一案管辖权异议的请示的复函》（2003年6月6日［2003］民四他字第10号）。

裁判要旨：当事人约定的仲裁条款只规定"在中国境内仲裁"，没有对仲裁委员会作出约定，亦未能达成补充协议，根据《仲裁法》第 16 条的规定，应认定该仲裁条款无效。

6. 夏新电子股份有限公司与比利时产品有限公司确认经销协议仲裁条款效力案

申请人：夏新电子股份有限公司；被申请人：比利时产品有限公司。

案件援引：《最高人民法院关于夏新电子股份有限公司与比利时产品有限公司确认经销协议仲裁条款效力的请示的复函》（2009 年 3 月 20 日 ［2009］民四他字第 5 号）。

裁判要旨：仲裁条款虽然约定应当依据某一仲裁规则进行仲裁，但是该条款没有明确约定仲裁机构。根据约定的仲裁规则也无法确定仲裁机构，且双方在争议发生后，亦未就仲裁机构达成新的补充协议，故应根据《仲裁法司法解释》第 4 条的规定，认定该仲裁条款中仲裁机构约定不明确。

7. 泰州浩普投资公司与 WICOR HOLDING AG 中外合资经营企业合同纠纷仲裁条款效力案

原告：泰州浩普投资有限公司；被告：WICOR HOLDING AG。

案件援引：《最高人民法院关于泰州浩普投资公司与 WICOR HOLDING AG 中外合资经营企业合同纠纷一案的请示报告的复函》（2012 年 3 月 1 日 ［2012］民四他字第 6 号）。

裁判要旨：当事人在仲裁协议中约定了适用的仲裁规则，并未约定仲裁机构，且依据约定的仲裁规则不能确定仲裁机构，事后又未对此达成补充协议，根据《仲裁法》第 16 条、第 18 条确定仲裁协议无效。

8. 武汉中恒新科技产业有限公司与锦利兴业股份有限公司合资经营合同仲裁条款效力案

原告：武汉中恒新科技产业集团有限公司；被告：锦利兴业股份有限公司。

案件援引：《最高人民法院关于确认武汉中恒新科技产业有限公司与锦利兴业股份有限公司合资经营合同仲裁条款无效的请示的复函》（2004 年 7 月 27 日 ［2004］民四他字第 19 号）。

裁判要旨：当事人对仲裁机构与仲裁地点均未约定，同时，当事人一方已经向人民法院提起诉讼，请求确认仲裁条款无效，可以认定双方无法就仲裁机构问题达成补充协议。

9. Salzgitter Mannesmann International GmbH 与江苏省对外经贸股份有限公司之间仲裁协议效力案

申请人：Salzgitter Mannesmann International GmbH；被申请人：江苏省对外经贸股份有限公司。

案件援引：《最高人民法院关于 Salzgitter Mannesmann International GmbH 与江苏省对外经贸股份有限公司之间仲裁协议效力的复函》（2011 年 8 月 26 日［2011］民四他字第 32 号）。

裁判要旨：当事人对是否约定仲裁协议存有异议，争议产生后，一方以合同中的仲裁条款未明确约定仲裁机构为由请求确认仲裁条款无效，合同另一方并未对该仲裁条款未明确约定仲裁机构提出异议。在受理法院要求双方当事人明确选定仲裁机构的情况下，双方当事人不能就仲裁机构达成一致意见的，依照《仲裁法》第 16 条、第 18 条的规定，应认定所涉仲裁条款无效。

10. 四川华宏国际经济技术投资有限公司诉韩国韩华株式会社买卖合同纠纷仲裁条款效力案

原告：四川华宏国际经济技术投资有限公司；被告：韩国韩华株式会社。

案件援引：《最高人民法院关于四川华宏国际经济技术投资有限公司诉韩国韩华株式会社买卖合同纠纷一案仲裁条款效力问题的请示的复函》（2007 年 8 月 24 日［2007］民四他字第 13 号）。

裁判要旨：双方未约定认定仲裁条款效力的准据法，仲裁条款也未约定仲裁地点和仲裁机构。按照《仲裁法司法解释》第 16 条的规定，应依据法院地法即中华人民共和国法律认定仲裁条款的效力。根据《仲裁法》第 16 条、第 18 条之规定，双方当事人没有约定明确的仲裁机构，在发生纠纷后，亦未对仲裁地点和仲裁机构达成补充协议，故仲裁条款无效。

11. 崔惠深与华荣集团塑胶有限公司委托加工合同纠纷中仲裁条款效力案

起诉人：崔惠深；被起诉人：华荣集团塑胶有限公司。

案件援引：《最高人民法院关于崔惠深与华荣集团塑胶有限公司委托加工合同纠纷一案仲裁条款效力的请示的复函》（2010 年 3 月 18 日［2010］民四

他字第 8 号）。

裁判要旨：当事人之间虽订有仲裁条款，但没有明确约定仲裁机构，并且当事人之间无法就选定仲裁机构达成补充协议，应当依法认定本案所涉仲裁条款无效。

12. 山西美锦煤炭气化股份有限公司与日本明和产业株式会社、东京煤气能源株式会社纠纷一案仲裁条款无效案

原告：山西美锦煤炭气化股份有限公司；被告：日本明和产业株式会社、东京煤气能源株式会社。

案件援引：《最高人民法院关于山西美锦煤炭气化股份有限公司与日本明和产业株式会社、东京煤气能源株式会社纠纷一案仲裁条款无效的请示的复函》（2009 年 10 月 9 日［2009］民四他字第 34 号）。

裁判要旨：当事人虽有提交仲裁的合意，但当事人并未约定认定该仲裁协议效力的准据法，也没有明确约定仲裁地，应当适用法院地法律即中华人民共和国法律认定所涉仲裁条款的效力，若所涉仲裁条款并未约定仲裁机构，当事人亦未就仲裁机构达成补充协议，应认定所涉仲裁协议无效。

13. 宁波剡界岭高速公路有限公司诉奥地利阿尔皮内·麦瑞德建筑股份有限公司代理合同纠纷仲裁条款效力案

原告：宁波剡界岭高速公路有限公司；被告：奥地利阿尔皮内·麦瑞德建筑股份有限公司。

案件援引：《最高人民法院关于宁波剡界岭高速公路有限公司诉奥地利阿尔皮内·麦瑞德建筑股份有限公司代理合同纠纷一案仲裁条款效力的请示的复函》（2007 年 1 月 11 日［2006］民四他字第 42 号）。

裁判要旨：双方当事人选择仲裁解决争议的意思表示是明确的，但由于其对解决纠纷的仲裁委员会并未作出明确约定，且双方当事人在发生纠纷后也未达成补充协议，根据《仲裁法》第 18 条的规定，该仲裁条款应属无效。

14. 越南海防万华国际旅游公司起诉海南热岛风情国际旅行社有限公司旅游服务合同纠纷仲裁条款效力案

原告：越南海防万华国际旅游公司；被告：海南热岛风情国际旅行社有限公司。

案件援引：《最高人民法院关于越南海防万华国际旅游公司起诉海南热岛

风情国际旅行社有限公司旅游服务合同纠纷案仲裁条款效力的请示的复函》（2003 年 5 月 25 日〔2003〕民四他字第 36 号）。

裁判要旨：仲裁条款仅约定由发生纠纷地的仲裁机关进行处理，而发生纠纷地不是一个明确的诉讼法上的概念。若不能对发生纠纷地作出准确认定，相应地，也就不能对发生纠纷地的仲裁机构作出认定。因而，在当事人未对仲裁机构达成补充协议的，应当认定仲裁条款无效。

15. 戴维斯－标准公司与宁波协成电子电线有限公司买卖合同贷款纠纷一案仲裁条款效力案

原告：戴维斯－标准公司；被告：宁波协成电子电线有限公司。

案件援引：《最高人民法院关于戴维斯－标准公司与宁波协成电子电线有限公司买卖合同贷款纠纷一案仲裁条款无效的请示的复函》（2004 年 6 月 25 日〔2004〕民四他字第 13 号）。

裁判要旨：仲裁条款虽然明确表达了仲裁意愿以及仲裁事项，但其约定的仲裁地点不明确，亦未约定仲裁机构，属于《仲裁法》第 18 条规定的对仲裁机构约定不明的情况。在当事一方已经向人民法院提起诉讼的情况下，可以认定双方就仲裁机构无法达成补充协议。

16. 连云港星球塑料有限公司申请确认仲裁协议效力案

申请人：连云港星球塑料有限公司；被申请人：群益实业公司。

案件援引：《最高人民法院关于连云港星球塑料有限公司申请确认仲裁协议效力案的请示的复函》（2004 年 7 月 29 日〔2004〕民四他字第 14 号）。

裁判要旨："在卖方所在地根据仲裁程序规则进行仲裁"，这样的约定有请求仲裁的意思表示，也约定了仲裁事项，但未约定明确的仲裁委员会，而且当事人亦未能达成补充协议，故根据《仲裁法》第 18 条的规定，该仲裁协议应认定无效。

17. 柳大熙与长春铁路分局长春医院中外合作经营合同纠纷中仲裁条款效力案

原告：柳大熙；被告：长春铁路分局长春医院。

案件援引：《最高人民法院关于柳大熙与长春铁路分局长春医院中外合作经营合同纠纷一案的请示的复函》（2004 年 12 月 14 日〔2004〕民四他字第 49 号）。

裁判要旨：当事人仅约定其纠纷由"仲裁机关判定"，但未同时指明哪一个仲裁机关，属于对仲裁机构约定不明的情形。现作为当事人一方向人民法院提起诉讼，应当视为双方不能就仲裁机构达成补充协议，因此，应依法认定该合同中的仲裁条款无效。

18. 沧州东鸿包装材料有限公司诉法国 DMT 公司买卖合同纠纷中仲裁条款效力案

原告：沧州东鸿包装材料有限公司；被告：法国 DMT 公司。

案件援引：《最高人民法院关于沧州东鸿包装材料有限公司诉法国 DMT 公司买卖合同纠纷一案仲裁条款效力请示的复函》（2006 年 4 月 26 日 ［2006］民四他字第 6 号）。

裁判要旨：当事人的仲裁协议明确约定了仲裁地及所应适用的仲裁规则，但未约定仲裁机构，且不能达成补充协议，因此仲裁条款无效。

19. 深圳市华汉城贸易发展有限公司与熊牌远东化工股份有限公司分销合同中仲裁条款效力案

原告：深圳市华汉城贸易发展有限公司；被告：新加坡熊牌远东化工股份有限公司。

案件援引：《最高人民法院关于确认深圳市华汉城贸易发展有限公司与熊牌远东化工股份有限公司分销合同中仲裁条款效力的请示的复函》（2005 年 9 月 13 日 ［2005］民四他字第 41 号）。

裁判要旨：仲裁条款虽然明确表达了仲裁意愿以及仲裁事项，但其没有约定仲裁机构。且当事一方已经向人民法院提起诉讼，可以认定双方就仲裁机构无法达成补充协议，根据《仲裁法》第 16 条、第 18 条的规定，应当认为仲裁条款无效。

20. 北京新中和信业医药投资有限公司请求法院确认其与李某某签订的《终止武汉鼎鹏医药科技有限公司合作经营协议书》中仲裁协议效力案

申请人：北京新中和信业医药投资有限公司；被申请人：李某某。

案件援引：《最高人民法院关于北京新中和信业医药投资有限公司请求法院确认其与李某某签订的〈终止武汉鼎鹏医药科技有限公司合作经营协议书〉中仲裁协议效力一案的请示的答复》（2016 年 6 月 1 日 ［2016］最高法民他 58 号）。

裁判要旨：当事人在仲裁协议中约定由某地的仲裁机关进行仲裁，该地存在两个以上商事仲裁机构，争议发生后，双方不能就仲裁机构的选择达成一致，根据《仲裁法司法解释》第 6 条之规定，该仲裁条款应当认定无效。

21. 香港华联冷气工程有限公司诉珠海中美工程设计装修有限公司设备安装合同纠纷中仲裁条款效力案

原告：香港华联冷气工程有限公司；被告：珠海中美工程设计装修有限公司。

案件援引：《最高人民法院关于香港华联冷气工程有限公司诉珠海中美工程设计装修有限公司设备安装合同纠纷一案受理问题的请示的复函》（2004 年 11 月 15 日 ［2004］民四他字第 37 号）。

裁判要旨：双方当事人签订的仲裁条款中未约定明确的仲裁机构，且亦不能达成补充协议，该仲裁条款应认定无效。

22. 巴柏赛斯船舶科技有限公司诉蓬莱市渤海造船有限公司船舶建造合同纠纷仲裁条款效力案

原告：巴柏赛斯船舶科技有限公司；被告：蓬莱市渤海造船有限公司。

案件援引：《最高人民法院关于巴柏赛斯船舶科技有限公司诉蓬莱市渤海造船有限公司船舶建造合同纠纷一案仲裁条款效力问题的请示的复函》（2011 年 12 月 8 日 ［2011］民四他字第 61 号）。

裁判要旨：（1）关于仲裁条款效力审查应适用的准据法。根据《中华人民共和国涉外民事关系法律适用法》（以下简称《涉外民事关系适用法》）第 18 条规定，如果双方当事人未约定仲裁协议适用的法律，但约定了仲裁地为我国，那么，仲裁条款效力的审查应适用我国法律。（2）合同中的仲裁条款虽约定了仲裁地为我国，但未明确具体的仲裁机构，根据约定也无法确定具体的仲裁机构，在一方当事人已经向人民法院提起诉讼的情况下，可以认定双方无法就仲裁机构问题达成补充协议，故根据《仲裁法》第 16 条、第 18 条规定，该仲裁条款应当认定为无效。

23. 蓝海生态农业有限公司与金鹰水产（香港）有限公司申请确认仲裁协议效力案

申请人：蓝海生态农业有限公司；被申请人：金鹰水产（香港）有限公司。

案件援引：《最高人民法院关于山东省高级人民法院就蓝海生态农业有限公司与金鹰水产（香港）有限公司申请确认仲裁协议效力一案请示的复函》（2018年3月26日［2018］最高法民他25号）。

裁判要旨：仲裁协议约定两个以上仲裁机构的，当事人可以协议选择其中的一个仲裁机构申请仲裁；当事人不能就仲裁机构选择达成一致的，仲裁协议无效。

24. 胡某红与平原禹臣机械设备科技有限公司确认仲裁协议效力案

申请人：胡某红；被申请人：平原禹臣机械设备科技有限公司。

案件援引：《最高人民法院关于胡某红与平原禹臣机械设备科技有限公司确认仲裁协议效力问题请示的复函》（2018年6月20日［2018］最高法民他38号）。

裁判要旨：仲裁协议应当具有请求仲裁的意思表示、仲裁事项、选定的仲裁委员会三项内容。本案中，双方当事人虽约定仲裁机构为“仲裁委员会”，但没有对“仲裁委员会”作出具体限定，“仲裁委员会”的表述无法明确指向任一现存的仲裁机构，属于《仲裁法》第18条规定的“对仲裁委员会没有约定”的情形。在当事双方无法就仲裁机构达成补充协议的情况下，仲裁条款应当认定无效。

二、提单并入租约仲裁条款的效力判断

1. 中国中化集团公司诉海里公司海上货物运输合同货损赔偿纠纷所涉仲裁条款效力案

原告：中国中化集团公司；被告：海里公司。

案件援引：《最高人民法院关于中国中化集团公司诉海里公司海上货物运输合同货损赔偿纠纷所涉仲裁条款效力问题的请示的复函》（2009年4月24日［2009］民四他字第12号）。

裁判要旨：提单背面虽然明确并入租约的仲裁条款，但提单正面只载明“与租船合同合并使用”，并没有明确记载被并入提单的租船合同当事人名称及订立日期。由于并入提单的租船合同记载不明确，该提单正面记载以及提单背面条款约定不产生租船合同仲裁条款并入提单并约束提单持有人的效力。

2. 中国平安财产保险股份有限公司大连分公司与中远航运股份有限公司、广州远洋运输公司海上货物运输合同保险代位求偿案所涉仲裁条款效力案

原告：中国平安财产保险股份有限公司大连分公司；被告：中远航运股份有限公司、广州远洋运输公司。

案件援引：《最高人民法院关于原告中国平安财产保险股份有限公司大连分公司与被告中远航运股份有限公司、广州远洋运输公司海上货物运输合同保险代位求偿案所涉仲裁条款是否有效的请示的复函》（2007 年 1 月 26 日 ［2006］ 民四他字第 49 号）。

裁判要旨：提单正面仅记载 "某年某月某日租约中条款、条件、除外责任等并入本提单"，并未明确记载将该租约中的仲裁条款并入提单，不能视为租约仲裁条款的有效并入。涉案提单背面记载的有关并入的格式条款并不能构成租约仲裁条款的有效并入。

3. 山东省轻工业供销总公司与拉雷多海运公司海上货物运输合同纠纷中仲裁条款效力案

原告：山东省轻工业供销总公司；被告：拉雷多海运公司。

案件援引：《最高人民法院关于山东省轻工业供销总公司与拉雷多海运公司海上货物运输合同纠纷一案中仲裁条款效力的请示的复函》（2016 年 3 月 15 日 ［2016］ 最高法民他 20 号）。

裁判要旨：提单正面并无将租船合同中的仲裁条款并入提单的明示记载，提单背面有关运输条件的格式条款并不能构成该租船合同仲裁条款的有效并入。

4. 杭州龙达差别化聚酯有限公司诉永吉海运有限公司、舟山市永吉船务有限公司海上货物运输合同仲裁条款效力案

原告：杭州龙达差别化聚酯有限公司；被告：永吉海运有限公司、舟山市永吉船务有限公司。

案件援引：《最高人民法院关于杭州龙达差别化聚酯有限公司诉永吉海运有限公司、舟山市永吉船务有限公司海上货物运输合同仲裁条款效力问题的请示的复函》（2008 年 11 月 25 日 ［2008］ 民四他字第 33 号）。

裁判要旨：提单并入租约仲裁条款必须明确、具体指向某一租约，且明确记载并入仲裁条款方可有效并入。提单正面记载："本次运输依照船东与租家订立的租约条款进行，该租约中所有条款、条件与免责都将适用并管辖本

次运输。" 该提单并入条款并未明确记载租约中含有仲裁条款。

5. 太平洋财产保险股份有限公司上海分公司诉太阳海运有限公司、远洋货船有限公司、联合王国保赔协会海上货物运输合同纠纷管辖权异议案

原告：太平洋财产保险股份有限公司上海分公司；被告：太阳海运有限公司、远洋货船有限公司、联合王国保赔协会。

案件援引：《最高人民法院关于原告太平洋财产保险股份有限公司上海分公司诉被告太阳海运有限公司、远洋货船有限公司、联合王国保赔协会海上货物运输合同纠纷管辖权异议案请示的复函》（2009 年 2 月 24 日 ［2008］ 民四他字第 50 号）。

裁判要旨：格式提单的正面虽然载明租船合同仲裁条款并入本提单，但并没有明确记载被并入提单的租船合同当事人名称及订立日期，属于被并入的租船合同不明确，提单正面并入租船合同仲裁条款的记载不产生约束提单持有人及其保险人的合同效力。

6. 中轻资源进出口公司诉被告中港船务有限公司、闽东丛贸船舶实业有限公司海上货物运输合同仲裁条款效力案

原告：中轻资源进出口公司；被告：中港船务有限公司、闽东丛贸船舶实业有限公司。

案件援引：《最高人民法院关于原告中轻资源进出口公司诉被告中港船务有限公司、闽东丛贸船舶实业有限公司海上货物运输合同仲裁条款效力请示的复函》（2012 年 5 月 16 日 ［2012］ 民四他字第 18 号）。

裁判要旨：提单载明 "与租船合同合并使用"，但在提单正面并没有关于并入提单的租船合同的任何记载，则租船合同中的仲裁条款对提单法律关系当事人不具有约束力。

7. 中铁四局集团有限公司与克莱门特海运有限公司海上货物运输合同纠纷中仲裁条款效力案

原告：中铁四局集团有限公司；被告：克莱门特海运有限公司。

案件援引：《最高人民法院关于中铁四局集团有限公司与克莱门特海运有限公司海上货物运输合同纠纷一案仲裁条款效力问题的请示的复函》（2012 年 11 月 29 日 ［2012］ 民四他字第 56 号）。

裁判要旨：尽管提单背面条款载明 "提单正面载明日期的租约中所有的

条款和条件、自由条款、除外条款，以及法律适用和仲裁条款，都并入提单。"但提单正面并未明确租约中的仲裁条款已经合并到提单中，进而约束提单上记载的托运人，故提单并入的租约仲裁条款无效。

8. 青岛宝松钢铁炉料有限公司诉被告联合佰特有限公司非法留置船载货物纠纷案涉及仲裁条款效力案

原告：青岛宝松钢铁炉料有限公司；被告：联合佰特有限公司。

案件援引：《最高人民法院关于原告青岛宝松钢铁炉料有限公司诉被告联合佰特有限公司非法留置船载货物纠纷案涉及仲裁条款效力请示的复函》（2014 年 9 月 18 日 ［2014］ 民四他字第 40 号）。

裁判要旨：提单正面虽然载明 "与租船合同合并使用" "运费按照租船合同支付"，但没有明确指示并入租约的日期、租约的编号，亦没有并入提单的租船合同的其他任何记载，故不能视为租约的有效并入。

9. 上诉人武钢集团国际经济贸易总公司与被上诉人福州天恒船务有限公司、被上诉人财富国际船务有限公司海上货物运输合同纠纷管辖权异议案

上诉人：武钢集团国际经济贸易总公司；被上诉人：福州天恒船务有限公司、财富国际船务有限公司。

案件援引：《最高人民法院关于上诉人武钢集团国际经济贸易总公司与被上诉人福州天恒船务有限公司、被上诉人财富国际船务有限公司海上货物运输合同纠纷管辖权异议一案的请示的复函》（2009 年 11 月 4 日 ［2009］ 民四他字第 36 号）。

裁判要旨：（1）确认涉外仲裁条款效力的案件，法院认为仲裁条款无效，失效或者内容不明确无法执行的，应报请最高人民法院审批，根据审批意见决定是否具有管辖权。（2）对于提单显示 "正面载明日期的租约中所有条款、条件、特权与免责，包括法律适用及仲裁条款都再次明确并入提单" 的条款，应认定为提单有效并入了租约的仲裁条款。

10. 上诉人德宝海运株式会社、哈池曼海运公司与被上诉人上海森福实业公司管辖异议案

上诉人（原审被告）：日本德宝海运株式会社、哈池曼海运公司；被上诉人（原审原告）：上海森福实业公司。

案件援引：《最高人民法院关于上诉人德宝海运株式会社、哈池曼海运公司与被上诉人上海森福实业公司管辖异议一案的请示的复函》（2010年9月7日［2010］民四他字第52号）。

裁判要旨：提单并入租约仲裁条款时，尽管提单记载租约中的"无论何种性质的所有条款"适用于并约束与本运输有关的当事方的权利，但没有特别指明租约中的仲裁条款并入提单的明示记载，该提单不能产生租约仲裁条款并入提单的法律效果。

11. 潮州市亚太能源有限公司诉华团国际海运有限公司、宏州船务有限公司、中国人民财产保险股份有限公司江苏省分公司海上货物运输合同纠纷管辖权异议案

原告：潮州市亚太能源有限公司；被告：华团国际海运有限公司、宏州船务有限公司、中国人民财产保险股份有限公司。

案件援引：《最高人民法院关于原告潮州市亚太能源有限公司诉被告华团国际海运有限公司、宏州船务有限公司、中国人民财产保险股份有限公司江苏省分公司海上货物运输合同纠纷管辖权异议案请示报告的复函》（2012年5月16日［2012］民四他字第16号）。

裁判要旨：提单正面虽然印有"与租船合同一同使用"字样，但既未载明与之一同使用的租船合同，也没有将租船合同仲裁条款并入提单的明确意思表示，租约中的仲裁条款对提单持有人没有约束力。

12. 中国人民财产保险股份有限公司天津市分公司与波纳菲德航运公司、三善株式会社海上货物运输合同纠纷中仲裁条款效力案

原告：中国人民财产保险股份有限公司天津市分公司；被告：波纳菲德航运公司、三善株式会社。

案件援引：《最高人民法院关于中国人民财产保险股份有限公司天津市分公司与波纳菲德航运公司、三善株式会社海上货物运输合同纠纷案仲裁条款效力问题的答复函》（2014年9月28日［2014］民四他字第43号）。

裁判要旨：（1）提单正面虽载明"与租约并用"，但并未注明具体的租船合同、当事人、合同签订时间等信息，即未将并入提单的租船合同特定化，故租船合同并未有效并入提单。（2）即便提单正面记载将特定的租船合同并入，若没有特别载明租船合同中的仲裁条款也并入提单，该仲裁条款仍不能

约束提单持有人。

13. 重庆红蜻蜓油脂有限责任公司诉白长春花船务公司海上货物运输合同纠纷仲裁条款效力案

原告：重庆红蜻蜓油脂有限责任公司；被告：白长春花船务公司。

案件援引：《最高人民法院关于重庆红蜻蜓油脂有限责任公司诉白长春花船务公司海上货物运输合同纠纷一案仲裁条款效力问题请示的复函》（2015年2月3日［2015］民四他字第1号）。

裁判要旨：提单虽在抬头注明"与租约合并使用"，但并未注明租约的编号、日期等事项，不能认定航次租船合同中的仲裁条款当然地并入了涉案提单。

14. 福州特威化工有限公司诉 EIKO 航运公司海上货物运输合同纠纷仲裁条款效力案

原告：福州特威化工有限公司；被告：EIKO 航运公司。

案件援引：《最高人民法院关于福州特威化工有限公司诉 EIKO 航运公司（EIKO MARINE S. A.）海上货物运输合同纠纷一案仲裁条款效力问题的答复》（2015年2月3日［2015］民四他字第4号）。

裁判要旨：提单背面条款中记载"提单正面指明日期的租船合同中的所有条款、条件、权利和例外规定，包括法律和仲裁条款并入本提单"。但该提单正面并未明确记载租船合同中有仲裁条款并入提单，正面记载的内容不能产生租船合同仲裁条款并入提单、约束提单持有人的法律效果；仅在提单背面有并入条款的约定不产生仲裁条款约束提单持有人的效力。

15. 申特钢铁（香港）有限公司诉福建省轮船有限公司海上货物运输合同纠纷中仲裁条款效力案

原告：申特钢铁（香港）有限公司；被告：福建省轮船有限公司。

案件援引：《最高人民法院关于原告申特钢铁（香港）有限公司诉被告福建省轮船有限公司海上货物运输合同纠纷一案中仲裁条款效力问题请示的复函》（2015年6月18日［2015］民四他字第13号）。

裁判要旨：提单正面虽记载"与租约合并使用"，但未指明哪一份租约并入提单。提单正面关于"运费按照2013年3月11日泛远航运有限公司和春安航运有限公司签订的租船合同支付"的记载，仅表明运费的支付依据该租约确定，并不涉及仲裁条款的并入。在此情形下，提单背面条款"反面所标日期的租约下一切条款和条件、权利和免责，包括法律适用和仲裁条款，并入本提单"的约定，因所指称的租约不明确而不具有可执行性。因此，提单仲裁条款效力不予承认。

16. 兴鹏有限公司诉韩国高丽海运株式会社海上货物运输合同纠纷仲裁条款效力案

上诉人（原审被告）：韩国高丽海运株式会社；被上诉人（原审原告）：兴鹏有限公司。

案件援引：《最高人民法院关于对兴鹏有限公司诉韩国高丽海运株式会社海上货物运输合同纠纷一案中仲裁条款效力问题的请示的复函》（2011年11月3日［2011］民四他字第47号）。

裁判要旨：承运人向托运人签发了电放提单，并注明不可转让（NON-NEGOTIABLE）。虽然托运人将该提单样稿发给收货人用以提取货物，但是收货人无法通过正常的提单流转获知提单背面条款，亦无法获知提单背面条款中约定的法律适用以及仲裁条款。仅以电放提单正面注明"包括但不仅限于仲裁条款（INCLUDING BUT NOT LIMITED TO ARBITRATION）"的字样证明收货人知晓提单中有约定仲裁的条款依据不充分。

17. 厦门国贸集团股份有限公司诉国王航运公司海上货物运输合同纠纷一案仲裁条款效力案

原告：厦门国贸集团股份有限公司；被告：国王航运公司。

案件援引：《最高人民法院对湖北省高级人民法院就厦门国贸集团股份有限公司诉国王航运公司（King Navigation Co.）海上货物运输合同纠纷一案仲裁条款效力请示的答复》（2018年6月22日［2018］最高法民他52号）。

裁判要旨：提单记载内容未明确租约的当事人名称、租约编号等可以确定租约的准确信息，不能据此确定并入的是哪一份具体的租约，提单持有人无法通过持有提单这一事实知晓租约中包含的仲裁条款，则当事人之间没有达成仲裁合意。租约仲裁条款对提单持有人不具有约束力。

18. 中国太平洋财产保险股份有限公司苏州分公司与里佐波提格列卡利尼船舶公司海上货物运输合同纠纷案涉外仲裁条款效力案

原告：中国太平洋财产保险股份有限公司苏州分公司；被告：里佐波提格列卡利尼船舶公司。

案件援引：《最高人民法院关于原告中国太平洋财产保险股份有限公司苏州分公司与被告里佐波提格列卡利尼船舶公司海上货物运输合同纠纷案涉外仲裁条款效力请示的复函》（2017年12月14日［2017］最高法民他127号）。

裁判要旨：（1）虽然提单正面载有"与租约合并使用"的内容，但并未指明哪一份租船合同并入提单，也未明示租船合同中的仲裁条款并入提单。提单正面关于运费的支付依据该租船合同确定的记载，不涉及仲裁条款的并入，不能视为租约仲裁条款的有效并入。（2）涉案提单背面记载的有关并入仲裁条款没有在提单正面予以明示，并不能构成租约仲裁条款的有效并入。

19. 福建元成豆业有限公司与被告复兴航运有限公司海上货物运输合同纠纷一案仲裁条款效力案

原告：福建元成豆业有限公司；被告：复兴航运有限公司。

案件援引：《最高人民法院关于原告福建元成豆业有限公司与被告复兴航运有限公司海上货物运输合同纠纷一案仲裁条款效力问题请示的复函》（2017年9月30日［2017］最高法民他109号）。

裁判要旨：提单正面并未载明并入的租船合同的当事人名称和订立日期等具体细节，提单并未有效并入租船合同。

三、当事人既约定仲裁又约定诉讼

1. 圣美家居休闲发展有限公司与杭州凰顺国际贸易有限公司买卖合同纠纷中仲裁条款效力案

原告：圣美家居休闲发展有限公司；被告：杭州凰顺国际贸易有限公司。

案件援引：《最高人民法院关于圣美家居休闲发展有限公司与杭州凰顺国际贸易有限公司买卖合同纠纷一案中仲裁条款效力的请示的复函》（2005年3月25日［2005］民四他字第4号）。

裁判要旨：双方当事人在约定通过仲裁方式解决纠纷的同时，又约定可以通过诉讼的方式解决纠纷，未明确排除人民法院的管辖权，仲裁意愿是不明确的，该仲裁协议应认定为无效。

2. 王坤义与东莞市威扬运动器材有限公司、吴文生之间涉外仲裁条款效力案

原告：王坤义；被告：东莞市威扬运动器材有限公司、吴文生。

案件援引：《最高人民法院对〈关于认定王坤义与东莞市威扬运动器材有限公司、吴文生之间涉外仲裁条款效力请示〉的复函》（2012 年 11 月 12 日［2012］民四他字第 52 号）。

裁判要旨：当事人约定争议既可以向仲裁机构申请仲裁，也可以向人民法院起诉的，仲裁协议无效。

3. 兖州浩珂伟博矿业工程有限公司与伟博公司、索菲浩勒公司解除合同纠纷中仲裁条款效力案

原告：兖州浩珂伟博矿业工程有限公司；被告：伟博公司、索菲浩勒公司。

案件援引：《最高人民法院关于对兖州浩珂伟博矿业工程有限公司与伟博公司（A. WEBER S. A. ）、索菲浩勒公司（SOFIROL S. A. ）解除合同纠纷一案中仲裁条款效力问题的请示的复函》（2009 年 5 月 18 日［2009］民四他字第 19 号）。

裁判要旨：当事人既约定仲裁又约定诉讼的仲裁条款，除非事后达成仲裁的一致意见，否则应视为无效仲裁条款。

4. 厦门鑫杰兴工贸有限公司、佘文彬与厦门丰瑞特工贸发展有限公司确认股权转让协议仲裁条款效力案

申请人：厦门鑫杰兴工贸有限公司；申请人：佘文彬；被申请人：厦门丰瑞特工贸发展有限公司。

案件援引：《最高人民法院关于厦门鑫杰兴工贸有限公司、佘文彬与厦门丰瑞特工贸发展有限公司确认股权转让协议仲裁条款效力的请示的复函》（2009 年 2 月 26 日［2009］民四他字第 4 号）。

裁判要旨：涉港澳台案件准据法的适用，应参照涉外案件法律适用原则确定准据法。当事人既约定了仲裁又约定了诉讼的，争议产生之后，无法就仲裁条款达成新的补充协议的，仲裁协议应认定为无效。

5. 厦门樱织服装有限公司与日本喜佳思株式会社买卖合同欠款纠纷仲裁条款效力案

原告：厦门樱织服装有限公司；被告：日本喜佳思株式会社。

案件援引：《最高人民法院关于对厦门樱织服装有限公司与日本喜佳思株式会社买卖合同欠款纠纷一案的请示的复函》（2002 年 10 月 8 日［2002］民

四他字第 33 号）。

裁判要旨：当事人既约定通过仲裁方式解决争议又约定通过诉讼方式解决争议，该约定违反了仲裁排除法院管辖的基本原则，应认定该仲裁条款无效。

6. 中岛道代诉何爱兵、宁波江北杰美科微电教业厂、吴向洋民间借贷纠纷中所涉仲裁条款效力案

原告：中岛道代；被告：何爱兵、宁波江北杰美科微电教业厂、吴向洋。

案件援引：《最高人民法院关于宁波市中级人民法院受理的中岛道代诉何爱兵、宁波江北杰美科微电教业厂、吴向洋民间借贷纠纷一案所涉仲裁条款效力的请示的复函》（2004 年 12 月 13 日［2004］民四他字第 47 号）。

裁判要旨：仲裁条款在约定通过仲裁解决纠纷的同时，并没有排除法院管辖。所以，当事人通过仲裁解决纠纷的意思表示不明确，不符合《仲裁法》第 16 条关于有效仲裁协议的规定，应当认定该仲裁条款无效。

7. 山东墨龙石油机械股份有限公司与离岸公司买卖合同纠纷中仲裁条款效力案

原告：山东墨龙石油机械股份有限公司；被告：离岸公司。

案件援引：《最高人民法院关于山东墨龙石油机械股份有限公司与离岸公司（HIGH SEALED AND COUPLED S. A. L）买卖合同纠纷一案中仲裁条款效力问题的请示的复函》（2010 年 7 月 5 日［2010］民四他字第 40 号）。

裁判要旨：尽管当事人在协议中既有仲裁约定，又有可寻求法院解决争议的约定，但对于哪些事项提交仲裁有明确约定，且当事人的争议应提交仲裁的事项的，该约定不属于争议解决方式约定不明。

四、当事人约定的仲裁机构不存在

1. 上海岩崎照明器材有限公司与南溢发展有限公司附属机构威信企业工程公司买卖合同纠纷仲裁条款效力案

原告：上海岩崎照明器材有限公司；被告：南溢发展有限公司附属机构威信企业工程公司。

案件援引：《最高人民法院关于上海岩崎照明器材有限公司与南溢发展有限公司附属机构威信企业工程公司买卖合同纠纷一案仲裁条款无效的请示的

复函》(2004年5月25日〔2004〕民四他字第7号)。

裁判要旨:当事人所约定的仲裁机构并不存在,在当事人一方已经向人民法院提起诉讼的情况下,可以认定双方无法就仲裁机构问题达成补充协议,因而,仲裁条款应认定无效。

2. 阿克苏诺贝尔涂料(东莞)有限公司诉香港诚信金属工程有限公司买卖合同纠纷中仲裁条款效力案

原告:阿克苏诺贝尔涂料(东莞)有限公司;被告:香港诚信金属工程有限公司。

案件援引:《最高人民法院关于阿克苏诺贝尔涂料(东莞)有限公司诉香港诚信金属工程有限公司买卖合同纠纷一案仲裁条款效力问题的请示的复函》(2005年7月26日〔2005〕民四他字第32号)。

裁判要旨:当事人约定的仲裁机构不存在,且一方已经向人民法院提起诉讼,可以认定双方无法就仲裁机构问题达成补充协议。根据《仲裁法》第16条、第18条的规定,该仲裁条款应当认定无效。

3. 杭州泰利德纺织科技有限公司申请确认仲裁协议无效案

申请人(仲裁被申请人):杭州泰利德纺织科技有限公司;被申请人:(仲裁申请人)泓旸实业股份有限公司(香港公司)。

案件援引:《最高人民法院关于杭州泰利德纺织科技有限公司申请确认仲裁协议无效一案请示的复函》(2005年12月1日〔2005〕民四他字第52号)。

裁判要旨:当事人仲裁协议约定提交北京经济贸易仲裁委员会进行仲裁,但北京市并不存在当事人所约定的仲裁机构。同时,北京市有北京仲裁委员会、中国国际经济贸易仲裁委员会以及中国海事仲裁委员会三家仲裁机构,亦无法推定当事人的真实意思表示。在当事人一方已经向人民法院申请确认仲裁条款无效的情况下,可以认定双方无法就仲裁机构问题达成补充协议。根据《仲裁法》第16条、第18条的规定,该仲裁条款应当认定无效。

4. 长益资源路桥有限公司与武汉华益路桥管理有限公司、武汉公路桥梁建设集团有限公司公司盈余分配纠纷涉外仲裁条款效力案

原告:长益资源路桥有限公司;被告:武汉华益路桥管理有限公司、武汉公路桥梁建设集团有限公司。

案件援引：《最高人民法院关于长益资源路桥有限公司与武汉华益路桥管理有限公司、武汉公路桥梁建设集团有限公司公司盈余分配案涉外仲裁条款效力的请示的复函》（2014 年 10 月 29 日［2014］民四他字第 47 号）。

裁判要旨：尽管该案中仲裁协议约定的仲裁机构名称不准确，但能够确定具体的仲裁机构，应当认定选定了仲裁机构。当事人在合同中约定的仲裁机构为"中华人民共和国国际贸易仲裁委员会"，名称虽不准确，但从当事人的意思表示可以推知当事人选定的仲裁机构为"中国国际经济贸易仲裁委员会"。

5. 马山集团有限公司与韩国成东造船海洋株式会社、荣成成东造船海洋有限公司委托合同纠纷一案仲裁条款效力案

原告：马山集团有限公司；被告：韩国成东造船海洋株式会社、荣成成东造船海洋有限公司。

案件援引：《最高人民法院关于马山集团有限公司与韩国成东造船海洋株式会社、荣成成东造船海洋有限公司委托合同纠纷一案仲裁条款效力的请示的答复》（2008 年 10 月 30 日［2008］民四他字第 26 号）。

裁判要旨：（1）当事人在仲裁条款中没有约定适用的法律，也没有约定仲裁地，故对合同中涉外仲裁条款效力的审查，依据《仲裁法司法解释》第 16 条的规定，应适用法院地法律。（2）当事人约定提交"英国国际经济贸易仲裁委员会仲裁解决"，因该仲裁机构不存在，且合同当事人未约定仲裁地，也未就仲裁机构达成补充协议，若依据我国法律认定仲裁条款的效力，根据《仲裁法》第 18 条的规定，应认定仲裁条款无效。

6. 中国人民保险公司广东省分公司诉中成国际运输有限公司广州分公司、道南船务代理股份有限公司、上海中海船务代理有限公司海上货物运输合同货损纠纷案仲裁条款效力案

原告：中国人民保险公司广东省分公司；被告：中成国际运输有限公司广州分公司、道南船务代理股份有限公司、上海中海船务代理有限公司。

案件援引：《最高人民法院关于中国人民保险公司广东省分公司诉中成国际运输有限公司广州分公司、道南船务代理股份有限公司、上海中海船务代理有限公司海上货物运输合同货损纠纷案仲裁条款效力的请示的复函》（2004 年 11 月 12 日民四他字［2004］第 39 号）。

裁判要旨：当事人仲裁协议约定的仲裁机构为"广州海事仲裁委员会"，由于"广州海事仲裁委员会"不存在，所以，该协议对仲裁委员会约定不明确，双方当事人对此又未达成补充协议，根据《仲裁法》第18条的规定，该仲裁协议无效。

7. 广州市迪泰通信有限公司、海南经济特区产权交易中心、海南证华非上市公司股权登记服务有限公司、翟希亚与因特模式信息技术（深圳）有限公司、INTERMOST CORPORATION 股权转让合同纠纷管辖权异议案中仲裁条款效力案

原告：广州市迪泰通信有限公司、海南经济特区产权交易中心、海南证华非上市公司股权登记服务有限公司、翟希亚；被告：因特模式信息技术（深圳）有限公司、INTERMOST CORPORATION。

案件援引：《最高人民法院关于广州市迪泰通信有限公司、海南经济特区产权交易中心、海南证华非上市公司股权登记服务有限公司、翟希亚与因特模式信息技术（深圳）有限公司、INTERMOST CORPORATION 股权转让合同纠纷管辖权异议案中仲裁条款效力问题的请示的答复》（2008 年 11 月 18 日 [2008] 民四他字第 37 号）。

裁判要旨：仲裁条款约定的仲裁机构不存在，当事人也未就仲裁机构达成补充协议，根据《仲裁法》第18条的规定，应认定该仲裁条款无效。"中国国际商事仲裁院深圳分院"并不能理解为"中国国际经济贸易仲裁委员会华南分会"。

8. 江森自控香港有限公司诉深圳市飞铃智能系统集成有限公司仲裁条款效力案

原告：江森自控香港有限公司；被告：深圳市飞铃智能系统集成有限公司。

案件援引：《最高人民法院关于对江森自控香港有限公司诉深圳市飞铃智能系统集成有限公司一案受理问题的请示的复函》（2004 年 7 月 27 日 [2004] 民四他字第 22 号）。

裁判要旨：仲裁协议仅约定"提交由中国涉外合同的仲裁机构评判之"，对仲裁机构的约定不明确，当事人又没有就仲裁机构重新达成协议，因此，根据《仲裁法》的有关规定，认定该仲裁条款无效。

9. 中化国际石油（巴哈马）有限公司诉海南昌盛石油开发有限公司购销合同纠纷案中仲裁协议效力案

原告：中化国际石油（巴哈马）有限公司；被告：海南昌盛石油开发有限公司。

案件援引：《最高人民法院关于中化国际石油（巴哈马）有限公司诉海南昌盛石油开发有限公司购销合同纠纷案中仲裁协议效力问题的复函》（2000年12月5日［2000］交他字第14号）。

裁判要旨：当事人约定的"中国相关的国际贸易仲裁机构"，应认定为当事人对仲裁机构的约定不明确，而一方当事人已起诉至有关人民法院，表明双方当事人已不可能就仲裁机构达成补充协议，故仲裁协议认定为无效。

10. 山东名流实业集团有限公司与韩弼淳技术合作开发合同纠纷中仲裁条款效力案

原告：山东名流实业集团有限公司；被告：韩弼淳。

案件援引：《最高人民法院关于山东名流实业集团有限公司与韩弼淳（PILSOON HAN）技术合作开发合同纠纷一案中仲裁条款效力问题的请示的复函》（2009年12月22日［2009］民四他字第47号）。

裁判要旨：当事人仲裁协议约定"提交日本任何一家仲裁机构进行仲裁"，但日本仲裁机构的仲裁地可能在日本，也可能在其他国家，具有不确定性。所以，该仲裁协议并未明确选定仲裁地。因此，依据《仲裁法司法解释》第16条的规定，应当适用法院地法，即我国法律来审查本案仲裁协议的效力。

同时，根据《仲裁法》之规定，当事人对仲裁机构约定不明，且未达成补充协议，该仲裁条款应属无效条款。

11. 内蒙古至诚矿业有限公司与南非华金国际集团有限公司合资经营纠纷中仲裁条款效力案

原告：内蒙古至诚矿业有限公司；被告：南非华金国际集团有限公司。

案件援引：《最高人民法院关于内蒙古至诚矿业有限公司与南非华金国际集团有限公司合资经营纠纷一案中仲裁条款效力问题的函》（2002年4月13日［2001］民四他字第26号）。

裁判要旨：当事人约定仲裁机构时使用了中国国际经济贸易仲裁委员会的旧名称。虽然仲裁条款对仲裁机构名称的表述不完整，但可以辨别该名称系指更名后的"中国国际经济贸易仲裁委员会"，该约定应认定合同双方当事人选择的仲裁机构是明确的，故合同仲裁条款合法有效。

12. 浙江逸盛石化有限公司申请确认仲裁条款效力案

申请人：浙江逸盛石化有限公司；被申请人：英威达技术有限公司。

案件援引：《最高人民法院关于浙江逸盛石化有限公司申请确认仲裁条款效力一案请示的复函》（2013 年 12 月 18 日［2013］民四他字第 60 号）。

裁判要旨：（1）当事人没有明确约定确定该仲裁条款效力的准据法，但明确约定了仲裁地点——中国北京，根据《涉外民事关系法律适用法》第 18 条的规定，本案应当适用中华人民共和国法律确定所涉仲裁条款的效力。（2）虽然当事人约定的仲裁机构中文名称不准确，但从英文简称 CIETAC 可以推定当事人选定的仲裁机构是位于北京的中国国际经济贸易仲裁委员会。根据《仲裁法司法解释》第 3 条之规定，"仲裁协议约定的仲裁机构名称不准确，但能够确定具体的仲裁机构的，应当认定选定了仲裁机构"。因此，该仲裁条款并不违反《仲裁法》的规定，应当认定有效。（3）对于当事人在仲裁条款中约定的表述有歧义的，可以按照有利于实现当事人仲裁意愿目的的解释的方法予以理解。

13. 青岛天龙澳兴工贸实业有限公司与恒达－西伯利有限责任公司、烟台西北林业有限公司合作合同纠纷中仲裁条款效力案

原告：青岛天龙澳兴工贸实业有限公司；被告：恒达－西伯利有限责任公司、烟台西北林业有限公司。

案件援引：《最高人民法院关于青岛天龙澳兴工贸实业有限公司与恒达－西伯利有限责任公司、烟台西北林业有限公司合作合同纠纷一案仲裁条款效力问题的请示的复函》（2009 年 12 月 8 日［2009］民四他字第 44 号）。

裁判要旨：（1）虽然当事人约定的仲裁机构并不准确，根据《仲裁法司法解释》第 3 条之规定，可以推定出当事人选定的仲裁机构的，故应当认为有效。（2）当事人约定"中国国际贸易仲裁委员会北京分会"，可推定为位于北京的中国国际经济贸易仲裁委员会。

14. （香港）安信医用包装有限公司诉东莞威泓塑五金制品厂有限公司、（维尔京群岛）新冠誉实业有限公司土地使用权转让合同纠纷仲裁条款效力案

原告：（香港）安信医用包装有限公司；被告：东莞威泓塑五金制品厂有限公司、（维尔京群岛）新冠誉实业有限公司。

案件援引：《最高人民法院关于（香港）安信医用包装有限公司诉东莞威泓塑五金制品厂有限公司、（维尔京群岛）新冠誉实业有限公司土地使用权转让合同纠纷一案仲裁条款效力的请示的复函》（2008 年 4 月 5 日 ［2007］民四他字第 45 号）。

裁判要旨：当事人在仲裁条款中约定了两个仲裁机构，依据《仲裁法司法解释》第 5 条关于"仲裁协议约定两个以上仲裁机构的，当事人可以选择其中的一个仲裁机构申请仲裁；当事人不能就仲裁机构选择达成一致的，仲裁协议无效"的规定，若当事人无法就选择某一特定的仲裁机构达成一致意见的，应当认定本案中的仲裁协议无效。

15. 爱尔建材（天津）有限公司与德国玛莎（集团）股份有限公司、玛莎（天津）建材机械有限公司买卖合同纠纷中仲裁条款效力案

原告：爱尔建材（天津）有限公司；被告：德国玛莎（集团）股份有限公司、玛莎（天津）建材机械有限公司。

案件援引：《最高人民法院关于爱尔建材（天津）有限公司与德国玛莎（集团）股份有限公司、玛莎（天津）建材机械有限公司买卖合同纠纷一案仲裁条款请示的复函》（2005 年 12 月 30 日 ［2005］民四他字第 50 号）。

裁判要旨：当事人约定由"中国或天津对外国际贸易促进委员会"进行仲裁，由于"天津对外国际贸易促进委员会"并不存在，且在当事人约定由"中国对外国际贸易促进委员会"仲裁时可以认为当事人选择由"中国国际经济贸易仲裁委员会"进行仲裁，因此，应当认为该仲裁条款符合我国《仲裁法》的规定，是有效的仲裁条款。

16. FAMOUS APEX LIMITED 与珠海市保利三好有限公司借款合同纠纷涉外仲裁条款效力案

原告：FAMOUS APEX LTMITED；被告：珠海市保利三好有限公司。

案件援引：《最高人民法院关于 FAMOUS APEX LIMITED 与珠海市保利三好有限公司借款合同一案涉外仲裁条款效力的请示的复函》（2013 年 3 月 5

日 [2013] 民四他字第 7 号)。

裁判要旨:当事人的仲裁协议约定了两个仲裁机构,在没有证据证明双方已就仲裁机构的选择达成一致意见的情况下,涉案仲裁协议应认定为无效。

17. 鹏信有限公司诉东莞市协同企业服务有限公司及第三人东莞山庄中外合作经营合同纠纷一案仲裁条款效力案

原告:鹏信有限公司;被告:东莞市协同企业服务有限公司。

案件援引:《最高人民法院关于对广东省高级人民法院就鹏信有限公司诉东莞市协同企业服务有限公司及第三人东莞山庄中外合作经营合同纠纷一案仲裁条款效力请示的复函》(2017 年 11 月 30 日 [2017] 最高法民他 132 号)。

裁判要旨:当事人约定的仲裁机构"广东省国际贸易促进会对外经济仲裁委员会"不存在,通过仲裁条款亦不能确定具体的仲裁机构,应认定当事人对仲裁机构的约定不明。在双方不能就仲裁机构达成补充协议的情况下,仲裁条款无效。

五、仲裁协议的法律适用

1. 罗马尼亚 SC SCORZA SRL 公司与山东天行铁路工程发展有限公司买卖合同纠纷一案中仲裁条款效力案

原告:罗马尼亚 SC SCORZA SRL 公司;被告:山东天行铁路工程发展有限公司。

案件援引:《最高人民法院关于罗马尼亚 SC SCORZA SRL 公司与山东天行铁路工程发展有限公司买卖合同纠纷一案中仲裁条款效力及案件受理问题的请示的复函》(2009 年 11 月 4 日 [2009] 民四他字第 41 号)。

裁判要旨:当事人没有约定确认仲裁条款效力的准据法,但约定仲裁地在中国的,根据《仲裁法司法解释》第 16 条的规定,应适用我国法律确定该仲裁条款的效力。

2. 马来西亚航空公司与厦门太古飞机工程有限公司服务合同纠纷中仲裁条款效力案

原告:马来西亚航空公司;被告:厦门太古飞机工程有限公司。

案件援引:《最高人民法院关于马来西亚航空公司与厦门太古飞机工程有限公司服务合同纠纷一案中仲裁条款效力问题的请示的复函》（2012 年 2 月 22 日［2012］民四他字第 4 号）。

裁判要旨:当事人约定合同适用的法律不能当然视为确定合同中仲裁协议效力的准据法。我国法院在当事人未对确定仲裁协议效力的准据法和仲裁地作出明确约定的情况下,应当适用法院地法即我国法律对涉案仲裁协议效力进行审查。

3. 张家港星港电子公司与博泽国际公司中外合资经营合同中涉外仲裁条款效力案

上诉人（原审原告）:张家港星港电子公司;被上诉人（原审被告）:博泽国际公司。

案件援引:《最高人民法院关于张家港星港电子公司与博泽国际公司中外合资经营合同中涉外仲裁条款效力问题的请示的复函》（2006 年 3 月 9 日［2006］民四他字第 1 号）。

裁判要旨:当事人在合同中约定的适用于解决合同争议的准据法,不能用来确定涉外仲裁条款的效力。当事人在合同中明确约定了仲裁条款效力的准据法的,应当适用当事人明确约定的法律;未约定仲裁条款效力的准据法但约定了仲裁地的,应当适用仲裁地国家或者地区的法律。只有在当事人未约定仲裁条款效力的准据法亦未约定仲裁地或者仲裁地约定不明的情况下,才能适用法院地法即我国法律作为确认仲裁条款效力的准据法。

4. 山东华瑞道路材料技术有限公司与 MABONG CO., LTD. 买卖合同中仲裁条款效力案

原告:山东华瑞道路材料技术有限公司;被告:MABONG CO., LTD.。

案件援引:《最高人民法院关于对山东省高级人民法院就山东华瑞道路材料技术有限公司与 MABONG CO., LTD. 买卖合同中仲裁条款效力问题的请示的复函》（2016 年 6 月 29 日［2016］最高法民他 60 号）。

裁判要旨:在《涉外民事关系法律适用法》施行之后,应适用《涉外民事关系法律适用法》及其司法解释的规定确定审理案涉仲裁协议效力应当适用的法律。当事人对仲裁机构的约定不明确,亦未达成补充协议,故仲裁协议无效。

5. 东莞市塘厦镇房地产开发公司诉通利文企业有限公司中涉港仲裁条款效力案

原告：东莞市塘厦镇房地产开发公司；被告：通利文企业有限公司。

案件援引：《最高人民法院关于广东省高级人民法院就东莞市塘厦镇房地产开发公司诉通利文企业有限公司一案中涉港仲裁条款效力问题请示的复函》（2015 年 3 月 26 日［2015］民四他字第 2 号）。

裁判要旨：涉港仲裁条款效力的认定应参照适用涉外仲裁协议效力的有关规定。当事人未在仲裁协议中约定明确的仲裁机构，亦未达成补充协议，根据《仲裁法》第 18 条的规定，案涉仲裁协议应认定无效。

6. 香港运惟船务代理有限公司诉深圳土畜产茶叶进出口公司航次租船合同纠纷中仲裁条款效力案

原告：香港运惟船务有限公司；被告：深圳土畜产茶叶进出口公司。

案件援引：《最高人民法院关于香港运惟船务代理有限公司诉深圳土畜产茶叶进出口公司航次租船合同纠纷一案仲裁条款效力问题的请示的复函》（2002 年 7 月 16 日［2002］民四他字第 18 号）。

裁判要旨：（1）当事人在仲裁协议中明确约定仲裁地点在我国香港地区，故应当适用我国香港地区的相关法律审查该仲裁条款的效力。（2）仲裁条款约定"双方定在香港仲裁"，应依照香港地区的法律审查本案仲裁条款的效力，需经当事人举证查明香港法后才能认定。

7. 江门市华尔润玻璃有限责任公司诉斯坦因·霍特公司、上海斯坦因·霍特迈克工业炉有限公司产品责任纠纷有关仲裁条款效力案

原告：江门市华尔润玻璃有限责任公司；被告：斯坦因·霍特公司、上海斯坦因·霍特迈克工业炉有限公司。

案件援引：《最高人民法院关于江门市华尔润玻璃有限责任公司诉斯坦因·霍特公司、上海斯坦因·霍特迈克工业炉有限公司产品责任纠纷案有关仲裁条款效力的请示的复函》（2006 年 5 月 16 日［2006］民四他字第 9 号）。

裁判要旨：（1）确定涉外仲裁条款的效力，首先应明确所应适用的准据法。当事人在合同中明确约定了仲裁条款效力的准据法的，应当适用当事人明确约定的法律；未约定仲裁条款效力的准据法但约定了仲裁地的，应当适

用仲裁地国家或者地区的法律。（2）非涉外仲裁条款约定了适用的仲裁规则，而根据该仲裁规则，凡当事人约定按照该规则进行仲裁但未约定仲裁机构的，均视为同意将争议提交该机构仲裁。故这类仲裁协议应认定为有效。

8. 成都七彩服装有限责任公司与创始时装有限公司专营合同中仲裁条款效力案

申请人：成都七彩服装有限责任公司；被申请人：创始时装有限公司。

案件援引：《最高人民法院关于确认成都七彩服装有限责任公司与创始时装有限公司专营合同中仲裁条款效力一案的请示的复函》（2007 年 9 月 18 日〔2007〕民四他字第 16 号）。

裁判要旨：当事人虽然未在合同中明确约定确认仲裁协议效力所应适用的准据法，但在发生争议后，双方当事人一致认为应适用某一国家或地区的法律作为仲裁协议的准据法的，应视为当事人就确认仲裁协议效力的准据法达成补充协议，即应适用该法作为确认仲裁协议效力的准据法。

9. 宁波市北仑利成润滑油有限公司与法莫万驰公司买卖合同纠纷仲裁条款效力案

原告：宁波市北仑利成润滑油有限公司；被告：法莫万驰公司。

案件援引：《最高人民法院关于宁波市北仑利成润滑油有限公司与法莫万驰公司买卖合同纠纷一案仲裁条款效力问题请示的复函》（2013 年 12 月 5 日〔2013〕民四他字第 74 号）。

裁判要旨：双方当事人在合同中约定了适用《国际商会仲裁规则》进行仲裁，因此应当按照订立合同时有效的《国际商会仲裁规则》来确定本案仲裁条款是否约定了仲裁机构。

2012 年 1 月 1 日生效的《国际商会仲裁规则》第 6 条第 2 款规定，"当事人同意按照仲裁规则进行仲裁，即接受由仲裁院对该仲裁进行管理"，故国际商会仲裁院对仅约定适用其规则但未同时约定其他仲裁机构仲裁的合同争议具有管辖权。

10. 中粮酒业有限公司申请确认仲裁协议效力案（三案）

申请人：中粮酒业有限公司；被申请人：Gloria Vino。

案件援引：《最高人民法院关于对北京市高级人民法院就中粮酒业有限公司申请确认仲裁协议效力请示案的复函》（2016 年 9 月 14 日〔2016〕最高法

民他 86 号);《最高人民法院关于对北京市高级人民法院就中粮酒业有限公司申请确认仲裁协议效力请示案的复函》(2016 年 9 月 14 日 [2016]最高法民他 87 号);《最高人民法院关于对北京市高级人民法院就中粮酒业有限公司申请确认仲裁协议效力请示案的复函》(2016 年 9 月 14 日 [2016]最高法民他 88 号)。

裁判要旨:仲裁协议未约定法律适用,亦未约定明确的仲裁机构,但约定在瑞士进行仲裁。根据《涉外民事关系法律适用法》第 18 条,应适用瑞士法律确认仲裁协议的效力。仲裁协议符合瑞士法律的相关规定,虽然未约定明确的仲裁机构,但是瑞士承认临时仲裁,仲裁协议有效。

11. 深圳市亿威利科技有限公司申请确认仲裁协议无效案

申请人:深圳市亿威利科技有限公司;被申请人:派视尔有限责任公司。

案件援引:《最高人民法院关于广东省高级人民法院就深圳市亿威利科技有限公司申请确认仲裁协议无效一案的请示的复函》(2018 年 3 月 29 日 [2018]最高法民他 14 号)。

裁判要旨:本案仲裁协议效力的审查依据是韩国法律,既包括实体法律,也包括程序法律。因此,仲裁协议效力的审查还应考虑韩国法律是否存在"迟延提交管辖抗辩导致默认管辖权"的规定,而韩国仲裁法律并无"迟延提交管辖抗辩导致默认管辖权"的规定。故申请人迟延提交管辖权的抗辩并未导致其默认韩国商事仲裁院的管辖权,仍要继续审查仲裁协议对申请人是否有约束力的问题。

六、约定某地的仲裁机构

1. 湖北三江航天万山特种车辆有限公司与挪威 NRS 公司承揽合同纠纷中仲裁条款效力案

原告:湖北三江航天万山特种车辆有限公司;被告:挪威 NRS 公司。

案件援引:《最高人民法院关于湖北三江航天万山特种车辆有限公司与挪威 NRS 公司承揽合同纠纷一案仲裁条款效力问题请示的复函》(2012 年 10 月 30 日 [2012]民四他字第 49 号)。

裁判要旨:双方当事人约定在北京市申请仲裁,但目前北京市存在中国国际经济贸易仲裁委员会、中国海事仲裁委员会、北京仲裁委员会等多家仲裁机构，依据该仲裁条款无法确定具体的仲裁机构，且双方当事人在纠纷发生后亦没有达成补充协议。根据《仲裁法》第 16 条、第 18 条以及《仲裁法司法解释》第 6 条之规定，涉案仲裁条款无效。

2. 深圳市交通运输公司等诉香港深南投资公司合作经营运输纠纷仲裁条款效力案

原告：深圳市交通运输公司等；被告：香港深南投资公司。

案件援引：《最高人民法院关于深圳市交通运输公司等诉香港深南投资公司合作经营运输纠纷一案仲裁条款效力问题的请示的复函》（2006 年 9 月 13 日［2006］民四他字第 29 号）。

裁判要旨：当事人的仲裁协议约定将争议提交某个地区的仲裁机构进行仲裁，但该地区有多个仲裁机构的，若当事人未就具体某一仲裁机构达成补充协议，则视为约定不明确，仲裁协议无效。

3. 香港柏藤贸易有限公司诉云南惠嘉进出口贸易有限公司买卖合同纠纷中仲裁条款效力案

原告：香港柏藤贸易有限公司；被告：云南惠嘉进出口贸易有限公司。

案件援引：《最高人民法院关于对江苏省高级人民法院就香港柏藤贸易有限公司诉云南惠嘉进出口贸易有限公司买卖合同纠纷一案仲裁条款效力问题的请示的复函》（2016 年 5 月 25 日［2016］最高法民他 10 号）。

裁判要旨：当事人未约定明确的仲裁机构，但约定了仲裁地。在其约定的仲裁地有两个以上的仲裁机构，当事人未就仲裁机构的选择达成一致的，仲裁协议无效。

4. 薛光林诉香港美林创建室内建筑设计顾问公司设计合同纠纷中仲裁条款效力案

原告：薛光林；被告：香港美林创建室内建筑设计顾问公司。

案件援引：《最高人民法院关于薛光林诉香港美林创建室内建筑设计顾问公司设计合同纠纷一案受理问题的请示的复函》（2004 年 11 月 8 日［2004］民四他字第 38 号）。

裁判要旨：当事人仲裁条款约定"由甲方所在地的有管辖权的仲裁机构解决"。而"甲方所在地的有管辖权的仲裁机构"并不是唯一的，因此该仲裁条款对仲裁机构的约定是不明确的。发生争议后，当事人又未能就仲裁机构达成补充协议。根据《仲裁法》第16条和第18条的规定，应当认定本案所涉仲裁条款无效。

5. 郑来成、陈明隆、陈俊明、广西南宁翔云大酒店申请确认仲裁条款效力案

申请人：郑来成、陈明隆、陈俊明、广西南宁翔云大酒店；被申请人：南宁邕州饭店。

案件援引：《最高人民法院关于郑来成、陈明隆、陈俊明、广西南宁翔云大酒店申请确认仲裁条款效力无效一案的请示的复函》（2010年6月29日[2010]民四他字第39号）。

裁判要旨：当事人约定在某一地的仲裁机构进行仲裁的，若该地仅有一个仲裁机构，应视为约定该仲裁机构。依照《仲裁法司法解释》第6条，该仲裁条款有效。

6. 中海北方物流有限公司与本溪北营钢铁集团进出口有限公司航次租船合同纠纷涉外仲裁条款效力案

原告：中海北方物流有限公司；被告：本溪北营钢铁集团进出口有限公司。

案件援引：《最高人民法院关于中海北方物流有限公司与本溪北营钢铁集团进出口有限公司航次租船合同纠纷涉外仲裁条款效力请示的复函》（2015年9月21日[2015]民四他字第22号）。

裁判要旨：（1）当事人约定"本协议适用中国法律，仲裁地本溪"。虽然本溪市仲裁委员会是本溪市唯一一家仲裁机构，但是该条款仅是双方当事人对涉案纠纷提起仲裁时的仲裁地点和所适用法律作出的特别约定，不构成双方之间唯一的纠纷解决方式的约定，并未排除诉讼管辖。根据《仲裁法》第16条和第18条的规定，该仲裁条款因没有约定仲裁机构而无效。（2）当事人约定"如无法达成一致，则该纠纷事件将按照中国法律在北京交给三位仲裁人仲裁"。该仲裁条款虽约定在北京仲裁，但并未明确选定仲裁委员会，也没有证据显示双方当事人就仲裁机构的选择达成补充协议。根据《仲裁法》第16条第2款第3项和第18条的规定，该仲裁条款因没有约定仲裁机构而无效。

7. 加拿大摩耐克有限公司申请确认仲裁条款无效案

申请人：加拿大摩耐克有限公司；被申请人：上海海地建设工程有限

公司。

案件援引：《最高人民法院关于加拿大摩耐克有限公司申请确认仲裁条款无效一案的请示的答复》（2008 年 8 月 14 日［2008］民四他字第 24 号）。

裁判要旨：当事人约定"向北京仲裁机构申请仲裁"，而北京有多家仲裁机构，如北京仲裁委员会、中国海事仲裁委员会和中国国际经济贸易仲裁委员会，其中至少有两家仲裁机构都可受理涉案合同争议。该约定未明确仲裁机构，且之后不能协商一致达成补充协议，故依据《仲裁法司法解释》第 6 条的规定，该仲裁协议应认定无效。

8. 中国外运广西防城港公司与香港银基集团有限公司、河南神牛实业有限公司海上货物运输合同纠纷案中仲裁条款效力案

原告：中国外运广西防城港公司；被告：香港银基集团有限公司、河南神牛实业有限公司。

案件援引：《最高人民法院关于中国外运广西防城港公司与香港银基集团有限公司、河南神牛实业有限公司海上货物运输合同纠纷案中仲裁条款效力问题请示的复函》（2014 年 3 月 24 日［2014］民四他字第 4 号）。

裁判要旨：当事人约定仲裁条款为"如有仲裁，仲裁地点为北京，适用中国法律"。对这一类仲裁条款：根据《涉外民事关系法律适用法》第 18 条的规定，应当适用仲裁地的法律即我国内地法律确定该仲裁条款的效力。根据《仲裁法》第 16 条、第 18 条的规定，上述仲裁条款没有约定仲裁机构，如果当事人不能就仲裁机构达成补充协议的，应认定上述仲裁条款无效。

9. 华太航业有限公司与安顺船务有限公司航次租船合同纠纷涉外仲裁条款效力案

原告：华太航业有限公司；被告：安顺船务有限公司。

案件援引：《最高人民法院关于华太航业有限公司与安顺船务有限公司航次租船合同仲裁条款效力请示的答复》（2016 年 12 月 2 日［2016］最高法民他 90 号）。

裁判要旨：双方当事人仅约定在北京仲裁，并未对仲裁机构作出约定，而北京有中国国际经济贸易仲裁委员会和中国海事仲裁委员会等多家仲裁机构，均可以受理海事仲裁案件。双方当事人就仲裁机构的确定并未达成补充协议，应当认定涉案仲裁条款无效。

七、保险代位纠纷所涉仲裁条款的争议

1. 中国太平洋财产保险股份有限公司北京分公司诉北京中远物流有限公司、天津振华国际船舶代理有限公司、尼罗河航运私有有限公司海上货物运输合同保险代位求偿纠纷所涉仲裁条款效力案

原告：中国太平洋财产保险股份有限公司北京分公司；被告：北京中远物流有限公司、天津振华国际船舶代理有限公司、尼罗河航运私有有限公司。

案件援引：《最高人民法院关于中国太平洋财产保险股份有限公司北京分公司诉北京中远物流有限公司、天津振华国际船舶代理有限公司、尼罗河航运私有有限公司海上货物运输合同保险代位求偿纠纷所涉仲裁条款效力问题的请示的复函》（2009 年 3 月 31 日〔2009〕民四他字第 11 号）。

裁判要旨：在海上货物运输合同保险代位权纠纷案件中，保险人依据保险合同向被保险人赔付货物损失后，依法取得向承运人以及其他责任人请求赔偿货物损失的代位求偿权利。由于保险人并非协商订立运输合同仲裁条款的当事人，仲裁条款并非保险人的意思表示，除非保险人明确表示接受，否则该仲裁条款对保险人不具有约束力。

2. 中国人民财产保险股份有限公司深圳市分公司诉广州远洋运输公司海上货物运输合同货损纠纷中仲裁条款效力案

原告：中国人民财产保险股份有限公司深圳市分公司；被告：广州远洋运输公司。

案件援引：《最高人民法院关于中国人民财产保险股份有限公司深圳市分公司诉广州远洋运输公司海上货物运输合同货损纠纷一案仲裁条款效力问题的请示的复函》（2005 年 10 月 9 日〔2005〕民四他字第 29 号）。

裁判要旨：保险人依据保险合同在赔付被保险人即提单持有人提单项下的货物损失后，依法取得向承运人请求赔偿货物损失的代位求偿权利。但保险人不是协商订立仲裁条款的当事人，仲裁条款并非保险人的意思表示，除非保险人明确表示接受，否则提单仲裁条款对保险人不具有约束力。

3. 中国平安财产保险股份有限公司四川分公司诉北京祥和利国际船务有限公司、吉发船务有限公司海上货物运输合同保险代位求偿纠纷所涉仲裁条款效力案

原告：中国平安财产保险股份有限公司四川分公司；被告：北京祥和利

国际船务有限公司、吉发船务有限公司。

案件援引：《最高人民法院关于中国平安财产保险股份有限公司四川分公司诉北京祥和利国际船务有限公司、吉发船务有限公司海上货物运输合同保险代位求偿纠纷所涉仲裁条款效力问题的请示的复函》（2009 年 11 月 5 日［2009］民四他字第 39 号）。

裁判要旨：在海上货物运输合同保险代位求偿纠纷案件中，由于保险人并非协商订立航次租船合同仲裁条款的当事人，仲裁条款并非保险人的意思表示，除非保险人明确表示接受，否则该仲裁条款对保险人不具有约束力。

八、仲裁委员会名称变更引发的争议

1. 金达融资担保有限责任公司申请确认仲裁协议效力案

申请人：金达融资担保有限责任公司；被申请人：中国太平保险（香港）有限公司、渤海国际信托有限公司、海口美兰国际机场有限责任公司、上海恒嘉美联发展有限公司、宁波君安物产有限公司、陕西东岭工贸集团股份有限公司。

案件援引：《最高人民法院关于对金达融资担保有限责任公司申请确认仲裁协议效力一案请示的复函》（2015 年 3 月 26 日［2015］民四他字第 6 号）。

裁判要旨：当事人仲裁条款约定"任何一方均可将有关争议提交中国国际经济贸易仲裁委员会华南分会，根据该会的仲裁规则进行仲裁，仲裁应在中国深圳进行"。上述仲裁条款具有明确的提请仲裁的意思表示，约定的中国国际经济贸易仲裁委员会华南分会于 1984 年依法成立，2012 年更名为华南国际经济贸易仲裁委员会，尽管纠纷产生时，当事人约定的仲裁机构已经发生变更。但依照上述仲裁条款的约定，当事人对仲裁机构的约定和指向是具体和明确的，依法应向华南贸仲提请仲裁。

2. 倪来宝、刘冬莲申请撤销仲裁裁决案

申请人：倪来宝、刘冬莲；被申请人：SOUDAL INVESTMENTS LIMITED。

案件援引：《最高人民法院关于对北京市高级人民法院就倪来宝、刘冬莲申请撤销仲裁裁决案的请示的复函》（2015 年 12 月 10 日［2015］民四他字第 51 号）。

裁判要旨：中国国际经济贸易仲裁委员会上海分会，现已更名为上海国

际经济贸易仲裁委员会，约定中国国际经济贸易仲裁委员会上海分会仲裁的案件，应视为仲裁机构约定明确，由上海国际经济贸易仲裁委员会受理审查。

3. 黄山天盈福地置业发展有限公司申请确认仲裁协议效力案

申请人：黄山天盈福地置业发展有限公司；被申请人：沃尔玛（安徽）商业零售有限公司。

案件援引：《最高人民法院关于黄山天盈福地置业发展有限公司申请确认仲裁协议效力一案的请示的复函》（2014 年 12 月 17 日 ［2014］ 民四他字第 57 号）。

裁判要旨：华南国际经济贸易仲裁委员会是从原中国国际经济贸易仲裁委员会华南分会更名而来，约定由中国国际经济贸易仲裁委员会华南分会仲裁的案件，视为双方约定由华南国际经济贸易仲裁委员会仲裁。

九、仲裁协议对第三人的效力

（一）第三人对仲裁协议的效力提出异议

天津市和平区经济贸易委员会与天津狗不理包子速冻食品有限公司、香港浩平发展有限公司申请解散公司纠纷仲裁条款效力案

原告：天津市和平区经济贸易委员会；被告：天津狗不理包子速冻食品有限公司；第三人：香港浩平发展有限公司。

案件援引：《最高人民法院关于天津市和平区经济贸易委员会与天津狗不理包子速冻食品有限公司、香港浩平发展有限公司申请解散公司纠纷一案仲裁条款效力问题的请示的复函》（2008 年 1 月 7 日 ［2007］ 民四他字第 37 号）。

裁判要旨：案外第三人不受当事人之间仲裁协议的约束，该第三人对仲裁协议的效力提出异议，人民法院不应予以支持。

（二）合资经营合同中的仲裁条款对合资经营企业的效力

合资经营合同仲裁条款是否约束合营企业案

原告：青岛华翔精密技术有限公司；被告：青岛华强达工贸有限公司；第三人：青岛恒运通物流有限公司。

案件援引：《最高人民法院关于合营企业起诉股东承担不履行出资义务的违约责任是否得当及合资经营合同仲裁条款是否约束合营企业的请示的复函》

（2004 年 12 月 20 日［2004］民四他字第 41 号）。

裁判要旨：尽管合营企业的股东之间签署了仲裁协议，但合营企业不是合资经营合同的签约主体，未参与订立仲裁条款，因此，合资经营合同中的仲裁条款不能约束合营企业。

（三）代签协议的效力

浙江省诸暨市对外经济贸易公司与香港铠威贸易公司申请确认仲裁协议效力案

申请人：浙江省诸暨市对外经济贸易公司；被申请人：香港铠威贸易公司。

案件援引：《最高人民法院关于申请人浙江省诸暨市对外经济贸易公司与被申请人香港铠威贸易公司申请确认仲裁协议效力问题的复函》（2001 年 2 月 26 日［2000］交他字第 15 号）。

裁判要旨：尽管销售确认书含有明确的仲裁条款，但一方当事人并未签字或者盖章，根据双方的履行事实可以认定，双方当事人实际上仅就标的物的数量、尺寸、装箱、单价、总值达成一致，但并无达成仲裁解决其纠纷的意思表示。销售确认书由他人代为事后补签的，除非该代签事先获得授权或事后获得追认，否则不发生补签的法律效力。

（四）债权让与时仲裁协议对受让人的拘束力

天津中燃船舶燃料有限公司与丹麦宝运石油（中国）有限公司、山东烟台国际海运公司船舶物料供应合同纠纷中仲裁条款效力案

原告：天津中燃船舶燃料有限公司；被告：丹麦宝运石油（中国）有限公司；第三人：山东烟台国际海运公司。

案件援引：《最高人民法院关于天津中燃船舶燃料有限公司与丹麦宝运石油（中国）有限公司、山东烟台国际海运公司船舶物料供应合同纠纷仲裁条款效力问题的请示的复函》（2010 年 10 月 10 日［2010］民四他字第 62 号）。

裁判要旨：债权人与债务人之间的仲裁协议，在债权全部或者部分转让的，仲裁协议对受让人有效，但当事人另有约定，在受让债权债务时受让人明确反对或者不知有单独仲裁协议的除外。

（五）仲裁协议的承继

湖南省人民政府、湖南省交通运输厅与凯旋国际投资（澳门）有限公司、湖南凯旋长潭西线高速公路有限公司申请确认仲裁协议效力案

申请人：湖南省人民政府、湖南省交通运输厅；被申请人：凯旋国际投资（澳门）有限公司、湖南凯旋长潭西线高速公路有限公司。

案件援引：《最高人民法院关于对湖南省高级人民法院就申请人湖南省人民政府、湖南省交通运输厅与被申请人凯旋国际投资（澳门）有限公司、湖南凯旋长潭西线高速公路有限公司申请确认仲裁协议效力一案请示的复函》（2016年9月28日［2016］最高法民他70号）。

裁判要旨：仲裁协议只对签署的当事人具有约束力，对并不存在民事授权或民事委托关系，亦不存在权利、义务的承继关系的其他方不具有约束力。作为一方当事人的法人在签订仲裁协议时并未成立，但在订立合同之时即已对该法人的成立及其权利、义务作出约定，该法人成立后也按照合同的约定参与合同履行，且在纠纷发生后以主动提起仲裁、出具书面说明函的方式表明其接受合同仲裁条款的约束的，该仲裁协议应对该方当事人具有约束力。

（六）仲裁协议对委托人的效力

广西有色再生金属有限公司与斯安金属（亚洲）有限公司买卖合同纠纷仲裁条款效力案

原告：广西有色再生金属有限公司；被告：斯安金属（亚洲）有限公司。

案件援引：《最高人民法院关于广西有色再生金属有限公司与斯安金属（亚洲）有限公司买卖合同纠纷仲裁条款效力问题请示的复函》（2014年10月11日［2014］民四他字第42号）。

裁判要旨：间接代理中，受托人和第三人之间签订的仲裁条款是否能够约束委托人的判断？由于委托人并不是仲裁协议的当事人，如果委托人与受托人之间的合同已经就受托人与第三人之间不得将争议提交仲裁机构进行仲裁作了明确约定，那么受托人签订的仲裁协议无法约束委托人。

（七）代理人签署的合同中仲裁条款对被代理人的效力

张某年、关某雯申请确认仲裁协议效力案

申请人：张某年、关某雯；被申请人：潘某仪、广州裕丰咨询顾问有限公司、区某行。

案件援引:《最高人民法院关于张某年、关某雯申请确认仲裁协议效力一案的请示的答复》(2017 年 5 月 23 日［2017］最高法民他 36 号)。

裁判要旨:代理人签署的合同含有仲裁条款,对仲裁条款约束力的分析,不应涉及代理人是否有权代理签署合同,仅应限于代理人是否有权代为作出将争议提交仲裁的意思表示。代理人没有获得被代理人关于仲裁条款的概括授权或特别授权,被代理人也没有对代理人作出之仲裁意思表示予以追认,且不能证明存在足以使第三人信赖代理人有权代理为仲裁意思表示的情形的,仲裁条款不能约束被代理人。

(八)保单上的仲裁协议对继受人的效力

彭某与中国人民财产保险股份有限公司杭州市分公司申请确认仲裁协议效力纠纷案

申请人:彭某;被申请人:中国人民财产保险股份有限公司杭州市分公司。

案件援引:《最高人民法院关于申请人彭某与被申请人中国人民财产保险股份有限公司杭州市分公司申请确认仲裁协议效力纠纷一案请示的答复》(2016 年 5 月 13 日［2016］最高法民他 40 号)。

裁判要旨:尽管投保单上的签名非行为人本人所签,保险单亦是由保险公司单方签发,但行为人收到保险单后,在知晓保险单所记载的仲裁条款的情形下,依据该仲裁条款向约定的仲裁委员会提起仲裁,该行为表明行为人同意受仲裁条款约束,双方之间的仲裁协议有效。

十、特殊的仲裁协议

(一)参与仲裁之后不得再对仲裁条款提出异议

关于是否撤销 SG CONTROLS LTD 与天津市鑫茂科技股份有限公司仲裁裁决案

申请人:天津鑫茂科技股份有限公司;被申请人:SG CONTROLS LTD。

案件援引:《最高人民法院关于是否撤销 SG CONTROLS LTD 与天津市鑫茂科技股份有限公司仲裁裁决一案的请示的复函》(2009 年 11 月 3 日［2009］民四他字第 15 号)。

裁判要旨:关于仲裁条款的效力问题,当事人在仲裁委员会应诉并提出反请求，即是以实际行动表明其接受该仲裁机构对本案的管辖，之后再以仲裁条款无效、仲裁委员会无管辖权为由申请撤销裁决的，人民法院不予支持。

（二）在法院应诉后不得再主张存在仲裁协议

天宇客货运输服务有限公司厦门分公司与厦门万里石有限公司申请确认仲裁协议效力纠纷案

原告：天宇客货运输服务有限公司厦门分公司；被告：厦门万里石有限公司。

案件援引：《最高人民法院关于天宇客货运输服务有限公司厦门分公司与厦门万里石有限公司申请确认仲裁协议效力纠纷一案的请示的复函》（2007年2月6日［2006］民四他字第40号）。

裁判要旨：尽管当事人之间存在有效的仲裁协议，但一方向人民法院起诉，另一方应诉且未提出管辖权异议的，应当视为当事人双方已就争议选择通过诉讼方式解决，变更了原合同约定的通过仲裁解决纠纷的救济方式。

（三）约定违反仲裁一裁终局

1. 湖州市二耐耐火材料联营厂申请确认仲裁条款无效案

申请人：湖州市二耐耐火材料联营厂；被申请人：MINTEQ INTERNATIONAL INC.。

案件援引：《最高人民法院关于湖州市二耐耐火材料联营厂申请确认仲裁条款无效一案请示的复函》（2004年11月30日［2004］民四他字第42号）。

裁判要旨：当事人在仲裁协议中先约定向某一仲裁机构提出仲裁，又约定若该仲裁机构还不能解决，可以提交另一仲裁机构进行仲裁。这一约定违反了我国一裁终局的仲裁制度。

2. 西恩服务公司请求法院确认其与沧州乾成钢管股份有限公司签订的ZX090201-08《购销合同》中仲裁协议效力案

申请人：西恩服务公司；被申请人：沧州乾成钢管股份有限公司。

案件援引：《最高人民法院关于西恩服务公司（Yxen Service Inc.）请求法院确认其与沧州乾成钢管股份有限公司签订的ZX090201-08〈购销合同〉中仲裁协议效力无效一案的请示的复函》（2012年8月16日［2012］民四他字第39号）。

裁判要旨：当事人的仲裁协议约定由某一仲裁机构进行仲裁，若不服该仲裁机构裁决的，可由另一仲裁机构再行仲裁。根据《仲裁法》第 9 条第 1 款规定："仲裁实行一裁终局的制度。"当事人的约定违反了上述"一裁终局"原则，应确定上述仲裁协议无效。

（四）任一方"may"提交仲裁中"may"的解读

安徽省合肥联合发电有限公司诉阿尔斯通发电股份有限公司建设工程合同纠纷仲裁条款效力案

原告：安徽省合肥联合发电有限公司；被告：阿尔斯通发电股份有限公司。

案件援引：《最高人民法院关于安徽省合肥联合发电有限公司诉阿尔斯通发电股份有限公司建设工程合同纠纷一案的请示的复函》（2003 年 5 月 14 日 ［2003］民四他字第 7 号）。

裁判要旨：当事人约定的英文仲裁条款中，若产生争议，任何一方"may"提交明确的仲裁机构进行仲裁。其中的"may"主要作用于主语，其含义是指"任何一方（any party）"都可以提起仲裁，而不应理解为"既可以提起仲裁，也可以提起诉讼"。因而，此类仲裁协议中，只要仲裁的意思表示明确，亦有明确的仲裁事项，没有超出法律规定的仲裁范围，而且选定了明确的仲裁机构，该仲裁条款即为明确有效可以执行的仲裁条款。

（五）假定仲裁条款的理解

通利萨摩亚船务有限公司与恒新贸易有限公司、福建融谊投资发展有限公司航次租船合同纠纷管辖权异议案

上诉人（一审原告）：通利萨摩亚船务有限公司；被上诉人（一审被告）：恒新贸易有限公司、福建融谊投资发展有限公司。

案件援引：《最高人民法院关于上诉人通利萨摩亚船务有限公司与被上诉人恒新贸易有限公司、福建融谊投资发展有限公司航次租船合同纠纷管辖权异议一案的复函》（2016 年 3 月 4 日 ［2016］最高法民他 3 号）。

裁判要旨：当事人约定的"如果仲裁，在某地依据某国法律仲裁"之类的仲裁条款，属于双方当事人对涉案纠纷提起仲裁时的仲裁地点和所适用法律作出的特别约定，不构成双方之间唯一的纠纷解决方式，并未排除诉讼管辖。

（六）有关"Arbitration：ICCRules，Shanghai shall apply"类似条款的理解

德国旭普林国际有限责任公司与无锡沃可通用工程橡胶有限公司申请确认仲裁协议效力案

申请人（原告）：德国旭普林国际有限责任公司；被申请人（被告）：无锡沃可通用工程橡胶有限公司。

案件援引：《最高人民法院关于德国旭普林国际有限责任公司与无锡沃可通用工程橡胶有限公司申请确认仲裁协议效力一案的请示的复函》（2004年7月8日［2003］民四他字第23号）。

裁判要旨：有关"Arbitration：ICCRules，Shanghai shall apply"仲裁条款的认定，从字面上看，双方虽然有明确的仲裁意思表示、仲裁规则和仲裁地点，但并没有明确指出仲裁机构。因此，在依据我国《仲裁法》判断时，应当认定该仲裁条款无效。

（七）国际商会上海仲裁的效力

安徽省龙利得包装印刷有限公司与BP Agnati S. R. L申请确认仲裁协议效力案

申请人：安徽省龙利得包装印刷有限公司；被申请人：BP Agnati S. R. L。

案件援引：《最高人民法院关于申请人安徽省龙利得包装印刷有限公司与被申请人BP Agnati S. R. L申请确认仲裁协议效力案的请示的复函》（2013年3月25日［2013］民四他字第13号）。

裁判要旨：当事人在合同中约定"因合同而发生的纠纷由国际商会仲裁院进行仲裁"，同时还约定"管辖地应为中国上海"，符合《仲裁法》对仲裁协议的要求，该仲裁协议有效。

（八）通过行为表示否认仲裁条款的存在

泰国德盛米业有限公司诉广州市御品轩贸易有限公司国际货物买卖合同纠纷中仲裁条款效力案

原告（管辖权异议被申请人）：德盛米业有限公司；被告（管辖权异议申请人）：广州市御品轩贸易有限公司。

案件援引：《最高人民法院关于泰国德盛米业有限公司诉广州市御品轩贸易有限公司国际货物买卖合同纠纷一案仲裁条款效力问题的请示的复函》（2010年6月13日［2010］民四他字第34号）。

裁判要旨：本案当事人有明确的请求仲裁的意思表示，也约定了明确的仲裁事项，并且约定了仲裁庭的组成方式，但未选择仲裁委员会，在一方当事人已经向人民法院提起诉讼的情况下，可以认定双方无法就仲裁机构问题达成补充协议。我国仲裁法只承认常设的仲裁机构依法作出的仲裁裁决，不承认国内临时仲裁机构及其作出的裁决结果。

（九）《谅解备忘录》是否受基础协议仲裁条款约束

江苏新誉空调系统有限公司与 KNORR-BREMSE ESPANA S. A. 确认仲裁协议效力纠纷案

申请人：江苏新誉空调系统有限公司；被申请人：KNORR-BREMSE ESPANA S. A.。

案件援引：《最高人民法院关于申请人江苏新誉空调系统有限公司与被申请人 KNORR-BREMSE ESPANA S. A. 确认仲裁协议效力纠纷一案的答复》（2016 年 6 月 26 日［2016］最高法民他 35 号）。

裁判要旨：当事人的原协议中包含合法有效的仲裁条款，在商谈新项目时，双方签署了谅解备忘录。谅解备忘录表达了双方基于原协议签订补充协议的意愿，但未明确表示原协议的条款自动适用于新项目，更未在谅解备忘录中订立仲裁条款，反而明确了双方在某一日期前订立补充协议。应认定双方当事人未就新项目争议达成仲裁协议，原协议中的仲裁条款也不应适用于新项目的争议。

（十）基础协议中仲裁条款对补充协议的约束力

迈可达（青岛）运动用品有限公司与云中漫步国际公司还款合同纠纷管辖权争议案

原告：迈可达（青岛）运动用品有限公司；被告：云中漫步国际公司。

案件援引：《最高人民法院关于原告迈可达（青岛）运动用品有限公司与被告云中漫步国际公司还款合同纠纷一案管辖权争议请示的复函》（2006 年 3 月 7 日［2006］民四他字第 4 号）。

裁判要旨：后续"还款协议"是基于生产协议而产生的，生产协议含有有效的仲裁条款，"还款协议"未约定争议解决条款。现因履行"还款协议"发生争议，根据双方当事人在生产协议中仲裁条款的约定，与生产协议有关的所有争议，均应受该仲裁条款的约束。因此根据《民事诉讼法》第 257 条第1款、《仲裁法》第5条的规定，"还款协议"的纠纷应依据当事人的约定，通过仲裁方式解决，人民法院对该纠纷无管辖权。

（十一）基础协议中仲裁条款对补充协议的约束力

湖北省出版进出口公司、湖北东湖光盘技术有限责任公司与康维克科技（成都）有限公司买卖合同纠纷中仲裁条款效力案

上诉人（原审原告）：湖北省出版进出口公司、湖北东湖光盘技术有限责任公司；被上诉人（原审被告）：康维克科技（成都）有限公司。

案件援引：《最高人民法院关于湖北省出版进出口公司、湖北东湖光盘技术有限责任公司与康维克科技（成都）有限公司买卖合同纠纷一案中仲裁条款效力的请示的复函》（2004年11月12日［2004］民四他字第34号）。

裁判要旨：（1）当事人"第二次补充合同""第三次补充合同"中的相关约定并没有实质改变当事人在原合同中通过仲裁解决纠纷的意思表示，一旦产生争议，依然按照原合同中的争议解决方式执行。（2）当事人仲裁条款中有关"中国国际贸易促进会仲裁委员会"的约定不是十分准确，但可以推定当事人选择的是"中国国际经济贸易仲裁委员会"。

（十二）无权代理情形下仲裁条款的约束力

得暐企业有限公司与荣成丰盛源食品有限公司买卖合同纠纷中仲裁条款效力案

原告：得暐企业有限公司；被告：荣成丰盛源食品有限公司。

案件援引：《最高人民法院关于得暐企业有限公司与荣成丰盛源食品有限公司买卖合同纠纷一案仲裁条款效力的请示的复函》（2005年3月25日［2005］民四他字第11号）。

裁判要旨：协议的签署者既非公司的法定代表人，也非该公司的职员，其以公司名义与他人签署包含仲裁条款的协议时未得到公司的明确授权，而且公司对该签署者以本公司名义签署的协议明确表示不予追认，因此，该签署者无权代表公司签署协议，该协议对公司不具有法律约束力。

（十三）发票中仲裁条款的约束力

ACEO. C. T. G 有限公司与通标标准技术服务有限公司武汉分公司、通标标准技术服务有限公司检验合同纠纷仲裁条款效力案

上诉人（原审原告）：ACEO. C. T. G 有限公司；被上诉人（原审被告）：

通标标准技术服务有限公司武汉分公司、通标标准技术服务有限公司。

案件援引：《最高人民法院关于 ACEO. C. T. G 有限公司与通标标准技术服务有限公司武汉分公司、通标标准技术服务有限公司检验合同纠纷仲裁条款成立问题请示的答复》（2016 年 5 月 27 日 ［2016］ 最高法民他字第 53 号）。

裁判要旨：（1）发票是一方开具的财务凭证，不属于当事人之间的协议，亦无证据证明接收发票的一方接受了发票上服务条款中的仲裁条款，故不能依据发票认定当事人间达成仲裁协议。（2）当事人双方对仲裁条款存疑，一方向仲裁机构申请仲裁，另一方主张不存在仲裁协议；嗣后，一方在有管辖权的法院起诉，另一方又以双方存在仲裁协议为由主张法院的管辖权有异议。这一行为显然有违诚实信用原则，法院不应予以支持。

（十四）双方均为中国法人约定提交国外仲裁机构的仲裁条款效力

江苏航天万源风电设备制造有限公司与艾尔姆风能叶片制品（天津）有限公司申请确认仲裁协议效力案

申请人：江苏航天万源风电设备制造有限公司；被申请人：艾尔姆风能叶片制品（天津）有限公司。

案件援引：《最高人民法院关于江苏航天万源风电设备制造有限公司与艾尔姆风能叶片制品（天津）有限公司申请确认仲裁协议效力纠纷一案的请示的复函》（2012 年 8 月 31 日 ［2012］ 民四他字第 2 号）。

裁判要旨：双方当事人签署了提交国际商会在北京仲裁的仲裁条款，且双方当事人均为中国法人，标的物在中国，协议也在中国订立和履行，无涉外民事关系的构成要素，故该协议不属于涉外合同。由于仲裁管辖权系法律授予的权力，我国法律没有规定当事人可以将不具有涉外因素的争议交由境外仲裁机构或者在我国境外临时仲裁，故当事人约定将有关争议提交国际商会仲裁没有法律依据。

（十五）含有仲裁协议案件的审查程序 + 双方约定向对方所在地仲裁机构仲裁

武汉市洪山区房地产公司与兴业（香港）有限公司合资合同中仲裁条款效力案

上诉人（原审原告）：武汉市洪山区房地产公司；被上诉人（原审被

告）：兴业（香港）有限公司；原审第三人：武汉洪港置业发展有限公司。

案件援引：《最高人民法院关于武汉市洪山区房地产公司与兴业（香港）有限公司合资合同中仲裁条款效力的请示的复函》（2004 年 11 月 26 日［2004］民四他字第 29 号）。

裁判要旨：即使当事人在涉外合同中订有仲裁条款或者在合同外达成单独的仲裁协议，在发生纠纷后，当事人仍然可以径直向人民法院提起诉讼，并不要求当事人必须先提起一个确认仲裁条款或仲裁协议效力的确认之诉作为前置程序。仲裁协议约定，一旦发生争议，双方当事人各自可向对方所在地的仲裁机构提出仲裁。这属于当事人对仲裁委员会的约定不明确，若不能达成补充协议，该仲裁协议应认定无效。

（十六）表见代理签订仲裁协议、仲裁机构名称变更

河北普兴电子科技股份有限公司与 CSD Epitaxy Asia Ltd. 确认仲裁协议效力案

申请人：河北普兴电子科技股份有限公司；被申请人：CSD Epitaxy Asia Ltd.。

案件援引：《最高人民法院关于河北省高级人民法院就申请人河北普兴电子科技股份有限公司与被申请人 CSD Epitaxy Asia Ltd. 确认仲裁协议效力一案请示的复函》（2017 年 9 月 13 日［2017］最高法民他 70 号）。

裁判要旨：（1）行为人没有代理权、超越代理权或者代理权终止后以被代理人名义订立合同，相对人有理由相信行为人有代理权的，该代理行为有效。行为人代理签订仲裁协议，对方有理由相信行为人有权代表签订涉案仲裁协议的，仲裁协议有效。（2）"仲裁协议约定的仲裁机构名称不准确，但能够确定具体的仲裁机构的，应当认定选定了仲裁机构。"当事人在涉案仲裁协议中约定由"中国国际贸易促进委员会对外贸易仲裁委员会"仲裁，该名称为中国国际经济贸易仲裁委员会曾经使用的名称，应当认定当事人选定中国国际经济贸易仲裁委员会进行仲裁。

（十七）后续仲裁协议替代先前仲裁协议

广州市华商贸房产发展有限公司与哈维斯特贸易投资有限公司申请确认仲裁协议效力案

申请人（仲裁被申请人）：广州市华商贸房产发展有限公司；被申请人

（仲裁申请人）：哈维斯特贸易投资有限公司。

案件援引：《最高人民法院关于北京市高级人民法院就申请人广州市华商贸房产发展有限公司与被申请人哈维斯特贸易投资有限公司申请确认仲裁协议效力一案请示的复函》（2017 年 11 月 17 日［2017］最高法民他 78 号）。

裁判要旨：先前存在真实的仲裁协议，双方当事人之后对解决双方之间相关争议的仲裁机构重新达成合意的，旧协议因被新协议替代而对双方不再具有约束力。

（十八）仲裁条款独立性

运裕有限公司与深圳市中苑城商业投资控股有限公司申请确认仲裁协议效力案

申请人：运裕有限公司；被申请人：深圳市中苑城商业投资控股有限公司。

案件援引：《运裕有限公司、深圳市中苑城商业投资控股有限公司申请确认仲裁协议效力民事裁定书》（2019 年 9 月 29 日［2019］最高法民特 1 号）。

裁判要旨：在确定仲裁条款效力包括仲裁条款是否成立时，可以先行确定仲裁条款本身的效力；在确有必要时，才考虑对整个合同的效力包括合同是否成立进行认定。即使合同未成立，在当事人已达成仲裁协议的情况下，仲裁条款的效力也不受影响，对于合同是否成立的问题无需再行认定。

（十九）约定由一方指定仲裁委员会

福建泉州老船长鞋业有限公司与地波里国际开发有限公司确认仲裁协议效力纠纷案

申请人：福建泉州老船长鞋业有限公司；被申请人：地波里国际开发有限公司。

案件援引：《最高人民法院对〈关于福建泉州老船长鞋业有限公司与地波里国际开发有限公司确认仲裁协议效力纠纷一案的请示〉的答复》（2016 年 12 月 23 日［2016］最高法民他 78 号）。

裁判要旨：将争议交由一方指定的仲裁委员会进行仲裁，是双方当事人协商一致的意思表示，是双方当事人协议选择的结果，并不违反《仲裁法》第 6 条的规定。在一方当事人已经指定仲裁委员会的情况下，当事人通过该协议选定的仲裁机构具有唯一性，不属于《仲裁法》第 18 条所指的对仲裁机构约定不明的情形，故仲裁条款有效。

十一、不存在仲裁协议

1. 茌平信发华宇氧化铝有限公司与昌运船务有限公司海商合同纠纷案中仲裁条款效力案

原告：茌平信发华宇氧化铝有限公司；被告：昌运船务有限公司。

案件援引：《最高人民法院关于茌平信发华宇氧化铝有限公司与昌运船务有限公司海商合同纠纷案中仲裁条款效力问题的请示的复函》（2009 年 10 月 9 日［2009］民四他字第 32 号）。

裁判要旨：涉外合同文本中载明的纠纷解决方式的效力问题属程序问题，应当适用法院地法。虽然双方当事人在协商合同的过程中涉及约定仲裁条款事项，但没有签字确认，根据《仲裁法》第 16 条的规定，仲裁协议包括合同中订立的仲裁条款和以其他书面方式在纠纷发生前或者纠纷发生后达成的请求仲裁的协议。在双方当事人没有签订书面仲裁条款，事后也没有就仲裁事项达成一致意见的情况下，法院具有管辖权。

2. 番禺珠江钢管有限公司与深圳市泛邦国际货运代理有限公司申请确认仲裁协议效力案

申请人：番禺珠江钢管有限公司；被申请人：深圳市泛邦国际货运代理有限公司。

案件援引：《最高人民法院关于申请人番禺珠江钢管有限公司与被申请人深圳市泛邦国际货运代理有限公司申请确认仲裁协议效力一案的请示的复函》（2009 年 5 月 5 日［2009］民四他字第 7 号）。

裁判要旨：（1）当事人约定"仲裁地点：北京，引用中国法律"之类的仲裁协议，由于该仲裁条款对仲裁机构约定不明确，且没有达成补充协议，因此，根据《仲裁法》第 18 条规定，该仲裁条款无效。（2）未约定仲裁机构的仲裁协议，一方当事人发函限定另一方当事人在一定时限内就选定仲裁机构给予答复，否则视为默示同意将争议提交该仲裁机构予以仲裁。该主张没有法律依据，无法获得法院的支持。

3. 阿拉伯联合酋长国埃美雷特商行有限公司与万里船务有限公司等船舶租赁合同纠纷仲裁条款效力案

上诉人：阿拉伯联合酋长国埃美雷特商行有限公司；被上诉人：万里船

务有限公司、江苏熔盛重工有限公司、香港荣丰（集团）控股有限公司。

案件援引：《最高人民法院关于上诉人阿拉伯联合酋长国埃美雷特商行有限公司与被上诉人万里船务有限公司等船舶租赁合同纠纷一案仲裁条款效力问题的请示的复函》（2012 年 10 月 24 日［2012］民四他字第 48 号）。

裁判要旨：合同双方均向对方提供了合同模板，而双方均未在对方提交的合同文本上盖章或签字确认，且双方提供的合同模板里关于仲裁条款约定的内容亦不一致。因此，不能认定双方就合同所产生的所有纠纷提交仲裁书面协议达成一致意见，两份合同模板中的仲裁协议均对双方不具有拘束力。

4. 烟台冰轮股份有限公司申请确认仲裁协议效力案

申请人：烟台冰轮股份有限公司；被申请人：超级食品专业（马）有限公司；第三人：冰轮（香港）有限公司。

案件援引：《最高人民法院关于对烟台冰轮股份有限公司申请确认仲裁协议效力一案请示的复函》（2017 年 5 月 23 日［2017］最高法民他 41 号）。

裁判要旨：申请确认仲裁协议效力的案件，人民法院应审查仲裁协议是否有效且对当事人之间的纠纷是否具有约束力，即当事人之间的纠纷是否应当通过仲裁方式解决。一方当事人单方出具资质证明称另一方为合同当事人的，不足以证明合同是双方对权利义务所作的明确约定，另一方因此不受仲裁协议拘束。

第八章

外国仲裁裁决承认与执行案例编撰

一、仲裁协议的形式

1. 德国鲁道夫·A. 奥特克公司申请承认及执行伦敦最终仲裁裁决案

申请人：鲁道夫·A. 奥特克公司（德国）；被申请人：中国外运南京公司。

案件援引：《最高人民法院关于不承认及执行伦敦最终仲裁裁决案的请示的复函》（2001 年 9 月 11 日 ［2000］交他字第 11 号）。

裁判要旨：海运实践中，被申请人的所有活动都是通过其经纪人进行的，因此应当认定经纪人是被申请人的代理人，被申请人应当受经纪人代其签订的租船合同的约束。由于租船合同中含有仲裁条款，因而被申请人应受仲裁条款约束。所以，本案不得以无仲裁协议的情形拒绝承认与执行。

2. 韩进船务有限公司申请承认与执行英国仲裁员罗伯特·嘉仕福特（Robert Gaisford）于 2004 年 12 月 6 日在英国作出的仲裁裁决案

申请人（原仲裁申请人）：韩进船务有限公司；被申请人（原仲裁被申请人）：广东富虹油品有限公司。

案件援引：《最高人民法院关于对韩进船务有限公司申请承认和执行英国仲裁裁决一案请示的复函》（2006 年 6 月 2 日 ［2005］民四他字第 53 号）。

裁判要旨：对于租约，执行申请人提供的仅仅是一份没有当事人签章的包运合同，被申请人对该份证据予以否认。仅凭提单中的记载和约定就确认租约仲裁条款已经并入提单，理由是不充分的。因此，无法证明申请人与被申请人之间是否达成书面仲裁协议或仲裁条款。法院以《纽约公约》第 2 条"仲裁协议"形式要求为由拒绝承认与执行。

3. Concordia Trading B. V. 申请承认和执行英国仲裁裁决案

申请人：Concordia Trading B. V.；被申请人：南通港德油脂有限公司。

案件援引：《最高人民法院关于 Concordia Trading B. V. 申请承认和执行英国油、油籽和油脂协会（FOSFA）第 3948 号仲裁裁决一案的请示的复函》（2009 年 8 月 3 日［2009］民四他字第 22 号）。

裁判要旨：《纽约公约》规定的"书面协定"是指当事人所签订或在互换函电中所载明的契约仲裁条款或仲裁协定。因此，《纽约公约》并不接受默示的仲裁协议。当事人依据默示仲裁协议作出的裁决申请承认和执行时，人民法院可以其不符合《纽约公约》第 2 条第 1 款、第 2 款关于仲裁协议书面形式要件的规定不予承认和执行该仲裁裁决。

4. 圣·玛赛尔航运有限公司、圣·罗哲斯航运有限公司申请承认和执行伦敦临时仲裁裁决案

申请执行人：圣·玛赛尔航运有限公司、圣·罗哲斯航运有限公司；被申请人：中设江苏机械设备进出口（集团）公司、江西江州造船厂。

案件援引：《最高人民法院关于圣·玛赛尔航运有限公司、圣·罗哲斯航运有限公司申请承认和执行英国临时仲裁裁决一案的请示的复函》（［2000］交他字第 9 号）。

裁判要旨：选择权条款可以被视为卖方被申请执行人的要约，只要买方申请执行人声明行使选择权，就算承诺，合同就成立了，不再需要双方签字。原包含选择权条款的合同中的仲裁条款对行使选择权之后的双方均具有拘束力。

二、当事人行为能力及仲裁协议效力

1. 英国嘉能可有限公司申请承认和执行英国伦敦金属交易所仲裁裁决案

申请人：英国嘉能可有限公司；被申请人：重庆机械设备进出口公司。

案件援引：《最高人民法院关于英国嘉能可有限公司申请承认和执行英国伦敦金属交易所仲裁裁决一案请示的复函》（2001 年 4 月 19 日［2001］民四他字第 2 号）。

裁判要旨：根据《纽约公约》第 5 条第 1 款第 1 项规定，对合同当事人行为能力的认定，应依照属人主义原则确定。因此，对当事人签订合同时是否构成代理也应根据该当事人属人法确定。

2. 新加坡益得满亚洲私人有限公司申请承认及执行外国仲裁裁决案

申请人：新加坡益得满亚洲私人有限公司；被申请人：无锡华新可可食品有限公司。

案件援引：《最高人民法院关于新加坡益得满亚洲私人有限公司申请承认及执行外国仲裁裁决一案的请示的复函》（2003 年 6 月 12 日［2003］民四他字第 43 号）。

裁判要旨：仲裁条款或者仲裁协议独立生效的前提是当事人已就通过仲裁解决争议达成合意。本案中，根据申请人与被申请人之间的来往传真，双方当事人之间未就购买货物事宜产生的争议达成通过仲裁解决的合意。故法院依据《纽约公约》第 5 条第 1 款第 1 项拒绝承认与执行。

3. 宝腾汽车（中国）公司与金星重工制造有限公司申请承认及执行外国仲裁裁决案

申请人：宝腾汽车（中国）有限公司；被申请人：金星重工制造有限公司。

案件援引：《最高人民法院关于宝腾汽车（中国）有限公司与金星重工制造有限公司申请承认及执行外国仲裁裁决一案的请示的复函》（2013 年 6 月 27 日［2013］民四他字第 28 号）。

裁判要旨："备忘录"改变了原合同中的仲裁条款，如果"备忘录"是合法有效的，那么依据原仲裁条款作出的仲裁裁决，无法获得执行。法院可依据《纽约公约》第 5 条第 1 款第 1 项拒绝承认与执行。

4. 艾仑宝棉花公司与宁波雅戈尔国际贸易运输有限公司申请承认和执行外国仲裁裁决案

申请人：艾仑宝棉花公司；被申请人：宁波雅戈尔国际贸易运输有限公司。

案件援引：《最高人民法院关于申请人艾仑宝棉花公司与被申请人宁波雅戈尔国际贸易运输有限公司申请承认和执行外国仲裁裁决一案的请示的复函》（2014 年 7 月 31 日［2014］民四他字第 32 号）。

裁判要旨：执行申请人对仲裁协议的存在负有举证责任。本案中，申请人既无法证明协议中被申请人的印章的真实性，也无法证明所谓的确认协议效力的人有权代表被申请人，因此没有有效证据证明两者之间就协议产生的纠纷交付仲裁达成合意。

5. 普莱克斯棉花有限公司申请承认和执行英国国际棉花协会仲裁裁决案

申请人：普莱克斯棉花有限公司；被申请人：江苏金昉实业有限公司。

案件援引：《最高人民法院关于江苏省高级人民法院就普莱克斯棉花有限公司申请承认和执行英国国际棉花协会仲裁裁决一案请示的复函》（2017 年 5 月 25 日［2016］最高法民他 31 号）。

裁判要旨：仲裁协议是否成立是仲裁协议是否有效的前提，属于仲裁协议效力审查的范畴，《纽约公约》第 5 条所称的仲裁协议无效包括仲裁协议不成立的情形。当双方当事人未约定确认仲裁协议效力的准据法时，应根据裁决地所在法律对案涉仲裁协议是否成立进行审查。本案中，当事人虽然就买卖合同内容一直进行协商，但是并未确认签字，即双方未就仲裁协议达成一致。

三、仲裁程序与送达

1. （株）TS 海码路申请承认并执行大韩商事仲裁院仲裁裁决案

申请人：（株）TS 海码路；被申请人：大庆派派思食品有限公司。

案件援引：最高人民法院《关于是否承认和执行大韩商事仲裁院仲裁裁决的请示的复函》（2006 年 3 月 3 日［2005］民四他字第 46 号）。

裁判要旨：虽然仲裁庭在送达开庭通知书和仲裁裁决书时未附中文译本，但通过邮寄方式送达以及未附中文译本的做法并不违反当事人选择的仲裁规则的规定，故不得以此为由认为仲裁庭未履行送达义务而拒绝承认与执行。

2. 博而通株式会社申请承认外国仲裁裁决案

申请人：博而通株式会社；被申请人：北京联泰昌商贸有限公司。

案件援引：《最高人民法院关于博而通株式会社申请承认外国仲裁裁决一案的请示的复函》（2006 年 12 月 14 日［2006］民四他字第 36 号）。

裁判要旨：仲裁程序中的送达不适用《关于向国外送达民事或商事司法文书和司法外文书公约》及我国与其他国家司法协助条约，而应依照仲裁所依据的仲裁规则确定送达是否适当。被申请人不能证明邮寄送达违反有关仲裁规则，且被申请人地址变更后未给予申请人及仲裁庭通知，由此导致其未及时收到邮件，不属于《纽约公约》第 5 条第 1 款第 2 项规定的情形。

3. 世界海运管理公司申请承认和执行英国伦敦 "ABRA 轮 2004 年 12 月 28 日租约" 仲裁裁决案

申请人：世界海运管理公司；被申请人：天津市凯强商贸有限公司。

案件援引：最高人民法院《关于是否裁定不予承认和执行英国伦敦 "ABRA 轮 2004 年 12 月 28 日租约" 仲裁裁决的请示的复函》（2007 年 1 月 10 日 ［2006］ 民四他字第 34 号）。

裁判要旨：在符合仲裁所适用的仲裁规则的前提下，若送达的方式非我国所禁止的，该送达方式为有效送达方式，但申请人应当对被申请人收到送达的文书负举证责任。

4. 赛百味国际有限公司申请承认和执行美国争议解决中心 26-435-08 号仲裁裁决案

申请人（仲裁申请人）：赛百味国际有限公司；被申请人（仲裁被申请人）：北京特普食品有限公司。

案件援引：《最高人民法院关于承认和执行美国争议解决中心 26-435-08 号仲裁裁决一案的请示的复函》（2011 年 6 月 30 日 ［2011］ 民四他字第 21 号）。

裁判要旨：当事人在仲裁协议中对仲裁规则作了约定的，仲裁庭的送达行为是否正确及送达与否应当以仲裁规则为标准进行判断。

5. "昂佛化品" 合资有限责任公司申请承认白俄罗斯工商会国际仲裁院仲裁裁决案

申请人："昂佛化品" 合资有限责任公司；被申请人：河南浩丰化工有限公司。

案件援引：《最高人民法院关于 "昂佛化品" 合资有限责任公司申请承认并执行白俄罗斯工商会国际仲裁院仲裁裁决一案的请示的复函》（2012 年 11 月 2 日 ［2012］ 民四他字第 42 号）。

裁判要旨：人民法院在审查是否符合《纽约公约》第 5 条第 1 款第 2 项的情形时，对于仲裁程序中的送达，应当依照当事人约定或约定适用的仲裁规则确定是否构成适当通知，而非《海牙送达公约》及我国与他国签署的司法协助公约。

6. 瑞尔玛食品有限公司与湛江冠亚食品有限公司申请承认和执行外国仲裁裁决案

申请人：瑞尔玛食品有限公司；被申请人：湛江冠亚食品有限公司。

案件援引：《最高人民法院关于申请人瑞尔玛食品有限公司与被申请人湛江冠亚食品有限公司申请承认和执行外国仲裁裁决请示案的复函》（2013 年 8 月 27 日 ［2013］民四他字第 40 号）。

裁判要旨：申请执行人可以证明仲裁庭向被申请人寄出了挂号信。挂号信上所写的寄送地址与被申请人的地址相符。虽然挂号邮寄单上未注明邮寄的物件名称，未显示仲裁庭邮寄的是仲裁通知、仲裁裁决等仲裁文件。除非被申请人举证证明确非仲裁文件的，人民法院不得以被申请人未收到仲裁通知为由适用《纽约公约》第 5 条第 1 款第 2 项规定，拒绝承认和执行涉案仲裁裁决。

7. 德国舒乐达公司申请承认及执行德国汉堡交易所商品协会仲裁法庭 2/11 号仲裁裁决案

申请人：德国舒乐达公司；被申请人：丹东君澳食品有限公司。

案件援引：《最高人民法院关于辽宁省高级人民法院就不予承认及执行德国汉堡交易所商品协会仲裁法庭 2/11 号仲裁裁决请示一案的答复》（2014 年 6 月 30 日 ［2014］民四他字第 31 号）。

裁判要旨：人民法院在审查仲裁庭的通知程序是否满足《纽约公约》第 5 条第 1 款第 2 项中 "适当通知" 的要求时，首先，执行申请人应当证明仲裁庭以适当方式（挂号信、快递、邮件等可以记载的方式）"投递至合法接收人"；其次，若被申请人认为其未收到，需证明其并未收到相关通知。

8. 美国对外贸易有限公司申请承认和执行（美国）国家仲裁解决中心商业贸易仲裁法庭裁决案

申请人（仲裁申请人）：美国对外贸易有限公司；被申请人（仲裁被申请人）：深圳市莱英达集团有限责任公司、深圳莱英达科技有限公司、深圳市仓平进出口有限公司（原莱英达物资进出口有限公司）、深圳轻工进出口有限公司。

案件援引：《最高人民法院关于美国对外贸易有限公司申请承认和执行（美国）国家仲裁解决中心商业贸易仲裁法庭裁决一案的请示的复函》（2009年9月2日［2009］民四他字第30号）。

裁判要旨：通知形式符合仲裁规则要求，且被申请人已知晓涉案仲裁裁决的内容，再以通知未送达为由拒绝承认和执行仲裁裁决的，法院不予支持。

9. 蒙－艾多拉多有限责任公司申请承认蒙古国家仲裁法庭73/23-06号仲裁裁决案

申请人：蒙－艾多拉多有限责任公司；被申请人：浙江展诚建设集团股份有限公司。

案件援引：《最高人民法院关于不予承认蒙古国家仲裁法庭73/23－06号仲裁裁决的报告的复函》（2009年12月8日［2009］民四他字第46号）。

裁判要旨：（1）仲裁程序经快递送达时未送达被申请人，故因违反《纽约公约》第5条第1款第2项之规定，人民法院拒绝承认及执行。（2）仲裁协议的效力应首先依照《纽约公约》第5条第1款第1项之规定判断，而非直接援引《仲裁法司法解释》第16条或《涉外民事关系法律适用法》的规定进行判断。

10. 沃勒马－阿布萨利亚莫沃有限公司申请承认和执行俄罗斯仲裁裁决案

申请人：俄罗斯联邦鞑靼斯坦共和国沃勒马－阿布萨利亚莫沃有限公司；被申请人：晋州市东丰机械有限公司。

案件援引：《最高人民法院关于沃勒马－阿布萨利亚莫沃有限公司申请承认和执行俄罗斯仲裁裁决一案的答复》（2016年12月23日［2016］最高法民他97号）。

裁判要旨：被申请人应对提出的有关送达的抗辩事由提出证据证明。本案中，挂号信清单及邮件跟踪单未记载与涉案仲裁相关的信息，也未记载邮件收件地址，不足以证明送达不当。法院应进一步审查确定有关通知方式是否适当。

11. 海龙游艇项目（中国）有限公司申请承认和执行英国仲裁裁决案

申请人：海龙游艇项目（中国）有限公司；被申请人：青岛造船厂有限公司。

案件援引：《最高人民法院关于山东省高级人民法院就海龙游艇项目（中国）有限公司申请承认和执行英国仲裁裁决一案请示的复函》（2017 年 12 月 28 日 ［2017］最高法民他 114 号）。

裁判要旨：当事人合同中的通知条款不约束仲裁程序。当事人合同中约定的与合同有关的通知程序，系当事人双方之间发送通知的约定，而非对仲裁程序的约定。

12. 黎某九申请承认和执行外国仲裁裁决案

申请人：黎某九；被申请人：北海新中利贸易有限公司。

案件援引：《最高人民法院关于广西壮族自治区高级人民法院就黎某九申请承认和执行外国仲裁裁决一案请示的复函》（2018 年 3 月 20 日 ［2018］最高法民他 9 号）。

裁判要旨：当事人以邮寄方式通知的，寄送结果应以实际达到或足以推定达到使接受邮寄一方获得"适当通知"为标准。如果错误寄送的内容有关开庭通知、仲裁庭组成通知、当事人提交案件材料等重要程序权利并直接影响当事人申辩权的行使，系构成重大程序瑕疵，不应予以承认和执行。

13. 艾地盟亚太贸易有限公司申请承认和执行英国国际油、油籽和油脂协会 4440 号仲裁裁决案件案

申请人：艾地盟亚太贸易有限公司；被申请人：内蒙古蒙佳粮油工业集团有限公司。

案件援引：《最高人民法院对内蒙古自治区高级人民法院关于艾地盟亚太贸易有限公司申请承认和执行英国国际油、油籽和油脂协会 4440 号仲裁裁决案件一案请示的答复》（2018 年 6 月 22 日 ［2018］最高法民他 33 号）。

裁判要旨：虽然仲裁规则规定"仲裁申请应当以快捷书面交流的形式作出"，但是仲裁地法律未排除电子邮件送达形式，且当事人双方多次采取电子邮件方式联系，电子邮件送达通知方式不违反仲裁程序和仲裁规则。

四、超裁

1. 美国 GMI 公司申请承认英国伦敦金属交易所仲裁裁决案

申请承认人（原仲裁申请人）：美国 GMI 公司；被申请承认人（原仲裁被申请人）：芜湖冶炼厂、芜湖恒鑫铜业集团有限公司。

案件援引：《最高人民法院关于美国 GMI 公司申请承认英国伦敦金属交易所仲裁裁决案的复函》（2003 年 11 月 12 日 ［2003］民四他字第 12 号）。

裁判要旨：根据《纽约公约》第 5 条第 1 款第 3 项的规定，仲裁事项超出仲裁协议范围的，应不予执行；但如果仲裁庭有权裁决部分与超裁的部分是可分的，则有权裁决的部分应该承认和执行。

2. Bright Morning Limited 与宜兴乐祺纺织集团有限公司申请承认和执行新加坡国际仲裁中心 2011 年第 130 号（ARB130/11/MJL）仲裁裁决案

申请人：Bright Morning Limited；被申请人：宜兴乐祺纺织集团有限公司。

案件援引：《最高人民法院关于江苏省高级人民法院就申请人 Bright Morning Limited 与被申请人宜兴乐祺纺织集团有限公司申请承认和执行新加坡国际仲裁中心 2011 年第 130 号（ARB130/11/MJL）仲裁裁决一案请示的复函》（2017 年 6 月 23 日 ［2017］最高法民他 44 号）。

裁判要旨：在判断仲裁裁决存在超裁的仲裁事项是否可分时，不应审查仲裁庭对裁决理由的分析和阐述，因为涉及案件实体问题的，不属于《纽约公约》规定的审查内容。

3. 路易达孚商品有限责任公司与宁波前程进出口有限公司申请承认与执行外国仲裁裁决案

申请人：路易达孚商品有限责任公司；被申请人：宁波前程进出口有限公司。

案件援引：《最高人民法院关于浙江省高级人民法院就路易达孚商品有限责任公司与宁波前程进出口有限公司申请承认与执行外国仲裁裁决一案请示的复函》（2017 年 12 月 9 日 ［2017］最高法民他 96 号）。

裁判要旨：涉及合同履行保证金问题单独协商的保证金协议，独立于原销售合同，其中有关法院管辖条款只约束履行保证金返还问题，对原销售合同中仲裁条款的效力不产生影响。

4. 派视尔有限责任公司申请承认和执行韩国商事仲裁院仲裁裁决案

申请人：派视尔有限责任公司；被申请人：深圳市亿威利科技有限公司。

案件援引：《最高人民法院关于广东省高级人民法院就派视尔有限责任公司申请承认和执行韩国商事仲裁院仲裁裁决一案的请示的复函》（2018 年 3 月 29 日 ［2018］最高法民他 15 号）。

裁判要旨：仲裁裁决涉及仲裁协议当事人之外第三人的承担责任，构成裁决所处理之争议超出仲裁协议的范围，系《纽约公约》第5条第1款第3项规定的超裁情形，不应予以承认和执行。

五、仲裁庭组成

1. 日本信越化学工业株式会社申请承认日本商事仲裁协会东京04-05号仲裁裁决案

申请人：日本信越化学工业株式会社；被申请人：江苏中天科技股份有限公司。

案件援引：《最高人民法院关于不予承认日本商事仲裁协会东京04-05号仲裁裁决的报告的复函》（2008年3月3日［2007］民四他字第26号）。

裁判要旨：（1）仲裁庭作出仲裁裁决的期限超出了当事人约定的"仲裁程序"的范围，符合《纽约公约》第5条第1款第4项的规定，可以拒绝承认与执行。（2）仲裁庭未依据"仲裁程序"通知双方当事人，符合《纽约公约》第5条第1款第2项的规定，可以拒绝承认与执行。

2. 日本信越化学工业株式会社申请承认和执行日本商事仲裁协会东京05-03号仲裁裁决案

申请人：日本信越化学工业株式会社；被申请人：原天津天大天财股份有限公司。

案件援引：《最高人民法院关于裁定不予承认和执行社团法人日本商事仲裁协会东京05-03号仲裁裁决的报告的答复》（2008年9月10日［2008］民四他字第18号）。

裁判要旨：（1）仲裁庭作出仲裁裁决的期限超出了当事人约定的"仲裁程序"的范围，符合《纽约公约》第5条第1款第4项的规定，可以拒绝承认与执行。（2）仲裁庭未依据"仲裁程序"通知双方当事人，符合《纽约公约》第5条第1款第2项的规定，可以拒绝承认与执行。

3. 邦基农贸新加坡私人有限公司申请承认和执行英国仲裁裁决案

申请人：邦基农贸新加坡私人有限公司；被申请人：广东丰源粮油集团有限公司（原广东丰源粮油工业有限公司）。

案件援引：《最高人民法院关于邦基农贸新加坡私人有限公司申请承认和

执行英国仲裁裁决一案的请示的复函》（2007 年 6 月 25 日［2006］民四他字第 41 号）。

裁判要旨：仲裁庭重新指定仲裁员的行为违反了当事人约定的仲裁规则的上述规定，应认定属于《纽约公约》第 5 条第 1 款第 4 项规定的"仲裁机关之组成或仲裁程序与各造间协议不符"的情形。

4. 中海发展股份有限公司货轮公司申请承认伦敦仲裁裁决案

申请人（原仲裁申请人）：中海发展股份有限公司货轮公司；被申请人（原仲裁被申请人）：安徽省技术进出口股份有限公司。

案件援引：《最高人民法院关于对中海发展股份有限公司货轮公司申请承认伦敦仲裁裁决一案的请示报告的答复》（2008 年 8 月 6 日［2008］民四他字第 17 号）。

裁判要旨：在当事人对仲裁员的人数未达成协议时，仲裁员的任命应当根据仲裁所适用的规则进行，若违背了规则所规定的程序，根据《纽约公约》第 5 条第 1 款第 4 项的规定，可以不予承认和执行。

5. 信越化学工业株式会社申请承认日本商事仲裁协会东京 07-11 号仲裁裁决案

申请人：信越化学工业株式会社；被申请人：江苏中天科技股份有限公司。

案件援引：《最高人民法院关于不予承认日本商事仲裁协会东京 07-11 号仲裁裁决一案的请示的复函》（2010 年 6 月 29 日［2010］民四他字第 32 号）。

裁判要旨：仲裁庭受理已经经过仲裁的同一诉求违背仲裁终局原则，可适用《纽约公约》第 5 条第 1 款第 4 项之规定予以拒绝承认。

6. 马绍尔群岛第一投资公司申请承认和执行英国伦敦临时仲裁庭仲裁裁决案

申请执行人：马绍尔群岛第一投资公司；被申请人：福建省马尾造船股份有限公司、福建省船舶工业集团公司。

案件援引：《最高人民法院关于马绍尔群岛第一投资公司申请承认和执行英国伦敦临时仲裁庭仲裁裁决案的复函》（2008 年 2 月 27 日［2007］民四他字第 35 号）。

裁判要旨：仲裁庭的组成或仲裁程序与当事人之间仲裁协议的约定不符，也与仲裁地英国的法律相违背。根据《纽约公约》第 5 条第 1 款第 4 项的规定，仲裁裁决不应予以承认和执行。

7. 国际商会洛桑 12330/TE/MW/AVH 仲裁裁决承认与执行案

申请人：乐华美兰控股公司、荷比卢家装投资公司、乐华美兰集团有限公司；被申请人：天津家世界集团有限公司、天津市北辰区家世界购物广场有限公司、天津市北方建筑材料商贸股份有限公司、西安家世界购物广场有限公司。

案件援引：《最高人民法院关于是否不予承认和执行国际商会洛桑 12330/TE/MW/AVH 仲裁裁决的请示的复函》（2009 年 8 月 31 日 ［2009］民四他字第 38 号）。

裁判要旨：仲裁庭的组成违反了仲裁规则的规定，且在仲裁庭裁决签署时并不满足仲裁规则对仲裁庭组成人员的要求，因此，根据《纽约公约》第 5 条第 1 款第 4 项的规定不应予以承认和执行。

8. ALSTOM Technology Ltd. 申请承认和执行外国仲裁裁决案

申请人：ALSTOM Technology Ltd. ；被申请人：浙大网新科技股份有限公司。

案件援引：《最高人民法院关于申请人 ALSTOM Technology Ltd. 与被申请人浙大网新科技股份有限公司申请承认和执行外国仲裁裁决一案请示的复函》（2012 年 11 月 30 日 ［2012］民四他字第 54 号）。

裁判要旨：案涉仲裁庭的组成系根据该仲裁中心自己的仲裁规则组成，但与当事人在仲裁协议中约定适用的仲裁规则不符，因此可以根据《纽约公约》第 5 条第 1 款第 4 项之规定拒绝承认与执行。

9. 韦斯顿瓦克公司申请承认和执行外国仲裁裁决案

申请人：韦斯顿瓦克公司；被申请人：北京中钢天铁钢铁贸易有限公司。

案件援引：《最高人民法院关于韦斯顿瓦克公司申请承认与执行英国仲裁裁决案的请示的复函》（2012 年 5 月 21 日 ［2012］民四他字第 12 号）。

裁判要旨：人民法院审查外国仲裁裁决的承认与执行申请时，要结合双方合同实际履行状况，查清是否形成合意，合理认定合同中仲裁条款的效力。双方均指定仲裁员的情形下，可以认定排除了独任仲裁。此种情形下，一方指定的仲裁员辞职，需要对仲裁庭成员进行增补，而不能视为该方放弃指定仲裁员的权利。如果约定的委任仲裁程序无法进行，合同仲裁条款对增补仲裁员也没有约定，可以申请法院作出仲裁庭组成的决定。

10. 申请人来宝资源国际私人有限公司与被申请人上海信泰国际贸易有限公司申请承认和执行外国仲裁裁决案

申请人：来宝资源国际私人有限公司；被申请人：上海信泰国际贸易有限公司。

案件援引：《最高人民法院关于申请人来宝资源国际私人有限公司与被申请人上海信泰国际贸易有限公司申请承认及执行外国仲裁裁决一案请示的复函》（2017 年 6 月 26 日 ［2017］最高法民他 50 号）。

裁判要旨：当事人意思自治是仲裁制度运作的基础，因此仲裁庭的组成方式应当充分尊重当事人的合意，保障当事人的意思自治，不应根据仲裁规则由仲裁中心主席对仲裁庭组成方式享有任意决定权。

六、裁决的约束力

DMT 有限公司（法国）申请承认和执行外国仲裁裁决案

申请人：DMT 有限公司；被申请人：潮州市华业包装材料有限公司、潮安县华业包装材料有限公司。

案件援引：《最高人民法院关于申请人 DMT 有限公司（法国）与被申请人潮州市华业包装材料有限公司、被申请人潮安县华业包装材料有限公司申请承认和执行外国仲裁裁决一案请示的复函》（2010 年 10 月 12 日 ［2010］民四他字第 51 号）。

裁判要旨：对于非仲裁协议的当事人，即使仲裁庭的裁决要求其承担责任，也可以非适格被申请人请求法院驳回承认与执行的请求。

七、不可仲裁性

吴春英申请承认及执行蒙古国家仲裁庭作出的 74/24-06 号仲裁裁决案

申请人：吴春英；被申请人：张贵文。

案件援引：《最高人民法院关于不予承认与执行蒙古国家仲裁庭仲裁裁决请示的复函》（2009 年 9 月 2 日 ［2009］民四他字第 33 号）。

裁判要旨：继承事项在我国不具有可仲裁性，对该问题作出的裁决，可依据《纽约公约》第 5 条第 2 款第 1 项规定不予承认与执行。

八、公共秩序

1. 日本三井物产株式会社申请承认和执行瑞典斯德哥尔摩商会仲裁院仲裁裁决案

申请人：日本三井物产株式会社；被申请人：海南省纺织工业总公司。

案件援引：《最高人民法院关于对海口中院不予承认和执行瑞典斯德哥尔摩商会仲裁院仲裁裁决请示的复函》（2005 年 7 月 13 日 ［2001］ 民四他字第 12 号）。

裁判要旨：对行政法规和部门规章中强制性规定的违反，并不当然构成对我国公共政策的违反，不构成《纽约公约》第 5 条第 2 款第 2 项所指的拒绝承认与执行外国仲裁裁决的法定情形。

2. Hemofarm DD、MAG 国际贸易公司、苏拉么媒体有限公司申请承认及执行国际商会仲裁院第 13464/MS/JB/JEM 号仲裁裁决案

申请人：Hemofarm DD、MAG 国际贸易公司、苏拉么媒体有限公司；被申请人：济南永宁制药股份有限公司。

案件援引：《最高人民法院关于不予承认和执行国际商会仲裁院仲裁裁决的请示的复函》（2008 年 6 月 2 日 ［2008］ 民四他字第 11 号）。

裁判要旨：外国仲裁机构对国内法院已经作出判决的事项再行审理并裁决，侵犯了我国的司法主权和我国法院的司法管辖权，违反了我国的公共政策。

3. GRD Minproc 有限公司申请承认并执行瑞典斯德哥尔摩商会仲裁院仲裁裁决案

申请人：GRD Minproc 有限公司；被申请人：上海飞轮实业有限公司。

案件援引：《最高人民法院关于 GRD Minproc 有限公司申请承认并执行瑞典斯德哥尔摩商会仲裁院仲裁裁决一案的请示的复函》 （2009 年 3 月 13 日 ［2008］ 民四他字第 48 号）。

裁判要旨：仲裁实体结果是否公平合理不能作为认定承认和执行仲裁裁决是否违反我国公共政策的标准。

4. 天瑞酒店投资有限公司申请承认仲裁裁决案

申请人：天瑞酒店投资有限公司；被申请人：杭州易居酒店管理有限公司。

案件援引：《最高人民法院关于申请人天瑞酒店投资有限公司与被申请人杭州易居酒店管理有限公司申请承认仲裁裁决一案的请示报告的复函》（2010年5月18日［2010］民四他字第18号）。

裁判要旨：行政法规强制性规范中的管理性规定，不影响当事人之间民事合同的效力。仲裁裁决对因此类合同所涉争议的处理，不违反我国强制性法律规定，更不构成违反我国公共政策的情形。

5. 路易达孚商品亚洲有限公司申请承认和执行国际油、种子和脂肪协会作出的第3980号仲裁裁决案

申请人：路易达孚商品亚洲有限公司；被申请人：广东富虹油品有限公司。

案件援引：《最高人民法院关于路易达孚商品亚洲有限公司申请承认和执行国际油、种子和脂肪协会作出的第3980号仲裁裁决请示一案的复函》（2010年10月10日［2010］民四他字第48号）。

裁判要旨：仲裁员认为中国法律法规的规定与实践中的适用存在明显差距，但该错误认识并不会导致承认与执行该仲裁裁决违反我国公共政策，不得依据《纽约公约》第5条第2款第2项之规定拒绝承认与执行。

6. ED&F曼氏（香港）有限公司申请承认与执行伦敦糖业协会第158号仲裁裁决案

申请人：ED&F曼氏（香港）有限公司；被申请人：中国糖业酒类集团公司。

案件援引：《最高人民法院关于ED&F曼氏（香港）有限公司申请承认和执行伦敦糖业协会仲裁裁决案的复函》（2003年7月1日［2003］民四他字第3号）。

裁判要旨：违反我国法律的强制性规定不能完全等同于违反我国的公共政策。

7. Castel Electronics Pty Ltd. 申请承认和执行外国仲裁裁决案

申请人：Castel Electronics Pty Ltd.；被申请人：TCL空调器（中山）有

限公司。

案件援引：《最高人民法院关于申请人 Castel Electronics Pty Ltd. 申请承认和执行外国仲裁裁决一案请示的复函》（2013 年 10 月 10 日 ［2013］民四他字第 46 号）。

裁判要旨：（1）外国的仲裁裁决是否与我国法院的裁判相矛盾，应考虑外国仲裁裁决作出的时间，若其在国内法院裁判时间之前的，不构成对我国司法主权的侵犯。（2）被申请人在仲裁程序中未提出仲裁条款无效的异议，反而向仲裁庭提出了反请求，仲裁庭据此确定仲裁条款效力与管辖权，这是符合仲裁地法律和仲裁规则的，不存在侵犯我国司法主权的情形。（3）关于《纽约公约》第 5 条第 2 款第 2 项规定的违反公共政策情形，应当理解为承认和执行外国仲裁裁决将导致违反我国法律基本原则、侵犯我国国家主权、危害社会公共安全、违反善良风俗等足以危及我国根本社会公共利益的情形。

8. 申请人帕尔默海运公司与被申请人中牧实业股份有限公司申请承认和执行外国仲裁裁决案

申请人：帕尔默海运公司；被申请人：中牧实业股份有限公司。

案件援引：《最高人民法院关于天津市高级人民法院就申请人帕尔默海运公司与被申请人中牧实业股份有限公司申请承认和执行外国仲裁裁决一案请示的复函》（2018 年 3 月 9 日 ［2018］最高法民他 140 号）。

裁判要旨：国家法律观念与司法判断结论的一致与统一属于"公共政策"范围，人民法院可以此为由拒绝承认与执行外国仲裁裁决。

9. 株式会社 J&D IB 申请承认国外仲裁裁决案

申请人：株式会社 J&D IB；被申请人：田某、田某某。

案件援引：《最高人民法院关于株式会社 J&D IB 申请承认国外仲裁裁决一案请示的答复》（2016 年 5 月 17 日 ［2016］最高法民他 38 号）。

裁判要旨：我国公民对外担保后未按国家外汇管理局的相关规定办理境外担保的批准及登记手续，并不违背我国法律、行政法规的强制性规范，不应认定违反我国公共政策，不符合《纽约公约》第 5 条第 2 款第 2 项规定的应予拒绝承认及执行的情形。

九、特殊事由

(一)裁决国籍的确定

1. 麦考·奈浦敦有限公司申请承认和执行仲裁裁决案

申请人:麦考·奈浦敦有限公司;被申请人:上海市机械设备进出口有限公司。

案件援引:《最高人民法院关于麦考·奈浦敦有限公司申请承认和执行仲裁裁决一案请示的复函》(2001年4月23日〔2001〕法民二32号)。

裁判要旨:本案涉及"非内国裁决"的判断,"非内国裁决"是相对"申请承认及执行地所在国"而言的,"非内国裁决"与"非国内裁决"不同,"非内国裁决"也应依照《纽约公约》进行审查。

2. 伟贸国际(香港)有限公司申请承认与执行国际商会仲裁院10334/AMW/BWD/TE最终裁决案

申请人:伟贸国际(香港)有限公司;被申请人:山西天利实业有限公司。

案件援引:《最高人民法院关于不予执行国际商会仲裁院10334/AMW/BWD/TE最终裁决一案的请示的复函》(2004年7月5日〔2004〕民四他字第6号)。

裁判要旨:国际组织所属的仲裁机构的国籍认定,以国际组织总部所在地为准,而不以仲裁地为准。所以,国际商会仲裁院在中国香港地区作出的裁决,根据国际商会仲裁院总部的所在地认定为在法国裁决。

(二)申请承认及执行的期限

1. 塞浦路斯瓦赛斯航运有限公司申请承认和执行英国伦敦仲裁庭仲裁裁决案

申请人:塞浦路斯瓦赛斯航运有限公司;被申请人:中国粮油饲料有限公司(原中国饲料进出口公司)、中国人民财产保险股份有限公司河北省分公司(原中国人民保险公司河北分公司)、中国人保控股公司(原中国人民保险公司)。

案件援引:《最高人民法院关于裁定不予承认和执行英国伦敦仲裁庭作出的塞浦路斯瓦赛斯航运有限公司与中国粮油饲料有限公司、中国人民财产保险股份有限公司河北省分公司、中国人保控股公司仲裁裁决一案的请示的复函》（2004 年 9 月 30 日［2004］民四他字第 32 号）。

裁判要旨：（1）申请人提出申请承认与执行的申请应当符合我国《民事诉讼法》关于执行时效的规定，如果超过申请执行的期限，法院即可驳回其申请。（2）外国仲裁裁决在其他国家被申请撤销的程序并不构成在我国申请执行期限的中断或延长。

2. 彼得·舒德申请承认及执行美国仲裁委员会裁决案

申请人：彼得·舒德；被申请人：爱德华·雷门。

案件援引：最高人民法院《关于彼得·舒德申请承认及执行美国仲裁委员会裁决一案的请示的复函》（2007 年 1 月 22 日［2006］民四他字第 35 号）。

裁判要旨：被申请人就管辖权问题提出异议，并不能表明其认可申请人可以在法定申请期限之外对裁决提出承认和执行的申请，在被申请人提出的管辖权异议被驳回后，其仍然有权就申请人申请执行的期限问题向人民法院提出异议，人民法院对其异议应予审查。

3. 瑞士邦基有限公司申请承认和执行英国仲裁裁决案

申请人：瑞士邦基有限公司；被申请人：深圳市轻出保税贸易有限公司。

案件援引：《最高人民法院关于申请人瑞士邦基有限公司申请承认和执行英国仲裁裁决一案的请示的复函》（2007 年 5 月 9 日［2006］民四他字第 47 号）。

裁判要旨：申请人申请执行外国仲裁裁决的，应当在我国法律规定的申请执行期限内提出。根据《纽约公约》第 4 条的规定，申请人取得仲裁裁决正本或者正式副本是向法院申请承认执行仲裁裁决的必要条件。故可以从申请人收到裁决书正本或者正式副本之日起计算申请人申请执行的期限。

4. 申请人 MASPAL 投资有限公司与被申请人东方华晨（集团）有限公司、台州之星有限公司申请承认和执行外国仲裁裁决一案

申请人：MASPAL 投资有限公司；被申请人：东方华晨（集团）有限公司、台州之星有限公司。

案件援引：《最高人民法院关于浙江省高级人民法院就申请人 MASPAL 投资有限公司与被申请人东方华晨（集团）有限公司、台州之星有限公司申请

承认和执行外国仲裁裁决一案请示的复函》（2017 年 12 月 20 日 [2017] 最高法民他 67 号）。

裁判要旨：当事人申请承认和执行仲裁裁决超过法定期间，不构成《纽约公约》第 5 条规定的不予承认和执行仲裁裁决的情形。即使存在该情形，人民法院应当裁定驳回当事人的申请而非裁定不予承认和执行仲裁裁决，而且人民法院应依被申请人就超过法定期限提出抗辩而裁定驳回当事人申请，不应当主动审查。

（三）承认与执行是否需要一并申请

国外仲裁机构的裁决申请承认和申请执行是否应一并提出案

申请人：泰王国普克沥青（大众）有限公司；被申请人：陕西金叶科教集团股份有限公司。

案件援引：《最高人民法院关于对国外仲裁机构的裁决申请承认和申请执行是否应一并提出问题的请求的复函》（2013 年 7 月 30 日 [2013] 民四他字第 43 号）。

裁判要旨：（1）对于外国仲裁裁决，法律没有规定当事人必须一并申请承认和执行，当事人可以选择仅申请人民法院承认，也可以选择申请人民法院承认和执行。当事人先申请人民法院承认外国仲裁裁决，人民法院经审查裁定予以承认的，当事人还可以申请人民法院执行该仲裁裁决。（2）申请执行人选择仅申请人民法院承认的，人民法院承认后，申请执行人申请执行的期限从人民法院作出的承认裁定生效之日起重新计算。

（四）不具有涉外因素的裁决的承认与执行

北京朝来新生体育休闲有限公司申请承认大韩商事仲裁院作出的第 12113-0011 号、第 12112-0012 号仲裁裁决案

申请人（仲裁被申请人、反申请人）：北京朝来新生体育休闲有限公司；被申请人（仲裁申请人、反被申请人）：北京所望之信投资咨询有限公司。

案件援引：《最高人民法院关于北京朝来新生体育休闲有限公司申请承认大韩商事仲裁院作出的第 12113-0011 号、第 12112-0012 号仲裁裁决案件请示的复函》（2013 年 12 月 18 日 [2013] 民四他字第 64 号）。

裁判要旨：（1）根据《民事诉讼法》第 271 条规定，我国法律未授权当事人将不具有涉外因素的争议交由境外仲裁机构或者在我国境外临时仲裁，

故当事人约定将争议提交境外仲裁机构仲裁的条款属无效仲裁协议。（2）仲裁协议之效力瑕疵不能因当事人在仲裁程序中未提出异议得到补正，即使当事人参与仲裁，仲裁协议依然无效。

（五）人民法院关于承认与执行外国仲裁裁决的裁定可否申请再审

大连蔚蓝天健物流有限公司、大连东展集团有限公司与 TMT 散货公司申请承认与执行外国仲裁裁决案

再审申请人（被执行人）：大连蔚蓝天健物流有限公司、大连东展集团有限公司；被申请人（申请执行人）：TMT 散货公司。

案件援引：《最高人民法院关于再审申请人大连蔚蓝天健物流有限公司、大连东展集团有限公司与被申请人 TMT 散货公司申请承认与执行外国仲裁裁决两案请示的复函》（2013 年 12 月 11 日〔2013〕民四他字第 71 号）。

裁判要旨：当事人对人民法院承认及执行外国仲裁裁决的裁定不服而申请再审没有法律依据的，人民法院不应予以受理。

（六）人民法院对当事人未申请不予承认和执行部分裁决依职权进行审查

保罗·赖因哈特公司与湖北清河纺织股份有限公司申请承认和执行外国仲裁裁决案

申请人：保罗·赖因哈特公司；被申请人：湖北清河纺织股份有限公司。

案件援引：《最高人民法院关于申请人保罗·赖因哈特公司与被申请人湖北清河纺织股份有限公司申请承认和执行外国仲裁裁决一案请示的答复》（2016 年 5 月 26 日〔2016〕最高法民他 11 号）。

裁判要旨：（1）人民法院对仲裁裁决是否存在《纽约公约》第 5 条第 1 款拒绝承认和执行情形，必须依当事人的请求进行审查，当事人未请求的，人民法院不予审查。人民法院依职权审查并拟依照《纽约公约》第 5 条第 1 款的规定不予承认和执行裁决，系缺乏相应的法律依据。（2）对仲裁裁决是否存在《纽约公约》第 5 条第 2 款规定的违反可仲裁性和公共政策情形，人民法院则可以依职权主动审查。

（七）错误适用仲裁规则

艾伦宝棉花公司申请承认与执行外国仲裁裁决案

申请人：艾伦宝棉花公司；被申请人：山东阳谷顺达纺织有限公司。

案件援引：《最高人民法院关于山东省高级人民法院就艾伦宝棉花公司申

请承认与执行外国仲裁裁决一案请示的复函》（2017 年 12 月 26 日 ［2017］最高法民他 135 号）。

裁判要旨：在不同版本仲裁规则中均有规定的内容相同的仲裁程序条款，仲裁庭依据相关规定进行仲裁，不构成错误适用仲裁规则的情形。

十、我国香港地区仲裁案件在内地的执行

1. 香港东丰船务有限公司申请执行我国香港地区海事仲裁裁决案

申请人：香港东丰船务有限公司；被申请人：中国外运沈阳集团公司。

案件援引：《最高人民法院关于香港东丰船务有限公司申请执行香港海事仲裁裁决请示的复函》（2006 年 6 月 2 日 ［2006］民四他字第 12 号）。

裁判要旨：申请人对仲裁庭关于重新组成仲裁庭的通知负有举证责任，既要证明仲裁庭发出了通知，又要证明执行人收到了适当通知，否则，人民法院即可依据《关于内地与香港特别行政区相互执行仲裁裁决的安排》第 7 条第 1 款第 2 项之规定，拒绝执行香港地区仲裁庭作出的裁决。

2. 香港欧亚科技公司与新疆啤酒花股份有限公司申请执行香港仲裁裁决案

申请人：香港欧亚科技公司；被申请人：新疆啤酒花股份有限公司。

案件援引：《最高人民法院关于不予执行香港欧亚科技公司与新疆啤酒花股份有限公司仲裁裁决一案的请示的复函》（2007 年 11 月 28 日 ［2006］民四他字第 48 号）。

裁判要旨：（1）除变更争端解决条款外，合同的变更并不影响原合同争端解决条款的效力。（2）当事人未对仲裁协议的准据法作出约定但约定了仲裁地点的，适用仲裁地法律确定仲裁条款的效力。

3. 舟山中海粮油工业有限公司申请不予执行香港国际仲裁中心仲裁裁决案

申请人：舟山中海粮油工业有限公司；被申请人：来宝资源有限公司。

案件援引：《最高人民法院关于舟山中海粮油工业有限公司申请不予执行香港国际仲裁中心仲裁裁决一案的请示报告的复函》（2009 年 3 月 18 日 ［2009］民四他字第 2 号）。

裁判要旨：违反政府的行政性规定是否构成有损行政命令的权威及社会

公众的健康，从而违反社会公共利益，这应当根据具体的案情来看，不能一概认为只要违反行政规定就违背我国的公共利益。

4. 香港享进粮油食品有限公司申请执行香港国际仲裁中心仲裁裁决案

申请人：香港享进粮油食品有限公司；被申请人：安徽粮油食品进出口（集团）公司。

案件援引：《最高人民法院关于香港享进粮油食品有限公司申请执行香港国际仲裁中心仲裁裁决案的复函》（2003 年 11 月 14 日［2003］民四他字第 9 号）。

裁判要旨：（1）合同签订人并未经过当事人授权或无权代理当事人签订合同的，即其不具备签订合同的行为能力，其所签署的合同对当事人无效。（2）判断合同签订人签订合同的行为能力应当以签订人的属人法为准据法进行判断。

5. 中基宁波对外贸易股份有限公司申请不予执行香港国际仲裁中心仲裁裁决案

申请人：中基宁波对外贸易股份有限公司；被申请人：Addax Bv。

案件援引：《最高人民法院关于中基宁波对外贸易股份有限公司申请不予执行香港国际仲裁中心仲裁裁决一案的审核报告的复函》（2009 年 12 月 9 日［2009］民四他字第 42 号）。

裁判要旨：（1）对于仲裁庭采取挂号信方式送达仲裁文件的，被执行人认为其没有收到仲裁庭通知，应当举证予以证明，否则将承担不利的法律后果。（2）对于被执行的传真号码，法院依据《联合国国际贸易法委员会仲裁规则》第 2 条"通知和时间计算"有关规定认为：在合同中载明的传真号码，为其在本案中最后确定的通讯方式，即便其在执行过程中辩称其更换了传真号码，法院依然视为其已收到相关通知。

6. 莱佛士国际有限公司申请认可与执行香港仲裁裁决一案

申请人：莱佛士国际有限公司；被申请人：海航天津中心发展有限公司。

案件援引：《最高人民法院关于对莱佛士国际有限公司申请认可与执行香港仲裁裁决一案请示的复函》（2017 年 3 月 28 日［2017］最高法民他 16 号）。

裁判要旨：当仲裁裁决对仲裁协议范围以外的合同相关问题的分析认定

仅限于裁决的事实及理由部分，裁决结果并不涉及仲裁协议范围以外的合同时，并不构成超裁。

7. 中联通信（控股）股份有限公司申请认可和执行香港国际仲裁中心相关仲裁裁决案

申请人：中联通信（控股）股份有限公司；被申请人：威盛电子股份有限公司。

案件援引：《最高人民法院关于中联通信（控股）股份有限公司申请认可和执行香港国际仲裁中心相关仲裁裁决一案请示的复函》（2016 年 9 月 19 日 ［2016］最高法民他 63 号）。

裁判要旨：《最高人民法院关于内地与香港特别行政区相互执行仲裁裁决的安排》（以下简称《安排》）只规定了内地与香港特别行政区相互执行仲裁裁决的内容，并没有规定认可审查的内容，但相互执行仲裁裁决仍应进行认可审查。根据《安排》第 1 条的规定，在内地或者香港特别行政区作出的仲裁裁决，一方当事人不履行仲裁裁决的，另一方当事人可以向被申请人住所地或者财产所在地的有关法院申请执行。现有证据不能证明被申请人在内地有财产，则内地法院对认可和执行香港特别行政区仲裁裁决无管辖权。参照《最高人民法院关于认可和执行台湾地区仲裁裁决的规定》第 8 条的规定，即"对于不符合规定受理条件的申请，人民法院应当在 7 日内裁定不予受理，同时说明不予受理的理由，申请人对裁定不服的，可以提起上诉"，应当裁定不予受理。2020 年，内地和香港地区又签署了《最高人民法院关于内地与香港特别行政区相互执行仲裁裁决的补充安排》（以下简称《补充安排》），其中第 1 条明确规定，"《安排》所指执行内地或者香港特别行政区仲裁裁决的程序，应解释为包括认可和执行内地或者香港特别行政区仲裁裁决的程序。"这样实际上明确了仲裁裁决需要进行认可和执行，而且有了《补充安排》也不需要再参照《最高人民法院关于认可和执行台湾地区仲裁裁决的规定》。

8. 半导体材料株式会社申请执行香港仲裁裁决案

申请人（被执行人）：半导体材料株式会社；被申请人（申请执行人）：河南协鑫光伏科技有限公司。

案件援引：《最高人民法院关于半导体材料株式会社申请执行香港仲裁裁决一案的答复》（2016 年 12 月 23 日 ［2016］最高法民他 75 号）。

裁判要旨：仲裁员在仲裁审理中违反了使用英语的约定与当事人及证人进行交流，属于仲裁程序违反仲裁协议的情形。但是仲裁庭审记录没有记载使用未约定的仲裁语言的问答内容，也无证据证明案涉仲裁裁决以使用未约定仲裁语言所作的问答内容作为裁决依据之一，故上述情形不影响仲裁裁决。

9. 不予执行国际商会仲裁院第 18295/CYK 号仲裁裁决案

申请人：Wicor Holding AG；被申请人：泰州浩普投资有限公司。

案件援引：《最高人民法院关于不予执行国际商会仲裁院第 18295/CYK 号仲裁裁决一案请示的复函》（2016 年 3 月 22 日［2016］最高法民他 8 号）。

裁判要旨：内地人民法院已认定涉案仲裁条款无效，并发生法律效力。涉案仲裁裁决是仲裁员在认定涉案仲裁条款有效的前提下作出的，在内地执行该仲裁裁决将与人民法院的生效裁定相冲突，违反内地社会公共利益，人民法院可根据《安排》第 7 条第 3 款的规定裁定不予执行涉案仲裁裁决。

10. 英属盖曼群岛商智龙二基金公司申请认可和执行香港特别行政区仲裁裁决案

申请人：英属盖曼群岛商智龙二基金公司；被申请人：周某庭、周某奎、郑某红、陈某合、李某彪、北京万瑞升科技有限责任公司等。

案件援引：《最高人民法院关于北京市高级人民法院就英属盖曼群岛商智龙二基金公司申请认可和执行香港特别行政区仲裁裁决一案请示的复函》（2017 年 12 月 25 日［2017］最高法民他 131 号）。

裁判要旨：仲裁裁决一经人民法院裁定认可，即在内地对所有仲裁当事人产生法律约束力，因此即便申请执行人仅对部分仲裁被申请人向法院提起申请认可与执行，为保障所有当事人的相关权利，应追加其他仲裁被申请人参加该仲裁司法审查案件。

11. 广东三茂铁路实业发展有限公司与珠海经济特区香洲金都房产开发有限公司、佳建亚洲有限公司申请不予执行仲裁裁决案

申请人（被执行人）：佳建亚洲有限公司；被申请人（申请执行人）：广东三茂铁路实业发展有限公司。

案件援引：《最高人民法院关于广东省高级人民法院就广东三茂铁路实业发展有限公司与珠海经济特区香洲金都房产开发有限公司、佳建亚洲有限公司申请不予执行仲裁裁决一案请示的复函》（2017 年 12 月 26 日［2017］最

高法民他 115 号)。

裁判要旨:在合作企业依法进行清算的情况下,仲裁庭对清算时合作企业偿还对外债务之后的财产在合作各方之间如何分配以及合作各方相互之间责任的承担、合作企业开办和存续期间及注销之前产生的亏损在合作各方之间如何承担作出的裁决不属于超裁。